El acantilado de las gaviotas
© Autora Úrsula Llanos

© Bemasoft Ediciones SL
   Lagasca 95 Madrid
   ediciones@bemasoft.es

Portada Elena Aparici

Queda prohibida la reproducción total o parcial de la obra a través de cualquier medio o forma. La infracción de los derechos mencionados puede ser constitutiva de un delito contra la propiedad intelectual (artículos 270 y siguientes del Código Penal)

Agosto 2013 – Edición 1ª
Printed in Spain
ISBN 978-84-941862-5-7
Depósito legal M-22039-2013

EL ACANTILADO DE LAS GAVIOTAS

ÚRSULA LLANOS

BEMASOFT EDICIONES S.L.

A mi hermana Conchita, en recuerdo de nuestra infancia en Murcia donde las dos hemos nacido.

Úrsula Llanos

CAPÍTULO I

Olía a mar. La cálida brisa de la tarde traía olor a sal y a yodo, entremezclado con el aroma de los pinos que orillaban el camino vecinal. Lo recorría en su automóvil dando vueltas y revueltas, ¿pero dónde estaba el mar?

Al fin lo vio, inmenso y azulado, bajo un cielo del mismo color, que se fundía a lo lejos con el agua, del que se separaba tan solo por una línea curva de un tono algo más intenso. El coche que conducía acababa de doblar una curva del camino y lo divisó a sus pies, por lo que detuvo el motor en la cuneta y descendió del vehículo. El viento alborotó sus cabellos dispersándolos en todas direcciones a la par que aspiraba la fragancia que allí se respiraba y que reavivaba recuerdos de su infancia. De aquellos años ya lejanos en los que en verano acudían a visitar al abuelo a su casa de la playa, a la que ahora se dirigía.

El recuerdo era borroso. Apenas si conseguía rememorar la imagen de un señor de pelo blanco y bigotes del mismo color, de altísima estatura y tez cetrina, que gruñía, disconforme con todo y con todos, ni la casa, oscura y silenciosa, mecida por el intermitente sonido de las olas. Allí, sentada en el borde de la silla de la sala de estar, merendaba con el abuelo y con sus padres, sin atreverse a levantar la mirada de su tazón de chocolate.

A su abuelo no le gustaban los niños, eso sí lo recordaba. Apenas si le dirigía una rápida y desaprobadora mirada cuando en verano le visitaban en esa casa sus padres y ella. Incluso la ignoró por completo en una ocasión en la que éstos la dejaron a su cuidado en la casona durante una quincena del mes de julio para marcharse de viaje al extranjero. Dos semanas que imaginó interminables cuando aquéllos se lo comunicaron y en las que el abuelo no se molestó en reparar en su presencia. Únicamente doña Eulalia se interesó por ella. Era una enlutada señora que vivía en la casa, aunque no era pariente, pero tampoco formaba parte del servicio. Laura no se había preguntado nunca por el papel que desempeñaba esa mujer, de modales distinguidos y extremadamente parca de palabras, en el entorno de su abuelo. Éste le gritaba en cuanto algo no estaba de su gusto, de eso sí se dio cuenta, y también del despego con el que la trataban sus padres. Incluso les oyó cuchichear a éstos algo sobre ella que entonces no entendió.

Más tarde supo que doña Eulalia era el motivo por el que sus padres se habían distanciado tanto del abuelo. Le visitaban en su casa de Murcia en Navidades y en Semana Santa y en la de la playa en verano. En ninguna de esas ocasiones estaba presente doña Eulalia en la reunión familiar que se celebraba siempre en la sala de estar de una u otra casa, aunque vagaba como una silenciosa sombra de aquí para allá ocupándose de que la merienda estuviese lista, de que se la sirviesen sobre la mesa camilla cubierta con un mantelito de encaje y de que el café o el chocolate estuviesen bien calientes.

Al contrario que a sus padres, a Laura le caía bien. Había sido siempre amable con ella, aunque no pudiera decirse que le demostrara afecto, porque a su semblante jamás afloraban sus emociones. Más bien se asemejaba a una esfinge sin expresión y sin sentimientos que se moviera como una autómata para resolver cualquier problema doméstico por insignificante que fuese. Por eso le sorprendió que, en aquella ocasión en la que sus padres la dejaran en la casa de la playa para marcharse de viaje, doña Eulalia la acompañara a su dormitorio la noche de su llegada. El cuarto que le habían destinado, de muebles oscuros y pesados que bailaban en las desmesuradas proporciones de la estancia, se encontraba en la primera planta y la señora subió a su lado la escalera, pasó un brazo sobre sus hombros al entrar en la habitación, y se sentó a los pies del enorme lecho, mientras ella se introducía bajo las sábanas.

—Mi alcoba es la de enfrente, al otro lado del pasillo, — le dijo mirándola a los ojos por primera vez —.Si tienes miedo o... o si necesitas cualquier cosa, no dudes en venir a buscarme.

Por supuesto que Laura sentía miedo. Lo notaba en las costillas que le apretaban algo por dentro. La casa era demasiado grande y demasiado oscura y aquel dormitorio lo era también, pero se apresuró a asegurarle lo contrario.

—Gracias, pero no tengo miedo. Ya he cumplido diez años.

Su respuesta le salió de la garganta sin que pasara antes por su mente, porque sus padres le repetían incesantemente que con esa edad había alcanzado la madurez necesaria para ser autosuficiente. Ya no debía mancharse el vestido ni llorar por las noches, aunque en el exterior se desatase una tormenta y los truenos conmovieran los cimientos de la casa en la que vivían, ni cuando al anochecer su cuarto se poblaba de sombras que danzaban para ir a fundirse con la oscuridad de los rincones. Ya era mayor y debía soportar la pesada carga de serlo, sin rechistar.

Quizás doña Eulalia intuyera esa noche lo que estaba sintiendo y las ganas de llorar que apenas si conseguía reprimir, porque de improviso levantó una mano y le acarició su oscuro cabello, lacio y siempre despeinado que llevaba recogido con un pasador en el lado derecho de la cabeza.

Después se levantó silenciosamente y se dirigió hacia la puerta. Desde allí se volvió hacia ella.

—Si necesitas algo, llámame. Ya te he dicho que estoy ahí enfrente.

A continuación se marchó cerrando la puerta al salir y Laura se rebulló en la cama tapándose la cabeza con las sábanas, aunque hacía calor. Se dijo bajito que ya era mayor para experimentar esa sensación de abandono que le dolía como si se le hubiese roto algo por dentro. Ya era mayor y por serlo debía comprender que sus padres la hubiesen dejado en la casa de la playa con el abuelo, aunque éste no la quería y no se hubiera dignado mirarla dos veces desde que llegara esa tarde a la casa, enclavada frente al mar en la cima del acantilado.

Claro que el motivo residiría sin duda en que ella era una niña poco agraciada. "Morenucha", como había oído decir a sus padres cuando creían que no les oía. "Demasiado alta para sus diez años y demasiado delgada", solían comentar pesarosamente.

Laura examinaba su rostro frecuentemente en el espejo. Sus ojos eran grandes y oscuros, bordeados de pestañas largas y negras, su nariz recta y su boca bien dibujada. Lo que estropeaba el conjunto era su cabello excesivamente abundante y lacio y sus cejas demasiado pobladas, que se juntaban sobre su nariz, dándole a su rostro una expresión de enfado permanente, aun cuando sintiera deseos de reír.

Tampoco su figura era armoniosa. A las niñas de su clase les sacaba más de la cabeza y los vestidos que le compraba su madre le colgaban de los hombros como si de una percha se tratase, incluso cuando un cinturón le recogía los vuelos en el talle.

Sin embargo, doña Eulalia no debía haberlo considerado así, porque a su manera le había demostrado cierto afecto e incluso le había acariciado el cabello. Además, Laura no conocía el significado de esa palabra tan terrible que pronunciaban sus padres en susurros ni el motivo por el que el abuelo le gritaba tanto.

Pero esos quince días que Laura había considerado que serían interminables no lo fueron así, sino al contrario. La tarde en la que se marcharon sus padres, merendaron antes de su partida en la sala de estar y cuando Laura terminó de tomarse el chocolate caliente con bizcochos que le estaba destinado, la mandaron a jugar con Jaime, el hijo de doña Eulalia, al que encontró sentado en el poyete de la terraza, sobre el acantilado, mirando al mar como si esperase la llegada de un barco que le trajese alguna noticia importante. Le conoció ese día, porque el chiquillo tampoco participaba nunca en las reuniones familiares. Tenía dos años más que Laura y en las ocasiones en las que habían visitado a su abuelo en los años anteriores vagaba por la casa como una sombra, sin atreverse a acercársele ni tan siquiera para saludarla.

Durante los días que siguieron se separaron tan solo cuando después de cenar les mandaban a la cama. Por primera vez en su vida se había sentido ella admirada por alguien. Jaime no parecía verla como los demás: excesivamente alta, demasiado flaca, morenucha y fea y quizás porque el chiquillo se sentía también aislado y solo en aquella casa tan grande y tan oscura, barrida por el viento que soplaba al atardecer y mecida por el constante sonido de las olas, se creó entre los dos un vínculo inolvidable.

A ella le extrañaba que fuese tan distinto de su madre. Ésta era alta, delgada y huesuda. Su cabello negro, recogido en un moño en la nuca, empezaba a cubrirse con hebras de plata y en su aceitunado semblante rara vez se pintaba una sonrisa. Por el contrario, la estatura de Jaime no superaba la de Laura pese a que contaba dos años más, su cabello tenía el color de las espigas de trigo y su piel, sumamente bronceada por el sol, no recordaba a la enfermiza tonalidad que poseía la de doña Eulalia. La de una persona a la que nunca le deba el sol en el rostro. Probablemente ésta no hubiese sentido nunca la tentación de tumbarse en la arena de la playa permitiendo que el astro rey la caldease por el mero placer de sentir su calor y hasta era posible que no hubiese descendido nunca a la caleta por la escalerilla de piedra para acercarse al mar y tocar el agua con las manos.

Recordaba haberle preguntado a Jaime si él se parecía a su padre y por eso era tan distinto de doña Eulalia, pero el chiquillo se había limitado a encogerse de hombros como si lo ignorase o como si en cualquier caso le tuviese sin cuidado.

Tampoco le había respondido cuando Laura intentó averiguar cómo se llamaba su progenitor y a qué se dedicaba. Habían pasado la tarde persiguiendo por la playa a las gaviotas y luego, cansados, se habían sentado en la arena para construir un castillo con almenas. Al oírla, había levantado hacia ella sus ojos de un azul clarísimo.

— ¿Mi padre? Murió antes de nacer yo. No le he conocido.

—Pero sabrás al menos cómo se llamaba y si era rubio como tú, —insistió Laura examinando curiosamente el aspecto del chiquillo que tenía a su lado, más parecido al de los turistas nórdicos que se tostaban al sol en la playa de La Escollera, la más cercana al pueblo, que al de los lugareños que había visto por allí.

Jaime, que parsimoniosamente levantaba una torre más alta que las demás, meneó negativamente la cabeza.

—No. Mi madre tenía una fotografía de él en su cuarto, pero hace tiempo que ya no está. Desde que puedo recordar, hemos vivido en Murcia, en casa de tu abuelo, o aquí durante el verano. Mi madre trabaja en las dos como ama de llaves.

No era eso lo que Laura había oído a sus padres. Éstos habían utilizado otra palabra que no sonaba bien, pero como no había entendido su significado no se atrevió a discutírselo.

— ¿Cómo ama de llaves? Creo que ya no existen las amas de llaves, —le rebatió dudosa—. Me parece que eso es cosa del siglo pasado, cuando había grandes mansiones y sus dueños disponían de un servicio al que era necesario dirigir.

— ¿No? ¿Y la casa de tu abuelo no es una gran mansión?, —se burló el chiquillo.

Laura frunció el ceño y no tardó en encontrar el calificativo que le cuadraba.

—No, no es una gran mansión. Es solo un caserón viejo. Muy grande y muy viejo.

Jaime se había echado a reír con ganas.

—Estoy seguro de que ni siquiera lo has explorado nunca a fondo y deberías saber que, además de ser enorme, cuenta con unos cuantos fantasmas que se pasean por las noches por todas las habitaciones.

Laura le envolvió en una mirada desdeñosa.

—Eso es mentira. Mi padre me ha dicho que los fantasmas no existen.

El chiquillo la observó durante unos segundos con sus clarísimos ojos muy abiertos, como si se estuviese preguntando si Laura sería tonta o si lo estaría fingiendo.

— ¿Y te lo has creído? Eso es lo que las personas mayores les dicen a los niños para que no sientan miedo por las noches, pero no es verdad. La próxima vez que vuelvas con tus padres a visitar a tu abuelo te lo demostraré.

— ¿Me lo demostrarás?, —inquirió dudosa. ¿Sería cierto que su padre le había mentido sobre la existencia de los fantasmas?

—Sí, te lo aseguro. Podrás comprobarlo por ti misma.

— ¿La próxima vez que venga?

—Eso es.

Pero no hubo una próxima vez. Quince días más tarde, cuando al atardecer subió a la casa con el chiquillo por la escalera de piedra que ascendía desde la playa, encontró en la sala de estar a sus padres que habían regresado para recogerla. Habían aparecido sin previo aviso y de su actitud no podía colegirse que la hubieran echado de menos ni que estuviesen deseosos de verla. Se limitaron a abrazarla y a reñirla después por llevar su lacia melena desgreñada, por venir rebozada en arena y por llevar además un palo en la mano. Era el palo con el que Jaime y ella ahuyentaban a las gaviotas, pero sus padres no parecieron comprender su importancia ni lo mucho que los dos chiquillos lo valoraban.

Seguidamente se despidieron del abuelo, que abrazó a su hijo, pero que a Laura ni siquiera la miró, e iniciaron el viaje hacia Madrid, donde vivían.

Jaime les vio ir encaramado al poyete que rodeaba la pequeña placeta enlosada que precedía a la fachada principal del edificio. Dos arriates de geranios que nadie regaba crecían allí profusamente y las hierbas invadían las juntas de las losas de color rojo, descoloridas por la sal del mar.

Quizás el chiquillo se hubiese subido a esa cerca para retener durante el mayor tiempo posible la imagen de ella, que le decía adiós con la mano a través del cristal posterior del automóvil. El coche descendía la cuesta que desde lo alto del acantilado llevaba al pueblo y Laura asomó la cabeza por la ventanilla.

—¿Volverás?, —fue la última pregunta que le formuló el niño, inmóvil en el poyete y con una desolación inmensa reflejada en su sucio semblante.

—Claro, el año que viene.

Su pequeña figura fue empequeñeciéndose más y más conforme el coche se iba alejando de la casa, pero Laura le recordó siempre así. Con su rubio cabello despeinado por el viento y aquella expresión de soledad absoluta, de desesperación.

No regresaron nunca más. Escuchando detrás de la puerta del cuarto de estar de su casa de Madrid, oyó a su madre despotricar contra el abuelo y a su padre corroborar las palabras de ésta, tras una conversación telefónica de estos dos últimos. Laura no llegó a saber el motivo. Contaba entonces once años y la trataban como lo que era, como a una persona mayor cuando había que reñirla y como a una chiquilla el resto de las ocasiones, pero lo cierto es que no regresaron a Murcia por Navidad ni a la casa de la playa en el verano.

Pero Laura no se olvidó de Jaime. Había sido el único amigo de su infancia y le escribía sin que sus padres se enteraran. El sobre y el papel los cogía del despacho de su padre sin que éste se diera cuenta y le pedía dinero para el sello diciéndole que lo necesitaba para enviarle una carta a una monja de su colegio que había sido trasladada a otra ciudad. Las que le mandaba él, plagadas de faltas de ortografía y con los renglones torcidos, las recibía en casa de una amiga que había llegado nueva a su clase meses antes y que era tan poco agraciada como ella. Esa falta de atractivo las unió, aunque la otra que se llamaba Emilia, no se asemejaba a una espingarda como Laura, sino que por el contrario, era bajita y rechoncha, con unas gafas de gruesos cristales que le deformaban la línea de sus ojos, achicándoselos.

Guardaba las cartas de Jaime en un cajón de la cómoda de su cuarto debajo de los cuadernos y de los libros del colegio y las releía a veces, sobre todo cuando se sentía triste. Supo por ellas que su madre le había matriculado por primera vez en una escuela pública y que tenía muy malas notas en gramática, porque escribía mal y con muchas faltas de ortografía. Le decía también que ahora tenía amigos en esa escuela, pero que contaba los días que faltaban para que llegara el verano y regresara ella a la casa de su abuelo. Y meses más tarde, cuando al fin llegó el verano, le escribió una carta que la hizo llorar. Contenía un párrafo que la emocionaba siempre, pese a que su ortografía no podía ser más desafortunada:

"He vajado a nuestra playa a perseguir a las gabiotas y he corrido detrás de ellas con un palo como hacíamos aquél berano, pero no estavas tú. ¿Es que no vas a volber?"

Encerraba la última frase tanta añoranza, que Laura se la repetía bajito, como para sí misma, cuando experimentaba la sensación de que no era importante para nadie. Ni para los que habitaban en su casa ni para las niñas de su colegio. Solo para él que aguardaba impaciente su regreso.

En los años que siguieron no oyó a sus padres pronunciar el nombre de su abuelo ni éste volvió a llamar por teléfono. Laura no dejó de escribirle a Jaime cuando creció, aunque su imagen se fue borrando poco a poco de su retina. Era solo ese amigo de la infancia que unos niños tienen y otros se inventan. Nunca se le ocurrió pensar que habría cumplido años a la vez que ella. Cuando fantaseaba sobre él, le veía con su pelo rubio y sus clarísimos ojos azules corriendo en la playa tras las gaviotas o despidiéndose de ella aquella tarde, encaramado al poyete de la placeta, pero siempre con la misma edad.

En plena y turbulenta adolescencia decidió Laura ir a la universidad para licenciarse en historia. Fue entonces cuando la imagen de Jaime se fue tornando borrosa hasta ir desvaneciéndose en la oscuridad de sus recuerdos infantiles. Durante esos años tuvo un par de novios desgreñados, compañeros de clase, que sus padres no aprobaron. Laura se cansó de ellos enseguida. Ninguno de los dos pasó de primero de carrera, enloquecidos como estaban por participar en todas las huelgas que se organizaban y en fabricar unas enormes y reivindicativas pancartas que cada vez exigían una cosa diferente. Ella sí terminó sus estudios y consiguió colocarse como profesora de historia en un colegio privado. Tenía pocas horas lectivas, por lo que su sueldo era bastante reducido, pero como vivía en casa de sus padres disponía del suficiente para sus caprichos y para sus viajes.

De improviso, sin ningún cataclismo que lo predijera, su pequeño mundo se vino abajo. Sus padres, viajeros infatigables, que nunca habían demostrado necesitar a Laura como parte de sus vidas, tomaron un avión rumbo a Canadá para celebrar sus bodas de plata y aquél se estrelló poco antes de aterrizar. Después, todo se tornó confuso. Un amigo de su padre que era abogado le explicó que la casa en la que vivían era alquilada y que ella podía subrogarse en el contrato de arrendamiento de sus padres, pero pronto advirtió que no podía pagar la renta con su sueldo de profesora.

El abogado le explicó también que sus padres no le habían dejado nada en herencia. Habían vivido alegremente, habían disfrutado hasta el último segundo, sin ahorrar un céntimo. Incluso el viaje a Canadá lo habían financiado con un préstamo que Laura debería devolver ahora si aceptaba la herencia. ¿Qué herencia iba a aceptar si no le habían dejado nada?, se preguntó al oírle, con la mente tan neblinosa como si la hubiera invadido una nube de algodón.

Esa pregunta debió formulársela al abogado en voz alta, porque éste se enfrascó en un galimatías sobre la aceptación de la herencia a beneficio de inventario, que ella no escuchó y que en cualquier caso no hubiera entendido. Lo único que le había quedado claro era que debería abandonar el piso en el que vivía y buscarse otro que pudiera pagar.

Se trasladó a una pensión de mala muerte con su ropa, su ordenador portátil y sus libros, pues los muebles se los quedó el dueño de la casa para resarcirse de la última mensualidad que no le habían abonado sus padres. Y lo peor estaba aún por llegar. A los pocos días de instalarse en la pensión la llamó el director del colegio a su despacho. Se deshizo primero en alabanzas sobre la valía de Laura y sobre la empatía que había demostrado con sus alumnos, para concluir diciéndole que se veía obligado a prescindir de sus servicios. El colegio iba mal y no tenía más remedio que efectuar recortes en su personal.

Laura le escuchó sin esbozar un solo gesto. No le había escuchado, porque había intuido el motivo por el que la había citado en su despacho antes de que comenzara a hablar. Se limitó a hacer un gesto de asentimiento y a ponerse en pie para abandonar la habitación. Como una autómata recorrió el largo pasillo con aulas a ambos lados y salió a la calle. Estaba lloviendo. El agua que caía de las nubes racheada por el viento le empapó el rostro, pero se limitó a secársela con un pañuelo sin que le incomodara mojarse. Le hubiera dolido en cambio que luciera un sol resplandeciente, le hubiera parecido incongruente. Llovía como tenía que llover, como debía escenificarse la tarde que estaba padeciendo. Una tarde de mediados de septiembre en la que el viento arrancaba nostálgicamente las hojas amarillas que quedaban en los árboles, a la par que las nubes dejaban caer sobre Madrid el agua que les sobraba.

Tropezando con los adoquines de la calle, mal pavimentada, llegó a la pensión. El edificio no disponía de ascensor, por lo que subió por la escalera hasta su cuarto, una habitación pequeña en la que solo cabía una cama, con una mesilla a su lado. Se sentó en el lecho e intentó pensar sin conseguirlo. Entonces sonó su móvil. Era el hijo del abogado de su abuelo que vivía y tenía su despacho en Murcia. La llamaba para comunicarle que su abuelo había fallecido y que le había dejado en herencia la casa de la playa y unos terrenos cercanos. Aquella casona tan grande y tan vieja de la que tan solo recordaba la mesa camilla de la sala de estar y la playa que se extendía a sus pies, en la que jugaba antaño con Jaime a perseguir a las gaviotas y sí, aquel dormitorio enorme que había sido el suyo durante la quincena en la que sus padres la dejaron al cuidado del abuelo.

Y por eso estaba allí luchando con el viento. Dejando atrás Santa Ana, se había desviado de la autovía que en la provincia de Murcia llevaba al Cabo de Palos y enfilado otra comarcal que conducía a la abrupta costa ubicada más al sur. Tras bordear una curva del camino, había detenido el coche en la cuneta al percibir por la ventanilla el inolvidable olor del mar. Prudentemente, tras descender del vehículo, se aproximó al borde del acantilado para contemplar aquella inmensa extensión azulada que poseía un aroma propio y una calmosa cadencia también única. Igualmente su sonido era especial. No se parecía a ningún otro y sin saberlo ella lo había echado de menos durante los años que habían transcurrido desde que visitara con sus padres al abuelo por última vez.

Pero debía continuar camino adelante para llegar a la casa antes de que anocheciera. Había recogido en Murcia la llave que le había entregado el hijo del abogado de su abuelo y se dirigía ahora al edificio que ya le pertenecía, para comprobar si se encontraba en buen estado para, en caso afirmativo, ponerlo a la venta. Con el dinero que obtuviera podría alquilar otra vivienda en Madrid y sobrevivir, aunque le llevara un tiempo encontrar trabajo.

Palpó el bolsillo de su pantalón vaquero para comprobar que la llave de la casa continuaba dentro. El abogado le había entregado al mismo tiempo la escritura notarial que acreditaba que la había adquirido ella por herencia de su abuelo, a la par que los terrenos próximos. La había firmado él en una notaría de Murcia con el poder que le había enviado ella semanas antes ¿Se mantendría en el mismo estado en el que la recordaba? Alta y oscura, recortándose en la cima del acantilado sobre un cielo escandalosamente azul, con el mar a sus pies, oscilando suavemente éste en ocasiones hacia la playa y en otras rugiendo contra la costa como si estuviera enfurecido.

 Con un suspiro se introdujo nuevamente en su vehículo, un Ford Fiesta de segunda mano de color azul grisáceo, y arrancó el motor. El camino avanzaba ahora en línea recta, con el mar a su derecha, y no tardó en divisar a lo lejos la oscura y solitaria mole de la casa en lo alto del acantilado. Ahora que se iba acercando distinguió las ventanas de la planta baja y los balcones de la planta superior herméticamente cerrados. El edificio constaba de una planta más, retranqueada y con el tejado abuhardillado. Sus ventanas tenían también los postigos de madera bien afianzados y sin saber por qué sintió frío. Parecía una casa abandonada. No se veía un alma por los alrededores, lo que no era de extrañar porque la tumultuosa urbanización de los veraneantes se hallaba a más de un kilómetro de distancia, en una playa cercana. El abuelo había vendido los terrenos a una promotora años atrás, reservándose los que mediaban entre esa urbanización y su vieja casona para que, según les comunicó a sus padres, no le molestase su algarabía. Laura recordaba que hasta allí no llegaba el estridente sonido de la música de las discotecas ni el alboroto de las diversiones de los turistas. Antaño no lo había advertido, pero en ese momento experimentó la impresión de que la casa del abuelo parecía estar aislada del resto del mundo sobre el rocoso promontorio, con la única compañía de las gaviotas que revoloteaban a su alrededor.

 Al acercarse más al edificio se preguntó si encontraría dentro a doña Eulalia que la estuviese esperando para darle la bienvenida. El abogado le había dicho que ésta había heredado la casa de Murcia, en la que vivía en invierno con el abuelo, y sin duda se habría trasladado ya allí, porque cuando descendió del coche, después de aparcarlo al otro lado del poyete que circundaba la placeta, no vio ningún vestigio de que la casa estuviese habitada. La placeta seguía igual que antaño, con los mismos arriates de geranios que crecían exuberantemente, desbordantes de flores de todos los colores, pese a que nadie los regaba.

    Una gaviota pasó graznando junto a ella cuando rebasó la cerca y la atravesó. Por tres escalones se accedía al porche, apuntalado por dos pilares ocultos tras una bounganvillia que cubría de flores rojas el frente del edificio y trepaba hasta el balcón, volado sobre aquél. Introdujo la llave en la cerradura, al tiempo que la gaviota revoloteaba en dirección al mar, mientras ella empujaba la puerta y entraba en el vestíbulo.

CAPÍTULO II

Olía a húmedo, como siempre. Era el mismo olor que percibía cuando acudía con sus padres a visitar a su abuelo años atrás. Un olor inconfundible a casa vieja y a verano que se entremezclaba ahora con algo indefinible que no supo identificar. Quizás se tratase del olor a soledad o a la tristeza por la cercanía del otoño que se fundía con el del mar, aunque era posible también que lo que alcanzaban a captar sus sentidos fueran los efluvios del abandono de sus antiguos moradores que flotaba aún en el aire.

El sol descendía en el horizonte cuando Laura abrió los postigos de madera del ventanal, que se alzaba en la pared frontera desde un poyete de un par de palmos de altura hasta el techo, y no calentaba ya al filtrar sus rayos a través de los cristales. Se paseó lánguidamente por el vestíbulo, yendo a posarse sobre el cojín de una vieja butaca de mimbre que debería haber sido desechada mucho antes, pero que aún permanecía junto al portón de entrada como un mudo testigo del paso de los años que el edificio había soportado.

Dejando caer su equipaje en el suelo del vestíbulo, Laura pasó a la sala de estar. Allí continuaba la mesa camilla con su tapete de crochet y con el mismo jarrón de flores artificiales que recordaba. Y en el mismo lugar de antaño, junto a la ventana, el butacón del abuelo se erguía majestuoso, pero ahora vacío. El abuelo ya no estaba, pero algo de su intangible presencia flotaba aún en el ambiente y Laura se estremeció. Por un instante creyó sentir que desde el otro mundo la miraba, desaprobadoramente como siempre.

Pero ya no era feúcha, se dijo deteniéndose frente a un espejo con marco dorado, que pendía sobre una cómoda, para verse reflejada. Inesperadamente, al alcanzar la estatura de un metro setenta y tres centímetros a los quince años, había dejado de crecer y su figura no recordaba ya a la de su infancia, larguirucha y excesivamente delgada. Seguía siendo muy estilizada, pero su cuerpo se había redondeado armoniosamente. Tampoco sus cejas seguían uniéndose sobre su nariz. Con las pinzas de depilar de su madre suprimió a la misma edad el vello que poblaba su entrecejo y con un cepillo había logrado que su oscura melena mereciese el calificativo de lisa en lugar del de lacia. Había aprendido además a agitarla cadenciosamente en los momentos oportunos, lo que solía producir un efecto fulminante en el sexo contrario. No, si el abuelo la mirase ahora desaprobadoramente, no sería por su físico. Además no era una niña ya. En el mes de julio último había cumplido veintiséis años.

Con una última y recelosa mirada al sillón, retrocedió sobre sus pasos y, en cuanto recogió la maleta y la mochila, se dirigió hacia la escalera que arrancaba en el vestíbulo. Tenía que elegir un dormitorio antes de que se hiciera de noche, buscar ropa de cama y deshacer su equipaje. Luego cenaría uno de los bocadillos que había comprado en un bar en Madrid, antes de emprender el viaje, pues no podía permitirse el lujo de acercarse a la urbanización más cercana para tomar algo en una cafetería. Después de llenar el depósito del coche dos veces desde que saliera de Madrid, apenas si le quedaba dinero para sobrevivir más de una semana y debía economizar al máximo su escaso peculio.

La escalera estaba tan oscura como cuando visitaba al abuelo años atrás y subió apresuradamente los peldaños. No era miedosa, pero reinaba en la casa un silencio demasiado denso, tanto, que parecía oírse. Tampoco se percibía el menor sonido en la planta superior cuando al alcanzar el rellano avanzó por una espaciosa galería entarimada, con puertas a ambos lados. Sin meditarlo se detuvo frente a la que daba paso al dormitorio que había ocupado durante aquella lejana quincena en la que, siendo niña, la habían dejado al cuidado de su abuelo. Tras abrir la puerta, encendió la luz. Estaba igual que entonces. Los muebles no le parecieron ya tan grandes, pero seguían siendo igual de oscuros, con la inmensa cama cubierta por la misma colcha azul, a juego con las cortinas que enmarcaban el balcón.

    Se dirigió en línea recta a abrir los postigos de éste y cuando el sol de la tarde penetró en la habitación, entró también con él el olor del mar y su rítmico sonido. A sus pies las olas rompían incansablemente contra los riscos y se retiraban después para volver a abalanzarse contra ellos como si pretendiera socavarles, una vez y otra y otra. Rugiente e incansable. Salió al balcón y lo contempló en silencio diciéndose que habría pocos panoramas en el mundo que pudiesen ser más hermosos que el que tenía ante su vista. El mar era inconmensurable y único. A lo lejos y a su izquierda, la luz del faro de Cabo de Palos giraba en semi círculo trazando una estela luminosa sobre el agua, cuyo color comenzaba ya a tornarse verdoso. Una gaviota cruzó volando frente al balcón y luego regresó para revolotear emitiendo ríspidos graznidos, como si aguardase algo de la muchacha que, inmóvil, contemplaba el paisaje apoyada en la balaustrada. Sin duda pretendía que le arrojase al aire algo comestible, pero no estaba dispuesta a compartir con ella el bocadillo de mortadela que iba a constituir su exigua cena, por lo que se apresuró a entrar nuevamente dentro del dormitorio. Sabía que las gaviotas podían ser muy agresivas y no estaba dispuesta a recibir un picotazo. Un instante más tarde el ave se posaba en la barandilla del balcón graznando sin dejar de mirarla fijamente y Laura se alarmó. Recordaba con toda claridad las ocasiones en las que, años atrás, Jaime y ella se habían visto obligados a salir corriendo, perseguidos por una enfurecida bandada de esas aves. De golpe cerró la puerta de cristales del balcón y retrocedió dejándose caer sentada a los pies de la cama. Allí estaba a salvo, se dijo. Dormiría con el balcón cerrado. Aunque en la costa de Murcia el mes de septiembre solía ser cálido, necesitaba poder cerrar los ojos sin sobresaltos y con la seguridad de que esa gaviota u otra no pudiesen tomar por asalto su dormitorio durante la noche.

Sin moverse desvió su mirada hacia el soporte de madera blanca que en la esquina de la habitación sostenía una palangana de porcelana en la que años atrás debía lavarse al levantarse por las mañanas. Tenía un jarro metálico a sus pies que por aquel entonces encontraba siempre lleno de agua. Lo cierto era que nunca utilizó esa palangana, pues a Jaime y a ella les bastaba con bañarse en el mar y no echaban en falta poder utilizar el único cuarto de baño de la casa, que se reservaba el abuelo en exclusiva, Sonrió al recordarlo. En el presente le parecía imposible poder prescindir de la ducha, pero de niña la obligación de lavarse constituía una molestia de la que se libraban siempre que podían.

Poco después descendía nuevamente la escalera con su ordenador portátil en la mano. Cuando entró en el despacho de su abuelo, lo depositó sobre la mesa y se dejó caer en el butacón tapizado en pana color burdeos en el que él solía acomodarse para repasar las cuentas del Banco, gruñendo por lo bajo. ¿Qué habría sentido allí sentado?, se preguntó. Probablemente se habría creído el rey del mundo y por esa razón trataba tan despóticamente a todos los que le rodeaban. La mesa tenía un único cajón y lo abrió con curiosidad, pero lo que contenía en su interior no le dijo nada. Un papel secante, unos bolígrafos, dos folios de papel en blanco y una cajetilla de tabaco de una marca que no conocía, con tres cigarrillos dentro. Como ella no fumaba, la guardó de nuevo en el cajón y se puso en pie.

Del despacho pasó a inspeccionar la cocina, con la esperanza de localizar algo comestible en la enorme despensa. Algo que hubiese olvidado doña Eulalia al trasladarse a Murcia. Se utilizaba para esa finalidad un cuarto pequeño, con alacenas adosadas a las paredes, al que se accedía desde la cocina. La encontró bien provista por lo que dejó escapar un suspiro de alivio. La cocina, en cambio, le pareció más vieja aún de cómo la recordaba, aunque disponía de unos electrodomésticos que antaño no existían. Dentro de la nevera descubrió un pollo asado, una botella de leche sin abrir y un cestillo con melocotones. Sin duda debía agradecérselo a doña Eulalia que, previendo que se encontraría cansada la noche de su llegada, había procurado evitarle que se viera obligada a acercarse al pueblo para cenar.

    Tenía un hambre devoradora, por lo que engulló medio pollo en la mesa de la cocina y cuatro melocotones y a continuación salió al pasillo y se dirigió a la escalera. Los peldaños crujían bajo sus pies conforme iba ascendiendo y también chirriaba la tarima de la galería cuando alcanzó la planta superior. En aquel silencio cualquier sonido parecía amplificarse y reproducirse luego, chocando contra su propio eco. Indecisa, se detuvo al comienzo del pasillo. Fuera había anochecido ya y aunque había dejado abierta la puerta de su dormitorio al bajar a la cocina, a través de la puerta de cristales del balcón no penetraba ya claridad alguna, por lo que el corredor aparecía ante sus ojos como un alargado y oscuro manchón. Creyó oír algo al fondo del mismo, algo como el chasquido del entarimado bajo las pisadas de alguien invisible. Al menos Laura no distinguía más que sombras, fundiéndose con otras en la negrura que se extendía ante su vista.

    Asustada, le pareció que retrocedía a aquella tarde en la que se encontraba en la playa con Jaime haciendo un castillo en la arena y hasta le pareció oír la voz del chiquillo asegurándole que en la casa había fantasmas que se paseaban de noche por las habitaciones. Le había prometido demostrárselo cuando al año siguiente regresara ella a la casa con sus padres a visitar al abuelo, pero no habían vuelto nunca más, aunque no sabía por qué. ¿Sería cierto que en la casa había fantasmas?

    Tras unos instantes de atemorizada vacilación, meneó negativamente la cabeza para convencerse a sí misma de que su propia pregunta era absurda. Se dijo que la madera vieja crujía porque... porque sí, porque era vieja, porque en ella solía anidar la carcoma y quizás otros insectos cuyo nombre desconocía, pero ella no era ya una niña. Ya no tenía derecho a sentir miedo de la oscuridad ni del imaginario sonido de pisadas en una casa solitaria, enclavada en la cima del acantilado. Sus padres se lo habían repetido hasta la saciedad. Desde los diez años era mayor y debía cargar con el lastre de no poder asustarse en ninguna circunstancia.

El recuerdo de esas palabras de sus padres la animó a continuar avanzando por el pasillo y al llegar a su dormitorio encendió la luz. Estaba tal y como lo había dejado, con la maleta abierta y sin deshacer sobre la cómoda, el bolso encima de la cama y la mochila con los bocadillos en el suelo. Afortunadamente ya no se vería obligada a cenar el de mortadela que había reservado para la ocasión. Gracias a doña Eulalia había disfrutado de un ágape opíparo y ahora tenía por delante una noche reparadora en la que sin duda descansaría sin interrupción. Se lo repitió varias veces hasta que se convenció a sí misma y finalmente, porque aún se removía en su mente un resquicio de duda, cerró la puerta de la habitación con pestillo. Luego se puso el camisón, se metió en la cama y apagó la luz de la mesilla de noche.

A través de los cristales de la puerta del balcón veía cómo la luna iba ascendiendo en la oscuridad del firmamento y cómo, de cuando en cuando, cruzaba por delante alguna gaviota desorientada, pero no tardó en cerrar los ojos y en quedarse profundamente dormida.

Se despertó de improviso con una sensación extraña. ¿Dónde estaba? Lo recordó de pronto y se incorporó sobre un codo para mirar a su alrededor. Por la oscuridad que vislumbraba a través de los cristales del balcón comprendió que aún era completamente de noche, pero tenía que ir al cuarto de baño, ese era el motivo por el que se había despertado.

Retirando las sábanas del lecho, bajó las piernas al suelo y se calzó las zapatillas que había dejado la noche anterior sobre la alfombrilla azul de pie de cama. Sabía que el único cuarto de baño se encontraba tres puertas más allá, junto al dormitorio que había sido el del abuelo. Entre éste y el que ella ocupaba, se hallaba el que había pertenecido a Jaime, en el que algunas noches jugaban los dos mientras los demás dormían.

Tras encender la luz de la mesilla, se dirigió bostezando hacia la puerta, descorrió el pestillo y salió al pasillo. Se encontraba tan adormilada, que ni siquiera recordó que antes de acostarse, al subir de la cocina, había experimentado una sensación muy parecida a la del miedo al oír los secos crujidos de la madera. Lo que notaba ahora era el aturdimiento que produce el sueño, por lo que avanzó vacilante por el corredor restregándose los ojos, sin sentir otra cosa que la necesidad acuciante de llegar al cuarto de baño cuanto antes.

Fue al conseguir abrirlos cuando se detuvo en seco. Por debajo del dormitorio del abuelo salía un haz de luz. Una lucecita macilenta que se reflejaba como una estela luminosa sobre el brillante entarimado del pavimento. Se quedó como inmovilizada durante unos segundos y después volvió a restregarse los ojos. ¿Cómo era posible? Estaba segura de que, al acostarse, por debajo de la puerta del cuarto del abuelo no se escapaba claridad alguna. ¿Se trataría quizás de uno de los fantasmas de los que antaño le había hablado Jaime?

Consiguió con esfuerzo recuperar el uso de sus piernas y dirigirse hacia ese dormitorio. Tenía ya la mano en el picaporte de la puerta cuando la lucecita se apagó y el pasillo recuperó aquella oscuridad tan densa, tan impenetrable. Tuvo que repetirse varias veces a sí misma que ya era mayor y que por serlo no tenía derecho a sentir miedo. De tanto asegurárselo sus padres, casi había llegado a convertirse en una obsesión, pero algún residuo de ese sentimiento se le había quedado enquistado dentro, porque notó que lo estaba experimentando en ese instante y que se le había localizado en las rodillas que le temblaban lastimosamente.

Pero tenía que sobreponerse. No podía echar a correr hacia su cuarto como un conejo asustado para taparse la cabeza con las sábanas. Ya era mayor. Se lo repitió bajito y de un tirón abrió la puerta y encendió la luz.

    En la habitación no había nadie. Desde el umbral comprobó que, aunque de menores proporciones que las que había grabado en su retina años atrás, el dormitorio continuaba estando tal y como recordaba, con el cabecero de la inmensa cama de madera oscurísima contra la pared del fondo y el lecho cubierto por una colcha de color granate. A los pies de éste y junto al paño de su derecha, permanecía la misma cómoda sobre la que colgaba un espejo con marco dorado y a su lado distinguió el enorme armario empotrado en el que el abuelo guardaba su ropa. Junto al balcón, cuyos postigos estaban herméticamente cerrados, la butaca donde aquél se sentaba en ocasiones a leer seguía ocupando el mismo lugar.

    Penetró dentro de la estancia y se dio una vuelta sobre sí misma buscando con los ojos lo que hubiera podido ocasionar el débil resplandor que se escapaba instantes antes por debajo de la puerta. De la lámpara que colgaba del techo desvió la mirada hacia el velón que descansaba sobre la mesita de noche. No, ninguno de los dos era capaz de producirlo. ¿No lo habría imaginado?

    Desconcertada, abandonó el dormitorio cerrando la puerta tras de sí. Seguidamente se dirigió al cuarto de baño, contiguo a la habitación de su abuelo. Alicatado hasta media altura con azulejos blancos y cuadrados, disponía de una oxidada tina de zinc con patas doradas, que antaño usaba el abuelo. Estaba adosada contra la pared de la derecha y se la reservaba él en exclusiva. Los demás habitantes de la casa tenían que limitarse a utilizar la palangana de la que estaban dotadas todas las alcobas. Sostenidas sobre un soporte alto y blanco, con un jarro lleno de agua a sus pies, se suponía que bastaban para el aseo diario de doña Eulalia, de los niños y de los criados, ya que éstos disponían además de los servicios que les prestaba un cuartucho que se hallaba junto a la cocina, en la planta baja, con un desportillado inodoro, cuya cisterna, instalada en la pared a bastante altura, se accionaba con una cuerda de esparto.

Estaba ya lavándose las manos en el lavabo con un agua helada, cuando creyó oír con toda claridad un golpe seco. Había sonado en el dormitorio de su abuelo. ¿Habría regresado del más allá para darse una vuelta por su cuarto?, se preguntó a sí misma con sus grandes ojos oscuros agrandados por el pánico. Se repitió bajito que ya era mayor, que ya contaba veintiséis años, por lo que no tenía derecho a asustarse, pero en esa ocasión no fue capaz de convencerse a sí misma ni de intentar averiguar qué lo había producido. Con toda la velocidad que le permitían sus piernas echó a correr hacia su dormitorio y una vez dentro cerró la puerta con pestillo.

El acantilado de las gaviotas

CAPÍTULO III

La despertaron los graznidos de dos gaviotas que se habían posado en la barandilla del balcón y se incorporó sobresaltada. Le había costado conciliar el sueño, pero ahora le supuso también un esfuerzo volver al presente y recordar los sucesos de la noche anterior. Tenía que haberlos imaginado, se dijo. Aquella casa tan grande, tan antigua y tan solitaria excitaba la imaginación de cualquiera. Ese día era domingo, pero al siguiente se acercaría al pueblo para encomendarle su venta a una agencia inmobiliaria y, en cuanto consiguiera transmitírsela a algún caprichoso al que le gustaran las casas antiguas en la que se produjeran absurdos fenómenos espectrales durante la noche, regresaría a Madrid con el dinero que hubiese obtenido e intentaría encontrar trabajo en algún colegio.

Más tranquilizada se levantó y se puso sobre el camisón la bata azul que había sido de su madre y que le quedaba algo grande, pero cumplía su cometido y ella no podía gastar un dinero que no tenía en un artículo de lencería tan superfluo.

Fuera, un sol resplandeciente se filtraba a través de los cristales del balcón, que abrió para apoyarse en la balaustrada a contemplarlo. Brillaba en un cielo intensamente azul sobre un mar en calma. Se deslizaba éste suavemente hacia la playa, cubriendo la arena dorada con su espuma blanca, para luego retirarse llevándosela consigo. Era imposible que en aquél escenario hubieran ocurrido los sucesos de la noche anterior, se dijo. Lo real era lo que podía ver ahora. Una mañana radiante y soleada, como solían serlo en toda época, incluso en invierno, en la costa de Murcia y tenía que haber imaginado el haz de luz que había creído ver que se escapaba bajo la puerta del dormitorio del abuelo.

Necesitaba un café que la despejase, por lo que volvió a entrar en su dormitorio y descorrió el pestillo de la puerta. El pasillo, iluminado por la claridad que penetraba por el balcón de su cuarto, no le pareció tan tétrico ni tan oscuro. Mientras descendía los peldaños de la escalera, recordó haber visto la tarde anterior en la despensa un paquete de café molido. Tendría que buscar una cafetera y desayunaría espléndidamente acompañando con la oscura infusión el bocadillo de mortadela que había traído de Madrid. Probablemente estaría ya gomoso e incomestible, pero lo importante era matar el hambre de cualquier forma hasta que consiguiese realizar la venta de la casa.

Se encontraba en la cocina revolviendo el interior de los viejos armarios de madera que cubrían las paredes, cuando oyó el timbre de la puerta y respingó sobresaltada. ¿Quién podía ser el visitante? No conocía a nadie en la zona y en la cima del acantilado no había más casa que la de su abuelo, la que ahora era suya, por lo que no tenía vecinos que pudieran haber decidido acercarse a saludarla. Con suma precaución salió al pasillo y cuando desembocó en el vestíbulo se aproximó al portón para atisbar el exterior por la mirilla. Un hombre al que no conocía se encontraba en el porche.

— ¿Quién es?, —le preguntó desconfiadamente a través de la hoja, con la mano colocada sobre la llave que la víspera había dejado puesta en la cerradura.

—Ábrame, vengo a traerle su perro,—oyó decir al desconocido.

Aunque el hombre no podía verla, meneó negativamente la cabeza, agitando su despeinada melena, y esbozó un gesto de desconcierto.

— ¿Mi perro? Yo no tengo perro. Me parece que se ha equivocado usted.

La voz de él sonó ahora resignada, como si se viera obligado en ese momento a explicar algo que era evidente a una persona con una mente obtusa.

—Sí es su perro. Es el perro de esta casa y por esa razón se lo traigo. Soy el veterinario del pueblo y he estado cuidando del animal desde que se marcharon sus anteriores habitantes. ¿Me abre o no? No puedo pasarme en este porche todo el día, ¿me entiende?

Había ido elevando la voz y Laura se sintió en ridículo al manifestar tanto recelo. Cuidadosamente descorrió el cerrojo del portón y luego abrió éste unos centímetros. Por la abertura distinguió a un joven alto y fornido que sujetaba por la cadena a un enorme mastín. Él acabó de abrir la puerta y entró con el perro en el vestíbulo, donde se la quedó mirando con el ceño fruncido.

— ¿Ha venido usted con la nueva dueña de esta casa, verdad? Me llevé el perro la semana pasada, cuando doña Eulalia se marchó a Murcia, porque no sabíamos cuando iban a llegar ustedes, —repitió.

Laura levantó la vista hacia su rostro, bronceado por el sol, en el que destacaban unos ojos de un azul clarísimo. Su cabello era dorado, con algunos mechones más claros aún que le resbalaban sobre la frente y llegó a la conclusión de que no le había visto en su vida.

— ¿Y usted quién es?

—Ya le he dicho que soy el veterinario del pueblo, —repuso pacientemente él—. Pero bueno, ¿se queda con el perro o no?, porque supongo que no me he equivocado y que ha venido usted a hacerse cargo de la casa por encargo de la nieta de don Andrés Villamil.

Sorprendida, enarcó las cejas.

—La nieta de don Andrés Villamil soy yo. Me llamo Laura Villamil.

La estupefacción más absoluta se pintó en el rostro de él, entremezclada con algo indefinible que quizás pudiera calificarse de añoranza. La miraba incrédulamente con sus clarísimos ojos azules entornados.

— ¿Laura?, ¿eres Laura? No es posible.

Estudiaba incrédulamente sus facciones como si pretendiera reencontrar en ellas algo de las de la niña que había sido y ella terminó por impacientarse.

— ¿Nos conocemos? No recuerdo haberle visto nunca a usted. Claro está que la última vez que vine a visitar a mi abuelo tenía diez años. ¿Vivía usted en la urbanización de la playa de La Escollera o quizás en el pueblo?

Él se echó a reír sin apartar los ojos de ella.

— ¿Tanto he cambiado yo también? Soy Jaime.

Ahora fue Laura quien abrió la boca con asombro. ¿Jaime?, ¿cómo era posible? Cuando se despidió de él la última vez que visitara al abuelo con sus padres, era un chiquillo esmirriado al que ella le sacaba la cabeza. Su cabello de tan rubio parecía blanco y sus ojos... sí sus ojos sí eran los mismos, de un sorprendente color azul.

— ¿Eres Jaime?, no pareces tú, —musitó aturdida, buceando en su memoria para recuperar en ella algo del chiquillo, compañero de juegos de su infancia, que dejara años atrás encaramado al poyete de la placeta diciéndole adiós con la mano.

—Tampoco tú pareces la misma,—convino Jaime sin dejar de contemplarla con una mezcla de ternura y de nostalgia—. ¿Qué fue de aquel entrecejo que tenías?

—Me lo depilé, —replicó ella en el mismo tono.

—Tampoco has crecido tanto como prometías.

—En cambio tú que eras bajito y delgaducho...

Jaime volvió a reír.

—Sí, de pronto di un estirón y dejé sorprendidos a todos los que me rodeaban. Conseguí lo que ninguno hubiera podido imaginar que lograría. Mirarles por encima del hombro.

Evocó Laura la alta y enjuta figura de su abuelo. Una especie de prepotente cacique a la que todos temían y que a ella la aterrorizaba cuando se dignaba clavar en la niña que había sido sus penetrantes ojos oscuros.

— ¿A mi abuelo también?

El atractivo semblante de él se oscureció.

—No, a tu abuelo no. No me dio ocasión, porque cuando alcancé este tamaño me había marchado ya de esta casa. Dudo de que, en cualquier caso, me hubiera permitido ponerme a su lado para comparar nuestras estaturas, porque siempre me ignoró.

—Y a mí, —corroboró Laura—. No le gustaban los niños o quizás fuera que a mí me encontrara demasiado fea, pero tú, aunque canijo y esmirriado, tenías cara de angelote.

— ¿Fea? A mí nunca me pareciste fea,—replicó Jaime sonriendo con sorpresa no exenta de melancolía—. Aunque tengo que reconocer que has mejorado bastante.

Se interrumpió para dirigir una mirada en torno como si quisiera apreciar si el vestíbulo continuaba teniendo el aspecto de siempre o si ella había tenido tiempo ya de introducir algún cambio. Debió de llegar a la conclusión de que todo continuaba estando en su lugar, porque sonrió nuevamente.

— ¿Cuándo has vuelto?

—Anoche, llegué anoche.

Él volvió a inspeccionar detenidamente el vestíbulo y fijó su mirada en el viejo sillón de mimbre con su raído cojín como si lo asociase con viejos recuerdos.

—Claro, por eso no has tenido tiempo aún de tomar decisiones sobre el mobiliario. Pero ahora, si te parece, voy a llevar el perro al cobertizo del patio y luego podrías invitarme a desayunar. Sé que mi madre te dejó la despensa bien provista.

Sus palabras, que confirmaron lo que ya había comprobado la tarde anterior, la alegraron tanto como cuando hizo ese descubrimiento la víspera. Tanto, que olvidó oponerse a que le encomendara el enorme perro y se hizo a un lado para permitirle pasar al pasillo con el mastín y dirigirse a la cocina desde donde se accedía al patio al que había aludido. Aún no había tenido oportunidad de comprobar si se mantenía como antaño, cercado por de una tapia de unos dos metros de altura, enteramente oculta bajo unos jazmineros azules entremezclados con bouganvillias de todos los colores. Las flores en aquella región parecían crecer y expandirse por doquier sin necesitar que nadie las cuidara. Recordaba también que al fondo de ese patio existía antaño una especie de cobertizo en el que se guardaban unos aperos de labranza, que nadie utilizaba, y en unos enmohecidos estantes de madera, frascos de cristal conteniendo herbicidas, raticidas y sprays contra los insectos. Tiempo atrás, el patio se utilizaba fundamentalmente para tender la colada, pero, por lo que podía recordar, su abuelo odiaba a los animales. Resultaba, por tanto, sorprendente que hubiese sido propietario del mastín que Jaime le había traído. ¿Tanto habría cambiado aquél en sus últimos años?

—No puedo quedarme con ese perro ni con ningún otro, —se limitó a objetar, ya en la cocina a donde le había seguido—. He venido con la intención de vender esta casa y me marcharé en cuanto lo consiga. ¿Qué haría yo con este perrazo tan descomunal en un piso de Madrid?

Él parpadeó incrédulamente.

— ¿Vas a volver a Madrid? Pensé que te quedarías aquí.

—No. Soy profesora de historia y necesito encontrar un trabajo. En Madrid hay cientos de colegios y en alguno me aceptarán, ¿comprendes?

Tirando del mastín la precedió al salir al patio por una puerta trasera de la cocina. Laura pudo comprobar de una sola ojeada que no había experimentado ninguna variación respecto a lo que conservaba de éste en su memoria. Como antaño, las mismas enredaderas crecían exuberantemente rebosando la tapia y colgando hacia el exterior, la misma gravilla cubría el suelo rocoso y al fondo, adosado a la pared y algo más decrépito, vio el viejo cobertizo donde se escondían de niños. Incluso permanecía idéntico el viejo farol que colgaba del muro exterior de la cocina y que constituía la única iluminación del patio cuando oscurecía.

Jaime extrajo del cobertizo un saco de pienso para perros que vertió en una desportillada palangana, así como un cubo que llenó de agua en el grifo de la cocina. Luego le entregó ambos objetos, señalándole al perro.

—Es su comida, pero conviene que se la des tú para que comprenda que eres su dueña. Los perros, y en general todos los animales, quieren a quien les da de comer.

Sin ganas de discutir, Laura buscó una sombra en aquel florido recinto, achicharrado por el sol, y el perro se abalanzó sobre la palangana meneando alegremente el rabo. El olor del pienso no era precisamente grato, pero al animal sí debía parecérselo porque lo engulló ruidosamente en un santiamén y luego se bebió el agua del cubo con unos sorbetones que cualquier persona de la capital hubiera considerado ordinarísimos.

—Tienes que ponerle la comida en la palangana todas las mañanas,—le explicó Jaime mientras regresaba con ella a la cocina—. Los perros comen una sola vez al día, ¿entiendes?

Ya dentro de esta última estancia, la recorrió con los ojos, buscando algo.

—Vamos a ver,—empezó, como si hablara consigo mismo—. El café debe de estar en la despensa y también las magdalenas que hace mi madre. La última semana se dio la gran paliza preparando la masa de esos bollos y arreglando la casa para que la encontraras de tu gusto cuando volvieras. Busca tú la cafetera mientras tanto, que yo iré a por el café.

—Ya la he buscado y no la encuentro.

Con un suspiro de resignación la extrajo él de un armarito bajo y se la entregó.

—¿Sabes hacer café? Si no sabes, déjame a mí y trae tú las magdalenas de la despensa. Están en una caja metálica.

Poco después se sentaban los dos en la mesa de mármol, ubicada en el centro de la cocina, con dos tazones de café con leche y un plato de las magdalenas, especialidad de Doña Eulalia.

— ¿Cómo está tu madre?,—le preguntó ella—.Supongo que habrá lamentado marcharse de aquí.

Jaime se apresuró a menear negativamente la cabeza.

—No, no lo creo. Lo que incomprensiblemente sintió fue la muerte de tu abuelo, porque...

—... porque era inaguantable,—terminó Laura por él—. Recuerdo que en las dos semanas que pasé aquí hace muchos años, cuando mis padres se marcharon de viaje, no se dignó dirigirme la palabra. ¿Te hablaba o te saludaba a ti después cuando os cruzabais por el pasillo, en el tiempo que ha transcurrido desde entonces?

Jaime esbozó una mueca desdeñosa.

— ¿A mí? Simplemente me ignoraba. En los años que siguieron a tu marcha, me hubiera gustado preguntarle cuando ibas a volver, pero no me atreví. Te esperaba verano tras verano.

Ella sonrió evocando su última visita al abuelo y la despedida de Jaime en lo alto del poyete de delante de la casa diciéndole adiós con aire desolado, mientras su padre arrancaba el coche para regresar a Madrid.

—Sí, recuerdo que prometiste enseñarme los fantasmas de la casa y anoche...

Él se la quedó mirando en silencio.

— ¿Sí?, continúa, ¿qué ibas a decir?

—Que anoche comprobé que tenías razón. Me desperté de madrugada y, cuando me dirigía al cuarto de baño, vi un rayito de luz que escapaba por debajo de la puerta del dormitorio de mi abuelo. Entré en ese cuarto para averiguar qué lo producía pero en la habitación no había nadie. ¿Es que sucedían esas cosas cuando éramos niños y por eso me dijiste que en esta casa había fantasmas?

En el bronceado semblante de él, de un tostado infrecuente en un hombre de cabello rubio y con unos ojos de color tan claro, se pintó la estupefacción más absoluta.

— ¿Luz debajo de la puerta de ese cuarto?, no lo entiendo. Y tampoco recuerdo haberte dicho que en esta casa hubiera fantasmas, porque nunca los ha habido. Entre otras razones, porque no existen. ¿No lo imaginarías?

También se lo preguntó ella a sí misma en ese momento. Quizás estaba soñando algo semejante y al despertar había prolongado las imágenes que había entrevisto dormida y las había transferido a su presente real. El sol radiante que penetraba por la ventana abierta de la cocina la ratificó en la conclusión de que todo lo sucedido durante la noche había sido imaginación de sus sentidos. Parecía tan absurdo fantasear sobre fantasmas en una mañana tan soleada… Y más absurdo aún haber llegado a suponer que el espectro de su abuelo se paseaba por su dormitorio portando una linterna cuyo resplandor escapaba bajo la puerta de su dormitorio.

Se dio cuenta en ese momento de que sabía muy poco del que había sido dueño de la casa que había heredado y se quedó callada durante una décima de segundo preguntándose qué habría ocurrido quince años antes entre sus padres y él para que se hubieran distanciado hasta el extremo de no volver a hablarse. Sus padres no le dieron entonces a ella ninguna explicación. Simplemente se negaron a volver a visitarle en verano en su caserón del acantilado. Quizás supiera Jaime el motivo.

—Yo era pequeña y no me enteré de lo ocurrido, pero mis padres y mi abuelo debieron pelearse. ¿Sabes tú por qué?

Él hizo un gesto vago que podía interpretarse de muchas formas. Laura llegó a la conclusión de que lo sabía, pero que no se lo quería decir.

— ¿Y de qué murió?,—insistió ella, cuando se convenció de que en cualquier caso él no estaba dispuesto a aclarárselo—.A mí me parecía muy viejo, pero a los niños todas las personas mayores se lo parecen. Probablemente no lo sería tanto.

Jaime se encogió de hombros. Parecía incómodo y deseoso de cambiar de conversación.

—Yo ya no vivía en esta casa,—repuso al fin—.Cuando cumplí dieciocho años me marché a Murcia a estudiar veterinaria y no volví aquí ni siquiera en vacaciones.

Mi madre me visitaba entonces en la pensión en la que vivía. Después, cuando terminé la carrera, regresé a éste pueblo y alquilé una casa de dos plantas. Tengo una clínica en la planta baja y vivo en la superior. Hace unos días he comprado el edificio.

— ¿Tu madre se quedó en esta casa, cuando regresaste con la carrera terminada habiendo podido irse a vivir contigo?, — se extrañó ella estudiando atentamente su semblante.

—Si, no quiso abandonar a tu abuelo. Ya te he dicho que tengo una clínica de animales, fundamentalmente de perros y de gatos, aunque a veces me llaman para que asista al parto de alguna vaca. Me va bastante bien. ¿Y tú a qué te dedicas?

Respiró hondo Laura recordando el colegio donde trabajaba y el despacho del director, la tarde en que la despidió.

—Me licencié en historia y daba clase en un colegio privado en Madrid, pero me despidieron. Poco después murió el abuelo y su abogado me llamó para decirme que había heredado esta casa. Por eso he venido. Quiero venderla y volver a Madrid a buscar trabajo.

Se acodó él en la mesa y se la quedó mirando pensativamente. Quizás rememoraba los tiempos en los que siendo niños se perseguían en la placeta o jugaban al escondite agazapándose tras las palmeras que crecían delante de la casa, porque su expresión era nostálgica.

— ¿Y tiene que ser en Madrid donde busques trabajo? Podrías dar clase en un colegio privado del pueblo. ¿Lo recuerdas?

Ella meneó negativamente la cabeza.

—No, ¿por qué?

—Está enclavado cerca del paseo marítimo en un edificio nuevo y creo que este año no han conseguido cubrir todas las plazas de profesores. A este pueblo solo viene la gente a veranear, pero cuando se trata de trasladarse aquí para residir durante todo el año no es fácil encontrar voluntarios—. La observó con la cabeza ladeada antes de preguntarle—:

¿Tiene que ser forzosamente de historia de lo que des clase? ¿No te daría lo mismo enseñar geografía, latín o ciencias de la naturaleza?

Lo consideró ella en silencio antes de menear negativamente la cabeza.

—No me daría lo mismo, aunque en estos momentos mi penuria es tan absoluta que aceptaría cualquier trabajo que me ofrecieran. ¿Pero crees que me contratarían habiendo comenzado el curso hace unos días?

—Sí, si no han contratado aún a un profesor de historia, —replicó Jaime—. Si te interesa, podría acompañarte mañana al colegio y presentarte al director. Somos viejos amigos. Su mujer tiene un perro y dos gatos de los que me ocupo, porque padecen unas diarreas descomunales a causa de las chucherías que se empeña su dueña en darles de comer. Se lo he explicado en todos los idiomas, pero no se da por enterada. ¿Qué te parece?

En ningún momento le había pasado por la cabeza a Laura la idea de quedarse a vivir en la casa de la playa del abuelo ni la de trabajar en un pueblo tan alejado de su entorno y de sus amistades, pero al rememorar los bocadillos de mortadela que la aguardaban en la mochila que había dejado en su dormitorio se animó a aceptar inmediatamente.

—¿Me harías ese favor?

—Por supuesto. Ya te he dicho que no es fácil encontrar profesores que estén dispuestos a trasladarse a este pueblo. Aunque corto, el invierno aquí es muy tristón y los niños a los que tendrías que dar clase por lo visto son insoportables.

Lo consideró ella en silencio. Probablemente no conseguiría en solo un par de días vender el caserón que había heredado ni los terrenos que mediaban entre la casa y la playa de La Escollera donde se apiñaban los veraneantes, por lo que necesitaba urgentemente un trabajo que le permitiese sobrevivir. Más tarde, cuando hubiera conseguido el objetivo que se había propuesto y hubiese logrado transmitir esos inmuebles, se plantearía despedirse del colegio y regresar a Madrid.

—Te agradecería muchísimo que me presentases al director, — replicó sin necesidad de detenerse a reflexionar sobre ello —. Aunque por lo visto he heredado una fortuna del abuelo, estoy sin blanca. Mis padres, al morir, no me dejaron nada más que deudas y desde que perdí mi trabajo en el colegio he sobrevivido de milagro.

Jaime le dirigió una mirada de soslayo. Parecía estar imaginando las dificultades por las que ella había tenido que pasar, porque sus ojos traslucieron algo semejante a la ternura.

—Bueno, bueno, ya pensaremos cómo solucionar todos tus problemas mañana. Pero hoy es domingo, así que estamos de vacaciones y debemos preocuparnos solamente de divertirnos.

Aprobó ella sus palabras, aunque levantó una mano como pidiendo una tregua.

—Sí, pero antes me gustaría pedirte que me acompañases al dormitorio de mi abuelo. Quiero comprobar a la luz del día que no hay nada en esa habitación que pudiera producir lo que creí ver anoche, aunque seguramente sería un espejismo. No te importa, ¿verdad?

—Claro que no. Podemos incluso explorar toda la casa. Ha pasado tanto tiempo desde que viniste por última vez que probablemente ni siquiera la recuerdes.

Había en su tono un velado reproche, como si la responsabilizara de los años que habían transcurrido desde que él la despidiera encaramado al poyete que cercaba la fachada. Era entonces tan bajito y tan pequeño y su expresión traslucía tal desolación…

Juntos subieron la escalera que arrancaba en el vestíbulo y al alcanzar el pasillo de la planta superior fue él abriendo a su paso las puertas que, a ambos lados, permanecían cerradas. La primera de la derecha daba paso al dormitorio de Laura, por lo que siguieron de largo y entraron en el que había pertenecido a doña Eulalia, enfrente del de ella. Jaime descorrió la falleba de los postigos del balcón y la luz del sol se paseó por una habitación que debía llevar tiempo cerrada, porque olía a la humedad característica de las casas cercanas al mar. El mobiliario de que disponía era sobrio. Una cama grande con cabecero de madera oscura y una mesilla sobre la que Laura vio una fotografía con marco plateado en la que podía verse a su hijo, con no más de doce o trece años, con su rubísimo cabello y sus claros ojos azules mirando a la cámara. Le enterneció verle. Era la imagen de él que había retenido tanto tiempo en su retina, la del chiquillo con aire extranjero y solitario, que se deslizaba silenciosamente por las habitaciones sin que nadie le hiciera caso. Sonreía ahora, despreocupadamente en apariencia, cuando desvió la mirada de la fotografía hacia el rostro de ella, pero era imposible que no experimentara un resentimiento hondo contra su abuelo por el maltrato de que había sido objeto por parte de éste durante su infancia.

En una esquina de la habitación divisó la inevitable palangana en su soporte de madera blanca y recordó que tampoco doña Eulalia tenía derecho entonces a utilizar el cuarto de baño. ¿Cómo podría haber aguantado ella durante tantos años al tirano de su abuelo?

Al acercarse Laura al balcón advirtió que éste se alzaba precisamente sobre el portón de entrada. Las flores rojas de la bouganvillia, que se enroscaban en los pilares del porche, se posaban sobre la barandilla del balcón y trepaban por la fachada, asidas a los verdes tallos de la enredadera. Cubrían también de follaje el tejadillo del porche, a la sombra de ese balcón. Aunque no recordaba que nadie se ocupara antaño de regarla, había sobrevivido incomprensiblemente durante muchos años, lo mismo que los geranios de la placeta.

Salieron los dos al pasillo y dejaron atrás el dormitorio de Laura. Contiguo a éste se encontraba el cuarto que había ocupado Jaime, con una sola cama, la palangana y un balcón volado sobre la playa, como el de ella. Aún retenía entre sus paredes pintadas de color azul los recuerdos de aquellos días de verano, en los que Jaime y ella jugaban en esa habitación al anochecer sin que nadie les vigilara ni les regañara por dar saltos sobre el lecho ni por arrojar a la playa desde el balcón aviones de papel.

  La habitación siguiente era el cuarto de baño, espacioso, destartalado y decrépito, con su anacrónica tina, sus grifos de hierro y su lavabo desportillado. Un cuarto de baño reservado en exclusiva al abuelo, en el que ellos jamás entraron, porque eso sí que les hubiera costado un serio castigo.

  Y a continuación se hallaba la sacrosanta alcoba del dueño de la casa. Qué distinta le pareció ahora a Laura, a la luz del día y en compañía de Jaime. Sus dimensiones eran aún mayores que las de los restantes dormitorios y su mobiliario también más oscuro que la de éstos, pero por lo demás no inspiraba ninguna sensación de temor. ¿Qué podía haber producido el haz de luz que escapaba por debajo de la puerta la noche anterior?

  Levantó la mirada hacia el semblante de Jaime y comprobó que sonreía con aire indiferente, como si no asociase aquella habitación con ningún acontecimiento desagradable, lo que a Laura le extrañó. Recordaba ella que una tarde en la que jugaban los dos a las canicas en el pasillo de esa planta, se les coló una por la puerta entreabierta de ese dormitorio. A gatas introdujo él una mano dentro la alcoba con la intención de recuperar la canica. El abuelo estaba sentado en su butaca leyendo el periódico y les dedicó un grito tan estentóreo que les obligó a recular hacia el corredor, asustadísimos.

  — ¿No te acuerdas de… no te acuerdas de aquella tarde en que perdimos aquí dentro una canica y que…?

  Él se echó a reír con ganas

  —Claro que me acuerdo. El berrido de tu abuelo conmovió los cimientos de la casa. Me acuerdo como si fuera ayer.

  Desvió él la mirada de su rostro y se giró en redondo sobre sí mismo para estudiar la habitación.

  — ¿Ves como no hay nada en este cuarto que haya podido producir la luz que creíste ver salir anoche por debajo de la puerta, — le preguntó en un tono intrascendente, sumamente tranquilizador—. Probablemente tendrías alguna pesadilla.

La tomó por el codo para hacerla salir del dormitorio.

—Al fondo del pasillo comienza una escalera y arriba están los dormitorios que ocupaban los criados, —le explicó señalándosela—. ¿Quieres que subamos?

—No, en este momento no.

— ¿Qué te parecería si bajáramos ahora a bañarnos a la playa?, —le propuso Jaime—. Por fortuna en esta tierra el verano es muy largo y el agua, aunque estamos a finales de septiembre, aún estará calentita. ¿Te apetece?

Evocó Laura la solitaria playita bordeada de escollos donde jugaban de niños. Un promontorio rocoso la separaba de otra playa desierta, contigua a los terrenos que había heredado de su abuelo y más allá, en la playa denominada de La Escollera, el bullicioso complejo turístico de los veraneantes rompía el plácido silencio del entorno en el que estaba enclavado, sin que sus ecos alcanzasen la quietud que envolvía la cumbre del acantilado.

—Me parece una idea estupenda,—aprobó ella—. ¿Has traído bañador?

—Claro, lo tengo en el coche. ¿Y tú?

—Yo lo tengo en la maleta, pero me cambiaré ahora mismo. ¿Sabes si funciona la tina del cuarto de baño? Parece un poco oxidada, pero me gustaría darme una ducha.

Jaime se echó a reír con ganas.

— ¿Te acuerdas? Solamente la usaba el egoísta de tu abuelo y los demás teníamos que conformarnos con una palangana que llenábamos con un jarro de agua fría, incluso en septiembre, porque a principios de octubre nos marchábamos a Murcia. Pero me has preguntado por la tina y sí, sí funciona.

Su expresión era extraña ahora. Parecía denotar por primera vez un resentimiento hondo, que Laura atribuyó a la egolatría de su abuelo y al uso exclusivo que éste hacía del cuarto de baño de la planta superior, con desprecio absoluto por los restantes habitantes de la casa considerados familiares.

Éstos utilizaban la palangana de cada dormitorio y el inodoro del aseo, ubicado junto a la cocina, que el abuelo consideraba un lujo, aunque aquellos se vieran obligados a bajar una planta para utilizarlo.

Laura le observó con curiosidad con sus grandes ojos oscuros, preguntándose si no le estaba ocultando algo.

—Y si dejaste de vivir con tu madre y con mi abuelo hace diez años, ¿cómo sabes que funciona la tina? ¿Venías a esta casa a ducharte?

Su pregunta le dejó desconcertado, pero luego reaccionó echándose a reír nuevamente.

—Pues sí. Excepto en pleno invierno, vengo a bañarme a nuestra playa la mayor parte de los fines de semana y luego subo a ducharme en el cuarto de baño de tu abuelo. No se enteró mientras vivió, porque aprovechaba para ello las temporadas en las que él residía en su casa de Murcia. Era mi venganza.

Por primera vez se preguntó Laura por el motivo por el que Jaime hubiera vivido los primeros años de su vida con su madre y con el abuelo en una u otra casa de éste. Le vino a la memoria entonces el malsonante calificativo que sus padres habían dedicado a doña Eulalia. No lo había entendido de niña, pero ya era mayor, ya sabía lo que significaba. ¿Sería posible que Jaime fuese hijo de su abuelo? No se atrevió a preguntárselo e inquirió en su lugar:

—¿Y cómo entrabas aquí?, ¿tienes acaso una llave?

Despreocupadamente él asintió.

—Claro. Tenía que ocuparme de darle de comer al perro y de sacarle de paseo. Se llama Sócrates.

—¿El perro se llama Sócrates?

Jaime volvió a asentir.

—Sí, le bauticé yo con ese nombre, porque es muy listo.

—¿Era de mi abuelo?

Él meneó negativamente la cabeza.

—No. Lo recogió mi madre un verano hace seis años Su dueño lo había abandonado en una cuneta cuando contaba solo unos días. Mi madre lo trajo a esta casa y lo crió con biberón. A tu abuelo no le gustaban los animales, pero transigió por no contrariar a mi madre y porque descubrió que podía azuzarle contra todo el que se atrevía a acercarse a la casa o a la playa de las gaviotas, que consideraba suya. Por aquel entonces yo ya vivía en el pueblo, pero acepté ocuparme de Sócrates cuando ellos se trasladaban a Murcia. Es un perro muy fiel y un buen guardián. ¿Te gustan los animales?

Laura se lo preguntó a sí misma. No lo sabía, porque no había tenido nunca ninguno. Sus padres no lo habrían consentido y ella estaba demasiado absorta en sus estudios y en divertirse los fines de semana como para haber pretendido adquirir una mascota.

—Pues… supongo que sí, pero me parece una crueldad tener un mastín en un piso. Es un perro demasiado grande y ya te he dicho que no me puedo quedar con él.

—De acuerdo,—aceptó magnánimamente Jaime—. Me lo llevaré de nuevo cuando te marches, pero me harías un favor si te ocuparas de él mientras estés aquí. Y ahora será mejor que nos pongamos el bañador. Yo utilizaré el dormitorio de mi madre para cambiarme y tú el cuarto de baño, ¿te parece?

Parecía sentirse él tan a gusto en la casa como si fuera de su propiedad, pero a Laura no le extrañó. Había vivido en ella una gran parte de su vida y era natural que la sintiese suya. ¿Cómo le sentaría que pasase a ser de un extraño y se viera obligado a olvidarse de la tina del abuelo y de la playa de las gaviotas, a la que únicamente se podía acceder desde la terraza?

—Voy al coche a por el bañador,—le advirtió él dirigiéndose hacia la escalera—.Te esperaré en la sala de estar.

Poco después descendía ella los peldaños con un bikini rojo, que sabía que la favorecía, bajo un albornoz blanco que había sido de su madre. Le quedaba demasiado grande, dos tallas mayor que la suya, pero cumplía su cometido que era lo importante. Jaime la aguardaba apoltronado en una butaca de la sala de estar con un bañador de cuadritos azules y blancos y la camisa de color azul eléctrico que entonaba con el de sus ojos y con la que había acudido a la casa esa mañana. Qué guapo se había vuelto con los años, se dijo. Parecía mentira que aquel chiquillo esmirriado que apenas si le llegaba al hombro se hubiese transformado en ese hermoso ejemplar del género masculino. Se puso él en pie en cuanto la vio aparecer y sin efectuar el menor comentario ambos se dirigieron a la terraza, a la que se accedía desde la estancia en la que se encontraban.

Desde allí se podía sentir ya el sabor de la sal en el aire. Lo traía la brisa desde el mar. El sol brillaba en lo más alto mientras descendían a la playa por la escalera de piedra que arrancaba junto al poyete que la circundaba. Una cala pequeña encerrada entre peñascos, entre los que describía una profunda curva. Un enorme risco se adentraba en el mar sobresaliendo del agua, como un inmóvil vigía contra el que las olas se debatían sin descanso levantando nubes de espuma.

Laura respiró hondo, aspirando aquel olor a yodo tan añorado. No había vuelto a ver el mar desde que visitaran al abuelo por última vez. Sus padres preferían la montaña y sus amigos los países de Europa del Este cuando viajaban en vacaciones, pero ella lo había extrañado, había experimentado la nostalgia de su ausencia, de su color tan azul, del cadencioso sonido de sus olas. Al llegar al pie de la escalera sus pies se hundieron en la arena dorada y fina de la playa y por un instante se sintió feliz, como si acabara de conseguir algo largamente deseado. Dirigió una mirada de reojo a su acompañante para comprobar si experimentaba las mismas sensaciones. El sol le daba de lleno en los ojos que mantenía guiñados y sonreía como si reviviera algo especialmente grato. Una gaviota revoloteó sobre sus cabezas y Laura dio un respingo. Jaime desvió hacia ella su mirada y se echó a reír.

—No te asustes, estamos en septiembre.

— ¿Y porque estemos en septiembre no me tengo que asustar de las gaviotas?, —protestó ella—. Aún recuerdo el picotazo que me atizó una en una ocasión en la que bajamos los dos a esta playa a perseguirlas con un palo.

Jaime volvió a reír.

—Sí, pero el motivo de que se comportasen de una forma tan belicosa con nosotros dos reside en que siempre veníais a visitar a tu abuelo en el mes de julio. Las gaviotas anidan durante los meses de abril a julio y en ese espacio de tiempo son especialmente agresivas, sobre todo si te acercas a sus nidos que suelen alojar en la arena o en las rocas de los acantilados. Te atacan si te acercas a sus polluelos. Pero en septiembre se han tranquilizado bastante, salvo en el caso de que te vean con algo comestible, porque entonces se abalanzan a comérselo. No hemos bajado nada comestible a la playa, ¿verdad? Pues no te preocupes, porque no te van a hacer nada.

Sin fiarse demasiado, Laura dirigió una aprensiva mirada a la bandada que les había seguido y que revoloteaba en torno de los dos. Recordaba que ese comportamiento de las aves solía ser el habitual tiempo atrás cuando eran niños, pero entonces no le preocupaba, sino al contrario, porque gozaba de la insensatez propia de la infancia. Con los años había perdido esa insensatez, pero no había logrado en cambio conseguir la valentía que en opinión de sus padres acompañaba siempre a la madurez. La noche anterior había sentido miedo, pese a su edad, y no descartaba volver a sentirlo en la que se avecinaba si un acontecimiento similar volvía a producirse.

—Cómo se nota que eres veterinario,—comentó con sorna—. ¿Sabes cómo curar a todos los animales?

Jaime volvió la cabeza hacia ella y sonrió guasonamente.

—A los hipopótamos no y a los cocodrilos tampoco, pero es que además en este playa no me he encontrado nunca con ningún animal de esas especies. Son bichos de agua dulce.

— ¿Y estudiaste veterinaria porque te gustaba?,— insistió Laura.

Él no tuvo que meditar la respuesta.

—Sí, pero también porque aquí, en este pueblo, esa profesión tenía una salida fácil y yo no podía esperar.

En su semblante había vuelto a aparecer esa expresión extraña que la había sorprendido anteriormente al comentar el uso de la tina que su abuelo se reservaba en exclusiva,

—Y cuando te marchaste, ¿qué años tenías?

—Dieciocho, —repuso escuetamente él—. Por aquél entonces dejaste de escribirme.

Ella esbozó una mueca, como excusándose.

—Bueno, acababa de estrenar mi adolescencia. La mía fue un tanto tumultuosa. ¿La tuya también?

Él se encogió evasivamente de hombros.

—No mucho, porque no tenía tiempo de experimentar ira contra el mundo. Tenía que trabajar y que estudiar.

Levantó ella la mirada para estudiar su semblante. Había desviado los ojos hacia el horizonte y los mantenía clavados en la línea azulada que deslindaba el mar del firmamento.

—¿Tenías que trabajar?, ¿mi abuelo no se preocupó de mantenerte mientras fuiste estudiante, ni tu madre tampoco?

Jaime volvió a encogerse de hombros.

—A tu abuelo siempre le tuve sin cuidado y mi madre no disponía de dinero que enviarme, pero tampoco me hizo falta. Asistía en Murcia a las clases en la facultad de veterinaria por las mañanas y me coloqué en un restaurante de la plaza de San Juan, donde trabajaba como camarero sirviendo comidas y cenas.

—¿Y dónde vivías?

—En una pensión de la calle de La Fuensanta, a la sombra de la catedral. Nos alojábamos allí estudiantes, gente joven, y la verdad es que lo pasábamos bien.

Iba Laura a seguir indagando sobre el tema, pero Jaime la interrumpió.

—Vamos al agua. Te echo una carrera hasta el risco y luego, cuando regresemos a la playa, perseguiremos a las gaviotas como antaño. ¿Has traído un palo?

Se lo preguntaba con la misma expresión traviesa que tenía cuando era un niño canijo y ella una chiquilla feúcha y zanquilarga. Hubiera sentido añoranza de esos años si Jaime, acto seguido, no la hubiera cogido en brazos y arrojado al agua como si hubieran retrocedido en el tiempo para volver a ser de nuevo los críos de entonces. Jugaron después a perseguirse y terminaron por tumbarse en la playa sobre la arena caliente, sintiendo el ardor del sol sobre su piel. Más tarde volvieron a la casa a ducharse por turno en la tina del abuelo y ya vestidos, la invitó él a comer en un chiringuito de Cabo de Palos. Después pasearon por el pueblo y al anochecer regresaron a la casa a cenar huevos fritos con chorizo. Los había comprado él en una tienda del pueblo que no cerraba nunca. La cena la compartieron con Sócrates, que, sentado en el suelo al pie de la mesa de la terraza, movía el rabo satisfecho. Jaime se lo señaló.

—Si esta noche tienes miedo a los fantasmas, súbetelo para que duerma delante de la puerta de tu dormitorio. Es un magnífico guardián y no permitirá que ningún espectro agite su sábana delante de tus ojos. Se la arrancaría a mordiscos. Tienes que dormir bien para estar despejada mañana y no decir demasiadas tonterías en la entrevista con el director del colegio. Vendré a buscarte a las diez, porque antes tengo que hablar con él. ¿Estarás lista?

—Por supuesto, —le aseguró Laura —. ¿Pero crees que será oportuno que aparezca contigo en el colegio antes de que ese director te haya dado su conformidad y esté dispuesto a entrevistarme?

—Por esa razón te recogeré a las diez, —replicó despreocupadamente él—. Para que me dé tiempo a hablar antes con él.

— ¿Y crees que accederá?, — insistió ella, resistiéndose a creer en su buena suerte.

—Seguro que sí. Soy muy persuasivo y me tiene en gran estima.

Levantó Laura la mirada hacia él. Sonreía con guasa con una seguridad de la que carecía tiempo atrás, cuando era un chiquillo solitario del que nadie se ocupaba.

—No sabes cuánto te lo agradezco.

—Bah, no hay nada que agradecer. Y hazme caso en lo que te he dicho antes sobre Sócrates. Con el perro apostado en la puerta de tu cuarto, dormirás de un tirón, porque no permitirá que se te acerque el fantasma de tu abuelo, que, dicho sea de paso, está muy bien donde está.

—Sí, pero...— intentó objetar.

—No seas tonta y hazme caso, —insistió él—. Comprobarás que duermes mucho más tranquila y que no ves rayos de luz escapando por debajo de la puerta del dormitorio de tu abuelo ni ninguna otra aparición de ultratumba. Hazme caso.

Se marchó un par de horas más tarde y Laura, al decidirse a subir a acostarse, miró al perro indecisa. ¿Por qué no?, se preguntó. Sus padres se hubieran reído de ella si se hubieran enterado de que lo utilizaba como guardián de su dormitorio durante la noche, pero ya no estaban sus padres. La habían dejado sola en un caserón enorme, plenamente convencidos de que era imposible que sintiera miedo, porque se había hecho mayor, como si por el hecho de serlo pudiese afrontar sola el Apocalipsis más terrorífico. Sin dudarlo más, acarició la enorme cabeza del perro y le indicó que la siguiese. La madera de la escalera parecía crujir menos ahora que sus pisadas iban acompañadas de los sonidos que producían las patas de Sócrates, que por lo dócil podría parangonarse con una mansa y enorme oveja de grandes y gachas orejas.

Le señaló la puerta de su dormitorio cuando alcanzaron el pasillo y se detuvieron allí un instante, pero luego lo pensó mejor. Con el mastín dentro de la habitación estaría más segura. Le hizo entrar y se puso apresuradamente el camisón introduciéndose a continuación entre las sábanas. También Sócrates se aprestó a dormir. Dejó caer su enorme corpachón sobre la alfombrilla de pie de cama y apoyó la cabeza sobre sus patas, cerrando los ojos a continuación. Los dos debieron conciliar el sueño al mismo tiempo.

La despertó el gruñido del perro y encendió adormilada la luz de la lámpara de la mesilla. Sócrates se había incorporado con las orejas tiesas como si se mantuviese alerta ante la proximidad de algún peligro. Movía inquieto el rabo con los ojos fijos en la puerta del dormitorio, que al acostarse Laura había cerrado con pestillo, y luego se levantó de un salto dirigiéndose hacia la pesada hoja de madera oscura. ¿Qué habría intuido el animal? Sin duda, algo extraño en el pasillo.

Laura lo dudó. No sabía si quería salir con el perro a averiguarlo o si por el contrario lo que deseaba era acurrucarse en la cama y taparse la cabeza con la sábana. Sócrates volvió la cabeza hacia ella. Parecía arengarla a salir del lecho y a afrontar lo que le había alertado. Luego empezó a ladrar abalanzándose contra la puerta del dormitorio. La actitud del perro la decidió. No podía volver a dormirse con los estruendosos ladridos que profería, por lo que optó por arriesgarse a salir a la galería. Se puso la bata de su madre y las zapatillas y con suma precaución descorrió el pestillo de la puerta.

El pasillo estaba oscuro y silencioso. No se escapaba luz alguna por debajo de la cerrada puerta del dormitorio de su abuelo hacia el que Sócrates echó a correr como una exhalación, seguido de ella, que se detuvo al alcanzar la puerta. Con la frente perlada de sudor la abrió y alargó la mano hacia el conmutador de la luz encendiendo la lámpara del techo, mientras Sócrates ladraba y ladraba desaforadamente. Cuando se iluminó la habitación, se llevó una mano a la boca para no gritar. En el dormitorio no había nadie, pero los cajones de la cómoda estaban abiertos y su contenido esparcido por el suelo.

El acantilado de las gaviotas

CAPÍTULO IV

Al levantarse por la mañana tuvo que hacer un esfuerzo ímprobo para sobreponerse al miedo que experimentaba y descorrer el pestillo de la puerta de su dormitorio. Sócrates, inquieto por lo que debía conceptuar como una desconsideración de su dueña hacia él, correteaba por la habitación tropezando con los muebles y entorpeciendo con su enorme corpachón sus movimientos, lo que no la ayudó a precisamente a tranquilizarse. El perro necesitaba salir a pasear para desahogar sus necesidades primarias y utilizó para hacérselo entender toda la mímica de que era capaz, pese a lo cual estaba demasiado absorta en sus propias preocupaciones para prestarle atención.

Cuando al fin se decidió a abrir la puerta, asomó cautelosamente la cabeza al pasillo, tenuemente iluminado por la luz que se filtraba a través de los cristales del balcón de su cuarto. El silencio más absoluto reinaba en el largo corredor, roto tan solo por el lejano sonido del mar, por lo que abandonó la seguridad de su habitación y tirando del collar, obligó a Sócrates a encaminarse hacia el dormitorio de su abuelo. La puerta estaba cerrada y accionó suavemente el picaporte para entreabrirla y atisbar por una rendija el interior de la habitación. Estaba a oscuras. Introduciendo cautelosamente una mano por la rendija, alcanzó la llave de la luz y al iluminarse la lámpara que pendía del techo, parpadeó deslumbrada. El dormitorio estaba en orden y los cajones de la cómoda que había encontrado esa madrugada abiertos, ocupaban nuevamente su lugar. Se aproximó al mueble y fue abriéndolos uno por uno. No contenían nada de interés. Un fajo de cartas sujetas con una goma elástica, varios paquetes de cigarrillos, un álbum de fotografías y algunos mapas de carreteras. Pero lo que le sorprendió fue comprobar que no parecían haber sido registrados y que esos objetos se encontraban ordenadamente colocados en el interior de los mismos.

Desconcertada se pasó una mano por la frente y luego desvió su mirada hacia Sócrates que, indiferente por completo a lo que ella pudiera estar elucubrando, había reanudado sus juguetones correteos por el cuarto emitiendo breves ladridos.

Se aproximó Laura al balcón para abrir los postigos de madera y permitir que la tranquilizadora luz del día alumbrara la estancia. Bajo los cegadores rayos de sol que se expandieron de inmediato por el dormitorio no guardaba éste semejanza alguna con el que había creído entrever unas horas antes, cuando había acudido a inspeccionarlo alertada por el perro. ¿Habría imaginado que alguien había entrado en la casa durante la noche para registrar el cuarto del abuelo?

Dubitativamente se contempló en el espejo que colgaba sobre la cómoda y le costó reconocerse en la muchacha de grandes ojos asustados que veía reflejada. Luego se giró para apoyarse en la cómoda y recorrer con la mirada la habitación. Todo estaba en su sitio, exactamente en el lugar que le correspondía. ¿Por qué entonces flotaba ese aire extraño en el ambiente? Era como si de un momento a otro fuera a aparecer alguien que había vivido allí tiempo atrás y que hubiera decidido regresar para… ¿para qué?, se preguntó.

En ese momento le vinieron a la mente los comentarios que Jaime había efectuado la tarde anterior sobre los fantasmas. Le había asegurado que no existían y con toda seguridad se reiría de ella si la viera en ese momento, aferrada a la cómoda y aguardando a que ese algo intangible que se respiraba en el dormitorio se materializara en un ser real.

Claro que era natural que él no sintiera miedo. Noche tras noche dormía en su casa del pueblo, rodeado de vecinos más o menos ruidosos a los que podría acudir en caso de necesidad. Ella, por el contrario, se encontraba aislada en una cima rocosa contra la que batía el mar sin descanso y con las bandadas de gaviotas chillonas por toda compañía.

Al imaginarle en su clínica atendiendo a los animales enfermos que le llevaran los lugareños, cayó en la cuenta de que no tardaría en llegar para recogerla con la finalidad de presentarle al director del colegio. Consultó su reloj y respingó sobresaltada. Por un instante la intranquilidad por la entrevista que debía afrontar esa mañana se sobrepuso al miedo que había experimentado poco antes e incluso llegó a anularlo por completo. Deseaba causarle una buena impresión a ese director, por lo que se apresuró a bajar la escalera tirando de Sócrates por el collar y lo dejó salir a la placeta para que correteara entre las palmeras que se arracimaban en la cima del acantilado, mientras ella se acicalaba con un veraniego vestido sin mangas, estampado en rojo y verde, y se encaramaba a unos altísimos tacones que estilizaban aún más su figura Se cepilló luego la melena hasta conseguir que pendiera sobre sus hombros lisa y brillante y en cuanto se pintó ligeramente, recogió a Sócrates, lo llevó al patio y vertió en la palangana desportillada la ración de pienso que Jaime le había indicado que el perro debería comer. Jadeante, corrió después hacia el vestíbulo, pues ya había oído el sonido de la bocina de su coche, señal inequívoca de que estaba esperándola.

Jaime se la quedó mirando fijamente al verla salir tan arreglada por el portón de la casa, pero con su característica inexpresividad no le hizo el menor comentario, cuando, después de cruzar ella apresuradamente la placeta, subió a su coche.

Ya de camino hacia el pueblo, intentó referirle Laura de una forma coherente lo sucedido esa madrugada en el dormitorio de su abuelo, pero él no pareció sentirse impresionado por el relato. Algo de la impasibilidad de su madre había heredado, porque se limitó a dirigirle una mirada de refilón mientras conducía el coche por la carretera vecinal que seguía la línea de la costa y a colocar la mano que le dejaba libre el volante sobre la de ella, en un gesto afectuoso.

—Bueno, bueno, tranquilízate. Tenemos que analizar ese asunto más despacio.

— ¿Más despacio?,—se enfadó Laura, irritada por la parsimonia que derrochaba y por la incredulidad con la que había acogido su relato—. ¿Cómo puedes tomártelo con tanta calma? No soy miedosa ni especialmente imaginativa y puedo asegurarte que alguien ha entrado en la casa esta noche y ha estado registrando el cuarto de mi abuelo. No me lo he inventado ni lo he soñado. Ha ocurrido en realidad.

Sin apartar la mirada del camino que iban recorriendo, Jaime intentó tranquilizarla.

—De acuerdo, de acuerdo ¿Pero cómo sabes que esa persona, que no sabemos quién es, ha estado registrando esa habitación de madrugada? Pudo entrar ayer durante el día, mientras nos estábamos bañando en la playa o durante el resto de la tarde. Recuerda que no regresamos hasta la hora de la cena.

Laura meneó negativamente la cabeza y soliviantada por su incomprensión retiró su mano.

—Lo sé por la reacción de Sócrates,—replicó con el ceño fruncido—. Se despertó de improviso con las orejas tiesas, detectando que algo anormal estaba ocurriendo en el dormitorio de mi abuelo y en cuanto salimos al pasillo se abalanzó hacia esa habitación ladrando como un energúmeno.

La mirada que él volvió a dirigirle reflejaba claramente su escepticismo.

— ¿Y qué fue de la persona que registraba el cuarto de tu abuelo?, ¿se evaporó en el aire? Me has dicho que no había nadie en ese dormitorio cuando entrasteis el perro y tú. Esa planta de la casa tiene otra escalera al fondo del pasillo, que era la que debía utilizar el servicio en otros tiempos, por lo que podemos deducir que huyó por allí, ¿pero por dónde se escapó luego de la casa? Según me acabas de comentar, la puerta seguía cerrada y con la llave en la cerradura. Es posible que a Sócrates le alertara otra cosa diferente a la presencia de un intruso en el dormitorio de tu abuelo.

— ¿Cómo qué?, —objetó enfadada.

—Pues… pues no sé. Quizás una bandada de gaviotas fue a posarse en el balcón de ese dormitorio. Son muy escandalosas y en bandada producen una algarabía infernal.

Lo consideró Laura durante unos instantes y terminó por mover negativamente la cabeza.

—No. Cuando sucedió lo que te he contado, aún era de noche.

—Sí, ¿y qué?

—Que de noche las gaviotas duermen, no revolotean por el aire, por lo que no cabe dentro de lo posible que fueran ellas las causantes. ¿No duermen las gaviotas durante la noche?

Con el ceño fruncido, Jaime hizo un gesto de asentimiento.

—Sí, en cuanto oscurece, como la mayoría de las aves.

— ¿Hay aves que no duermen por la noche?,— le preguntó con curiosidad. Sus padres no le habían permitido nunca tener ni tan siquiera un pájaro y sus conocimientos sobre los animales y sobre las aves en particular dejaban mucho que desear.

—Sí, hay algunas.

— ¿Cómo cuales?

—Pues como los búhos, por ejemplo. No duermen de noche.

— ¿Y los murciélagos?

Él se echó a reír y condescendientemente le explicó:

—Los murciélagos no son aves, aunque tengan alas. Son mamíferos. Pero no, tampoco duermen por la noche—. De soslayo, le dirigió una mirada guasona—.Es curioso que los que vivís en las ciudades ignoréis cosas tan elementales como esa.

Laura se defendió iracunda.

—Porque en la casa en la que vivía con mis padres no había murciélagos, gracias a Dios, y espero que no los haya tampoco en la del acantilado a ninguna hora del día ni de la noche. Me parecen unos bichos siniestros. ¿A ti no?

Él se encogió evasivamente de hombros.

—No son bonitos, pero sí son útiles, porque se alimentan de insectos.

—Pues yo preferiría que se extinguiera esa especie de bicharracos. Para liquidar a los mosquitos ya se han inventado los insecticidas.

Jaime volvió a encogerse de hombros como si no tuviera ganas de discutir.

—Vale, vale. Pero dime, ¿has vuelto a entrar en el dormitorio de tu abuelo después? Supongo que después de que tuviera lugar el incidente que me has referido, echarías a correr hacia tu cuarto y te encerrarías en él con pestillo.

Lo decía con sarcasmo, como si la estuviera viendo regresar como una exhalación hacia su cuarto por el pasillo, con Sócrates a la zaga.

—No tiene ninguna gracia,—masculló ofendida.

—Perdona, tienes razón, no tiene gracia. Pero no me has contestado, ¿Has vuelto a entrar en el dormitorio de tu abuelo después?

—Sí, esta mañana en cuanto me he levantado. —reconoció de mala gana.

—¿Y qué?

—Que no quedaba ningún vestigio del visitante nocturno. Los cajones de la cómoda estaban en su sitio y su contenido dentro de los cajones. No lo entiendo.

Jaime se rascó el cogote con la mano que le dejaba libre el volante.

—No tendrás pesadillas, ¿verdad? Ni tampoco serás sonámbula.

—Claro que no, —se enfadó nuevamente Laura—. Soy una persona completamente normal. Nunca he visto visiones ni me he levantado dormida por la noche. Además, quien quiera que fuese el intruso alertó a Sócrates, ya te lo he dicho.

—Bien, bien. Se lo preguntaré al perro la próxima vez que le vea en tu casa,—bromeó.

—Eres un estúpido, —le increpó enfadada—. Te lo tomas a chirigota y no tiene gracia.

—De acuerdo, ya hemos quedado en que no la tiene.

Se mesó ella pensativamente su melena sin decidirse a manifestar las ideas que barajaba en su mente. Eran tan absurdas. Las primeras casas del pueblo se divisaban ya a lo lejos, medio ocultas tras las palmeras que se agitaban impulsadas por la brisa marina que traía olor a yodo y a sal. Tenía que preguntárselo antes de que tuviera lugar su entrevista con el director. ¿Pero cómo se lo tomaría él?

—Jaime….

— ¿Sí?

No la miraba. Seguía con la vista fija en la carretera que recorrían y Laura inspiró aire para infundirse valor.

—Jaime, yo quería preguntarte una cosa. Quería preguntarte…

— ¿Qué?

— ¿Estás seguro de que mi abuelo murió?

La pregunta le pilló desprevenido y dio un imperceptible respingo.

— ¿Cómo que si se murió?, claro que sí. Yo fui a su entierro acompañando a mi madre. ¿Cómo se te ha ocurrido esa tontería?

También a Laura se lo pareció en esos momentos bajo el sol esplendoroso que campeaba en un firmamento rabiosamente azul. Se había planteado esa pregunta la noche anterior, cuando al regresar a su dormitorio con Sócrates, tras correr nuevamente el pestillo de la puerta con una mano temblorosa se había sentado en la cama abrazada al perro, que, al contrario que ella, parecía haberse tranquilizado y la obsequió con un par de lametones.

—Pues… se me ha ocurrido porque… porque sí, porque, cuando después de tantos años volví a la casa, al entrar en la sala de estar creí sentirle cerca. Su sillón estaba vacío, pero había algo raro en el ambiente. Creí notar su mirada fija en mí, desaprobándome. Y por la noche...

—Y por la noche viste luz en su cuarto, —continuó Jaime por ella—. Suponiendo que fuera cierto que la vieras y no que la imaginaras, ¿por qué habría de ser tu abuelo el que la hubiera encendido?

Tardó Laura en responder. Se veía a sí misma corriendo por el pasillo tras el perro notando cercana la presencia de alguien. ¿Y quién sino él podía ser ese alguien? Por esa razón se decidió a insistir.

—Lo que he intentado preguntarte es si llegaste a verle en el ataúd.

—¿En el ataúd?

—Sí, ¿le viste o no?

Jaime meneó negativamente la cabeza.

—No. Fui al entierro únicamente

—Entonces tiene que ser él, — musitó a media voz—. He cerrado el portón de la casa a cal y canto las dos noches que han transcurrido desde que llegué a la costa. Yo... tengo la impresión de que el abuelo está vivo, pero que olvidó algo importante dentro de la casa y que por esa razón vuelve a buscarlo. Como mientras vivió no se llevaba bien conmigo, regresa de noche, cuando cree que estoy durmiendo.

—Es un razonamiento fantástico, —rezongó él sarcásticamente. — ¿Se te ha ocurrido a ti sola?

Laura obvió su irónico comentario y continuó como si no le hubiera oído:

— Si no le viste antes del entierro, cuando ya había fallecido, no puedes esta tan seguro de que haya muerto.

Sin apartar la mirada de la carretera que iban recorriendo, Jaime se encogió dubitativamente de hombros.

— ¿Y a quien enterraron entonces ese día? Acompañé a mi madre en esos momentos, porque sabía lo mucho que le había afectado su muerte y deseaba ser un apoyo para ella, pero tu abuelo a mí no me caía bien. Aunque no se debe hablar mal de los muertos, pienso que era un déspota. A ti, que eras su única nieta, no se molestó nunca en dirigirte la palabra, ni en felicitarte por tu cumpleaños, ni en preguntar cómo te iba en los estudios. Actuaba exactamente igual que si no existieras.

—Y en cuanto a ti…— empezó Laura con precaución.

—En cuanto a mí, se preocupó aún menos, —reconoció él con una voz sin inflexiones —. En mi caso le cabe la disculpa de que yo no pertenezco a vuestra familia. Cargó con mi madre y conmigo cuando yo había cumplido tres años y eso es lo único que tengo que agradecerle. Permitió que yo me alojara en su casa, porque no le quedó otro remedio, pero no se molestó nunca en dirigirme la palabra ni se preocupó de mandarme al colegio en Murcia. Lo hizo mi madre cuando ya había cumplido doce años y casi no sabía escribir, por lo que me costó mucho ponerme a la altura de los demás chicos de mi edad.

— ¿No ibas al colegio entonces, cuando te conocí?, — se interesó ella observándole sorprendida.

—No, — repuso escuetamente.

— ¿Y qué hacías durante todo el día?

—Nada. Jugaba en la calle.

— ¿Pero no es obligatorio escolarizar a los niños?, — insistió Laura sin acabar de comprenderlo.

—Sí, pero a tu abuelo le tenían sin cuidado las normas y no permitió que mi madre me matriculara en ningún colegio público. Recuerdo que le dijo que era inútil gastar el tiempo y el dinero conmigo, porque era incapaz de aprender nada.

Sin pestañear, observó Laura fijamente su perfil. Se lo comentaba sin el menor apasionamiento, como si le estuviera refiriendo un suceso intrascendente o el argumento de una película aburrida.

— ¿Y tu madre no se le enfrentó?, — se extrañó ella, experimentando de improviso una repentina aversión por doña Eulalia que, al parecer, estaba tan dominada por el abuelo que no se sentía con fuerzas para defender a su único hijo de las sinrazones de aquél.

Jaime se encogió evasivamente de hombros.

—No era fácil llevarle la contraria a tu abuelo. Ya lo sabes.

En ese instante le vinieron a Laura a la memoria las cartas que le había enviado él cuando eran niños y que aún conservaba. Ahora entendía el sinnúmero de faltas de ortografía que contenían y que su caligrafía fuese tan desastrosa. No se había ocupado nadie de que aprendiese a escribir correctamente. Pero no consiguió dilucidar en ese momento quién era más culpable del abandono que había sufrido el chiquillo durante su infancia, si su abuelo o doña Eulalia. Él era un tirano que se creía por encima del bien y del mal, pero ella era su madre.

Como si le hubiera leído el pensamiento, él continuó en tono ligero y con el semblante sin expresión:

—Bueno, ya sabes cómo era tu abuelo y no se le pueden pedir peras al olmo. Tampoco después, al terminar la educación básica, me ayudó para que estudiara y adquiriera unos conocimientos que me permitieran ganarme la vida. De esto último me ocupé únicamente yo—. Se echó a reír sin ganas para comentar sardónicamente—: Imagina si era egoísta que tampoco me permitió nunca usar la tina de su cuarto de baño.

— ¿No te lo permitió ni siquiera cuando te hiciste mayor?

— No, en su opinión me bastaba y me sobraba con la palangana de mi cuarto.

Se echó a reír y ella le imitó. Hubiera querido preguntarle si le unía algún parentesco con su abuelo, pero no se atrevió, por lo que intentó averiguarlo indirectamente.

— ¿Tenías tres años cuando tu madre y tú os fuisteis a vivir a su casa?

—Sí.

— ¿Y dónde vivíais antes?

—Creo que en Murcia. Compartíamos un piso con una hermana de mi madre, soltera, que era costurera y que ya murió. Mi madre trabajaba como camarera en un bar y entre las dos me criaron como pudieron. Es lo que me ha contado ella, porque yo no me acuerdo. Mis primeros recuerdos se remontan a la casa de la calle de la Platería, cuando ya nos habíamos trasladado a vivir con tu abuelo. Luego, en verano, nos veníamos aquí, a la que ahora es tu casa. De eso sí me acuerdo. Y de ti cuando aparecías de visita con tus padres y te sentabas en el cuarto de estar al borde de la silla, mientras merendabais, nerviosísima cuando tu abuelo te miraba.

—¿Me miraba? No recuerdo que me mirara nunca.

—Sí te miraba, pero con cara de asco.

—Pero tú nunca participaste en esas meriendas,— rememoró pensativamente ella.

—No, pero os espiaba desde detrás de la puerta y escuchaba vuestras conversaciones. Bueno, la de tu abuelo con tus padres, porque tú nunca decías nada. Te traían vestida como una princesa y con un lazo en el pelo, ¿no te acuerdas? Eras una niña preciosa.

Laura parpadeó sorprendida. ¿Cómo podía decir Jaime que era preciosa? En los ojos de su abuelo se veía reflejada como una chiquilla larguirucha, demasiado morena y con demasiado vello superfluo. "Es igual que una espingarda", solía comentar despreciativamente. Y sus padres cuchicheaban algo parecido cuando creían que ella no les oía. ¿Y a Jaime le había parecido preciosa entonces?

No tuvo oportunidad de darle las gracias por su sorprendente apreciación de la fisonomía que padecía entonces. Tras recorrer una calle angosta y desempedrada, habían salido al paseo marítimo y acababa de aparcar el coche frente a un edificio muy moderno, de dos plantas, con la fachada pintada de blanco y grandes ventanales. Lo rodeaba una explanada de cemento, protegida de la calle por una verja metálica de bastante altura.

—¿Es aquí?, —le preguntó sintiendo de improviso una incontenible timidez.

—Sí, ¿traes tu título de licenciada?

Hizo ella un gesto de asentimiento mostrándole una carpeta de piel que llevaba en la mano. Al abandonar definitivamente la pensión en la que vivía y trasladarse a la casa del acantilado se había llevado consigo todas sus pertenencias, de lo cual se alegró en esos momentos.

La puerta de la verja estaba cerrada, pero la abrieron desde el interior del edificio cuando Jaime tocó el timbre y dijo su nombre por el interfono del portero automático. En silencio atravesaron la explanada, caldeada bajo un sol todavía tibio, y ascendieron luego los cinco escalones por los que se accedía a la puerta de entrada del edificio. Estaba abierta y cuando Jaime la empujó, penetraron en un amplio vestíbulo con una escalera al fondo que dejaron a su izquierda. Una chica con la que tropezaron que cargaba con un cerro de libros, les indicó que podían pasar al despacho del director, ya que éste les estaba esperando.

Insegura sobre sus altísimos tacones, Laura siguió a Jaime que se había adentrado en una espaciosa galería con puertas a ambos lados. La primera de ellas correspondía al despacho del director, como lo indicaba el letrero de la puerta. Tras la mesa, un hombre de mediana edad, bajito y regordete, levantó la mirada de unos papeles y luego se puso en pie para recibirles. Con Jaime se fundió en un efusivo abrazo y a ella se limitó a darle la mano, indicándoles que tomaran asiento en los dos sillones destinados a los visitantes frente a la mesa de despacho, mientras él se dejaba caer en su sillón.

—Así que es usted licenciada en historia,—empezó a modo de introducción—. Jaime me ha llamado esta mañana por teléfono para hablarme de usted y me ha asegurado que tiene experiencia como profesora.

Laura hizo un gesto afirmativo.

—Sí, he trabajado en Madrid en un colegio privado, pero al morir mi abuelo y heredar la casa del acantilado...

—Al heredar esa casa ha decidido venirse a vivir a este pueblo,—terminó por ella el director, dando por supuesto una idea que ni siquiera la había pasado a Laura por la cabeza—. Pues nos vendría muy bien contratarla para que durante este curso diera clase de geografía e historia a los chicos de cuarto de ESO, porque no hemos conseguido cubrir esa plaza. En estos momentos está desempeñando ese cometido otra muchacha que es profesora de latín, pero creo que se sentirá muy aliviada de que usted la reemplace cuanto antes. Supongo que reunirá los conocimientos necesarios.

Aunque no estaba muy segura de dominar los que se referían a la cambiante geografía actual, Laura se apresuró a corroborarlo. Ya refrescaría en casa con el ordenador esos conocimientos en cuanto tuviera un momento libre.

—Tengo que advertirle una cosa, —siguió diciéndole el director con aire pesaroso—. Los chicos de cuarto, a sus quince o dieciséis años, arrostran como pueden esa difícil etapa de la vida que es la adolescencia, de modo que, como puede suponer, son bastante difíciles. ¿Tiene experiencia en chicos de esa edad?

Las niñas del colegio privado de educación diferenciada donde había trabajado Laura, eran modositas, educadas y respetuosas. Seguramente los chicos con los que se vería obligada a lidiar ahora no serían ninguna de las tres cosas, pero necesitaba imperiosamente ganar dinero y consiguientemente aceptar ese trabajo y desempeñarlo hasta que lograra vender la casa y los terrenos que había heredado.

—Por supuesto que tengo experiencia, —afirmó, aparentando una seguridad que estaba muy lejos de sentir—. Y no me extraña lo que me comenta sobre los adolescentes. En los tiempos que corren se corrige muy poco a los chicos de esas edades, pero soy partidaria de ejercer la autoridad que compete a un profesor cuando se comportan incivilizadamente. ¿Cuáles son las normas de este colegio a ese respecto?

El director hizo un gesto evasivo.

—Bueno, como acaba de manifestar, las reglas actuales de educación de los menores adolecen de excesiva permisividad. No hemos expulsado nunca a ninguno ni tampoco les hemos castigado privándoles de la asistencia a clase durante unos días. Pero sí puede enviarles a mi despacho para que reciban una reprimenda cuando se pasen de la raya. ¿Le parece bien?

No se lo parecía, pero se apresuró a mostrar su conformidad.

—Desde luego.

—Estupendo. Si es tan amable de pasar por secretaría para facilitar sus datos, dentro de un par de días formalizaremos su contrato Empezaría las clases el viernes, a las nueve, e impartiría cuatro de cuarenta y cinco minutos, con un intervalo de quince minutos entre cada una de ellas. Los lunes, miércoles y viernes daría clase de historia y los martes y jueves de geografía. Las tardes en principio las tendría libres, con alguna excepción en época de exámenes. ¿Sigue estando de acuerdo?

Laura afirmó vigorosamente con la cabeza.

—Por supuesto.

Le pareció que el director daba la entrevista por terminada y se puso en pie.

— ¡Ah!, una última cosa, —le dijo él, mientras le estrechaba la mano y examinaba desaprobadoramente su bonito y escotado vestido sin mangas, estampado en rojo y verde—. Perdone la impertinencia, pero me gustaría recomendarle que viniera lo más... lo más discretamente vestida posible —. El hombre tragó saliva y se metió un dedo en el cuello como si la corbata le asfixiase—. Quiero decir que es preferible que sus alumnos no se den cuenta de que es usted una chica guapa y de que su edad no se distancia mucho de la de ellos, aunque tendrían que ser cegatos para no verlo,— terminó entre dientes y como abochornado.

—Cree usted que...

—Sí, sí, —la interrumpió —ya me entiende.

Cambió el director unos comentarios con Jaime, relativas a sus gatos y terminó por despedirse nuevamente de éste con otro abrazo. Luego ambos salieron al pasillo, él con aire satisfecho y Laura un tanto perpleja.

— ¿Lo que ha querido decirme es que procure venir hecha un adefesio para que esos chicos no silben a mi paso?

Jaime lo consideró con el ceño fruncido.

—Pues sí, algo así, pero él mismo ha reconocido que no cree posible que consigas parecer un adefesio. Ponte zapatos bajos, unos pantalones poco ceñidos, no te pintes y recógete la melena en una coleta. Puede que así no se alboroten demasiado esos salvajes que vas a tener por alumnos.

—Vale, vale, procuraré asemejarme a una feminista ascética y amargada, —decidió resignadamente ella, mientras se dirigían a la secretaría del colegio, donde Laura aportó los datos que le solicitaron. Le entregaron también el programa de las asignaturas del curso que debería impartir y los libros de estudio de las mismas. Luego, con todo ello, salieron a la explanada de cemento, que ya despedía fuego, y ambos la atravesaron con la cabeza baja para defenderse de los ardores del sol que en lo más alto centelleaba implacable. Cuando subieron al coche, Jaime se volvió hacia ella.

—Tengo que dejarte en tu casa porque llego ya tarde a la consulta. ¿Tenías previsto hacer alguna otra cosa en el pueblo?, ¿tal vez la compra?

Ante le afligida expresión de Laura, se echó a reír.

— ¿Estás sin blanca, verdad? Puedo prestarte el dinero que necesites para salir del paso y me lo devolverás en cuanto cobres la primera mensualidad o la segunda, no tengo prisa. ¿Te parece bien?

Sin mirarla le entregó unos billetes que Laura guardó inmediatamente en su bolso experimentando un espantoso bochorno.

—Te lo devolveré en cuanto…

—Sí, en cuanto puedas, —la interrumpió él que acababa de arrancar el coche y mantenía la mirada fija en la calle que iban recorriendo—. Y no es necesario que te sientas mal. Es solo un préstamo.

En silencio salieron del pueblo y enfilaron la carretera vecinal que bordeaba la costa. La más cercana era la playa denominada de La Escollera, con su hervidero de veraneantes, pese a la proximidad del otoño. Una multitud de turistas extranjeros, rojos como cangrejos por su exposición al sol, se apiñaban en los chiringuitos de la urbanización, atracándose de tortilla de patata y de jamón serrano. Otros se agolpaban en las tiendas de souvenirs y los más estaban tumbados en la playa bajo unas sombrillas multicolores, manifiestamente incapaces de protegerles de los achicharrantes rayos del astro rey. Por contraste, la playa contigua, separada de la anterior por unos riscos que se adentraban en el mar y contra los que batían las olas, aparecía solitaria. Tan solo unos bañistas se habían atrevido a desafiar las aristas de las rocas del farallón, que, como un parapeto, la resguardaba de la otra y nadaban en el agua transparente de un mar en calma, desafiando sin protección alguna los rayos del sol. Entre la carretera que recorrían y la playa se extendían unos terrenos yermos y llanos, con tan solo alguna que otra palmera agitada por la brisa. Jaime se los señaló.

—Esos son los terrenos que has heredado. Tu abuelo no los quiso vender mientras vivió, pero deben de valer una fortuna. ¿Qué has pensado hacer con ellos? ¿Venderlos también?

Laura asintió con la cabeza.

—Sí, no tengo intención de quedarme aquí, ya lo sabes. En cuanto encuentre un comprador, volveré a Madrid, donde podré adquirir un piso con el dinero que obtenga.

—Ya, —murmuró escuetamente él.

Con disimulo analizó Laura su perfil. Pese a que su semblante no dejaba traslucir sus pensamientos, adivinó que sus palabras le habían molestado e intentó suavizarlas elogiando el lugar.

—Bueno, esto es muy bonito, sobre todo nuestra playa. Me encanta el mar, pero no creo que fuera capaz de adaptarme a vivir en un pueblo. Soy chica de asfalto y echo de menos la capital.

Él continuaba mirando fijamente la carretera que recorrían y sin mirarla le preguntó en tono intrascendente:

— ¿Has dejado a alguien allí?

Rememoró ella a Emilia, la mejor amiga que había conservado tras la muerte de sus padres. Tampoco era fea ya y había sido la única que la había apoyado en los momentos difíciles.

— ¿A alguien?, —repitió sin entender lo que él quería decir—. Pues sí, he dejado a algunos amigos. Al menos creía que lo eran. Al morir mis padres todos me aseguraron que podía contar con ellos para lo que necesitara, pero lo cierto es que solamente una chica que se llama Emilia me echó una mano cuando me despidieron del colegio. Cuando la gente que te rodea se da cuenta de que te has quedado sin blanca, sale corriendo por si, por equivocación, se te ocurre pedirles dinero.

Cayó en la cuenta de pronto de que Jaime acababa de prestárselo y enrojeció hasta la raíz del pelo. Trató de corregir sus palabras.

—Bueno, todos no.

Él no pareció haber oído su último comentario.

—Lo que te preguntaba es si has dejado allí alguna relación especial.

— ¿Especial?, especial no, ¿por qué?

Él esbozó un gesto ambiguo.

—Por nada, intento comprender el motivo por el que tienes tantos deseos de volver. A mí Madrid me parece una ciudad ruidosa con un tráfico infernal.

Laura fijó los ojos en el paisaje que discurría velozmente por la ventanilla, mientras evocaba la calle en la que había vivido con sus padres y el ruido ensordecedor de los coches al transitar bajo la ventana de su dormitorio. Y después, sin solución de continuidad, le vino a la memoria la pensión donde se había alojado desde que ellos murieran, la calle tan estrecha y tan oscura donde ésta se ubicaba y su cuarto que daba a un patio, donde se veía obligada a cerrar la puerta antes de intentar llegar hasta la cama que ocupaba toda la habitación.

—Sí, en lo del tráfico tienes razón, pero yo he vivido allí desde que nací,—murmuró como si quisiera convencerse a sí misma—. También es natural que tú, por la misma razón, te encuentres en este pueblo como el pez en el agua. Y ya que me has preguntado, dime, ¿Sales tú con alguna chica en especial?

Jaime se encogió evasivamente de hombros.

—No sé qué contestarte.

— ¿No sabes si sales con alguna chica en especial?

Él pareció meditarlo. Un pliegue había surgido en su frente como si estuviese reflexionando sobre ello. Al fin repuso:

—Sí, estaba saliendo con una chica, pero no sé si es una chica especial.

Habían abandonado la carretera y tomado ahora un camino polvoriento. Ascendían por una cuesta y ya podía divisarse a lo lejos la casa, en lo alto del acantilado, rodeada por bandadas de gaviotas. Laura hubiera deseado insistir en el tema, pero alcanzaron la cima antes de que hubiera logrado encontrar las palabras precisas. Jaime detuvo el coche frente a la valla de la placeta.

—Tengo prisa. Suelo abrir la consulta a las nueve, por lo que es probable que Mercedes esté desesperada, aguantando a los dueños de los perros y los gatos con diarrea que suelen invadir la sala de espera. Mercedes es mi ayudante. También es veterinaria, pero acaba de terminar la carrera y aún no está muy ducha en el tema.

De un salto descendió Laura del vehículo al verle consultar impaciente su reloj.

—Gracias por tu ayuda, —le dijo aprovechando que él había bajado el cristal de la ventanilla—. Te agradezco mucho todo lo que has hecho por mí y…

—Llámame al móvil si necesitas algo, —la interrumpió él, removiéndose inquieto frente al volante como si le hicieran sentirse incómodo sus palabras de gratitud—. Si esta noche vuelve a aparecer tu abuelo a pasearse por su dormitorio, avísame, porque me acercaré a recomendarle que regrese a su tumba y que no te desordene la habitación. Avísame también si necesitas cualquier otra cosa o si decides invitarme a cenar esta noche. Hasta luego.

Arrancó el motor y el coche fue alejándose cuesta abajo perseguido por una bandada de gaviotas. Laura le vio ir preguntándose por el motivo por el que, de pronto, con la marcha de él, se sentía tan sola frente a la que ya era su casa. Al fin tenía un trabajo y algo de dinero, ¿por qué entonces experimentaría en ese momento una tristeza tan honda? Era como si se hubiera quedado aislada del resto del mundo en aquella cima rocosa, en la que solo podía oírse el sonido del mar y el graznido de las aves. Una pasó revoloteando cerca de ella y se perdió después en dirección al mar.

Pero no podía desanimarse, porque aún le quedaba mucho por hacer, se dijo luchando contra el desaliento que experimentaba. Tenía que regresar al pueblo a poner en venta la casa y los terrenos que había heredado y luego se acercaría a un supermercado a comprar provisiones para los próximos días.

Para no perder tiempo decidió marcharse inmediatamente sin cambiarse ni tan siquiera de zapatos y abrió la puerta del garaje, un edificio bajo, adosado a la casa. Ese edificio había sido antiguamente una cochera, donde, cuando ella era niña, se guardaba la tartana de su abuelo. Ya entonces hacía muchos años que los automóviles habían sustituido a los vehículos de tracción animal, pero al abuelo le costaba adaptarse a las nuevas costumbres. Ni siquiera llegó a aprender a conducir un automóvil. Contrató para ello a un chofer en Murcia que en verano se trasladaba con él y con su mujer a la casa del acantilado. Ambos dormían en la tercera planta, lo mismo que la cocinera, que en Murcia se marchaba a su casa por las noches. La mujer del chófer ayudaba en las faenas domésticas y él sacaba por las tardes el coche del garaje y llevaba al abuelo a...Laura no sabía a donde, pero no regresaba hasta la hora de la cena.

Todavía olía el garaje a estiércol de caballo, pese al tiempo que había transcurrido desde que albergara al último. Subsistía también el pesebre donde comía, que, ahora vacío, alguien había enjalbegado, al igual que las paredes para conferirle otra apariencia más actual, aunque no lo había logrado. En el presente respondía el aspecto del garaje a una cochera sin tartana ni caballo, absurdamente encalada.

Laura se introdujo en su viejo Ford Fiesta y descendió la cuesta que llevaba al pueblo dejando el mar a su derecha. La caleta de las gaviotas, encerrada entre las rocas, no podía verse desde el camino, pero sí la playa contigua, ya sin bañistas, y luego la inmediata playa de La Escollera con su característica algarabía de turistas extranjeros, que en su mayoría estaban comiendo ya, pese a que eran las doce del mediodía. Más allá podía divisar el pueblo, típicamente mediterráneo, con sus casas de una o dos plantas, con los balcones rebosantes de geranios, y el trazado irregular de sus calles estrechas. Aparcó como pudo junto a la acera, entre un camión de butano y una moto, y se dirigió a la agencia inmobiliaria que había visto anunciada el día anterior en la calle mayor. La atendió un hombre de mediana edad de aire aburrido, que esbozó un gesto de escepticismo cuando ella le describió la casa que se proponía vender.

— ¿Me está hablando de la casa del acantilado de las gaviotas?, — le preguntó meneando cachazudamente la cabeza—. Me parece muy difícil, por no decir imposible, que consiga venderla. ¿Quién puede querer un caserón antiguo y enorme, enclavado en la cima de un acantilado? La gente busca para veranear un apartamento de dimensiones reducidas y a ser posible en primera línea de playa. Aquello está además muy solitario.

Laura reprimió un desesperanzado suspiro.

—Entonces, ¿usted cree que es inútil que pongamos el anuncio?

Su interlocutor se encogió de hombros con pocos bríos. Hacía tanto calor en el pueblo y en aquel local que cualquier movimiento hacía sudar.

—Yo no he dicho que sea inútil. Solo que no me parece probable que encuentre fácilmente un comprador. En cambio, los terrenos de la playa de las Caracolas pueden tener mucha salida. Están sin urbanizar, pero muchas promotoras darían algo por adquirirlos. Claro que, no debe usted precipitarse. Debe esperar y ponderar lo que ofrecen unos y otros para conseguir el mejor precio.

El hombre tomó los datos que le facilitó Laura y, en cuanto terminó de apuntarlos, salió ella nuevamente a la calle bastante desanimada. En el mejor de los casos no iba a poder transmitir los inmuebles que había heredado en unos días, como había creído. Por fortuna, Jaime le había conseguido un trabajo, pero le inquietaba más de lo que quería reconocer dormir sola en el enorme caserón con el fantasma de su abuelo paseando por su dormitorio. ¿O no sería su fantasma? De haber dispuesto del dinero necesario, la habría abandonado en ese mismo momento y se habría trasladado a un piso de alquiler en el pueblo hasta que lograra formalizar su venta, pero con el que le había prestado Jaime apenas si le alcanzaría para hacer la compra del supermercado y para la gasolina del coche hasta que cobrara su primera mensualidad en el colegio.

Mientras regresaba a la casa, poco después de aprovisionarse con lo más imprescindible en un supermercado que encontró al paso, se planteó una cuestión que no se le había ocurrido anteriormente. ¿No habría dejado su abuelo a su muerte algún dinero en metálico? Sabía, por habérselo oído decir a sus padres, que había sido un hombre muy adinerado, por lo que lógicamente debería haber sido titular de al menos una cuenta corriente en alguna entidad bancaria. También les había oído comentar a sus padres que solía realizar importantes operaciones en bolsa. ¿Habría vendido todos sus valores mobiliarios antes de su fallecimiento y por esa razón no habían sido incluidos en la escritura de adjudicación de la herencia que el abogado que visitara la víspera había firmado en su nombre?

Ese abogado, que le había entregado además la llave de la casa, no había hecho mención alguna a ese respecto, pero quizás se le hubiese pasado por alto. Le llamaría al móvil y concertaría una cita con él.

En cuanto alcanzó la cima del promontorio, guardó el coche en el garaje y entró en la casa, cargando con la compra que llevó a la cocina. Luego pasó a la sala de estar que, por contraste con el sofocante calor del exterior, estaba fresca y en agradable penumbra. En cuanto abrió los postigos y la puerta de cristales por la que se salía a la terraza, penetró instantáneamente por ésta el inconfundible olor del mar. Se dejó caer en la butaca más alejada del sillón que solía ocupar su abuelo, buscó el número en la agenda y lo marcó. Le contestó casi inmediatamente una voz masculina.

—¿Es usted don Roberto Velarde? Soy Laura Villamil, ¿me recuerda, verdad?

—Naturalmente, —le oyó decir —. ¿Qué es lo que desea?

—Pues... pues me gustaría hablar con usted sobre el testamento de mi abuelo. ¿Cuándo podría recibirme? Me corre mucha prisa.

Hubo una brevísima pausa al otro lado del hilo.

—¿Le sucede algo a la casa que ha heredado?, ¿no se encuentra a gusto en ella?

A gusto no podía afirmarse que se encontrara, pero no le pareció que fuese el momento oportuno para referírselo por teléfono.

—No, no le sucede nada, pero necesito hablar con usted.

Su interlocutor pareció volver a dudar durante una décima de segundo.

—Sí, pero ya sabe que vivo y trabajo en Murcia. Estoy ocupadísimo y en estos momentos no puedo desplazarme para ir a verla a la playa con la finalidad de resolverle el problema.

—Por supuesto, por supuesto, —le interrumpió ella impaciente —. Deme una cita y me acercaré a verle a usted.

Él pareció dudar nuevamente.

—Si le corre tanta prisa, podría recibirla el viernes por la tarde. ¿Le viene bien a eso de las cinco?

Había quedado Laura en acercarse el miércoles por la mañana al colegio para firmar el contrato y el viernes debía impartir la primera clase, pero por la tarde no tenía nada que hacer, por lo que se apresuró a dar su conformidad.

—De acuerdo. Estaré en su despacho a las cinco.

Satisfecha cortó la comunicación y se retrepó en la butaca, paseando su mirada por la estancia. Salvo el rumor del mar que llegaba hasta allí amortiguado, el silencio era absoluto. La brisa con olor a sal que venía de la playa agitó los visillos de encaje del ventanal y el tapete de crochet de la camilla. Era una ráfaga de aire cálido, pero de improviso sintió frío. Le pareció ver de pronto al abuelo sentado en su sillón, observándola con los ojos entornados y expresión de profunda desaprobación. Sabía que no había sido una niña agraciada, ¿pero era ese motivo suficiente para que él le demostrase tanta aversión? Porque su gesto no denotaba solo que ella le resultase indiferente. Había algo más que podía intuir en sus silencios, en la expresión que traslucían su mirada fija en ella. De improviso experimentó la necesidad de contemplar su imagen, borrosa en su recuerdo. Sabía que un enorme cuadro en el que estaba retratado colgaba sobre la chimenea de su despacho y se levantó para atravesar el salón contiguo que apenas si se utilizaba, atestado por una sillería de caoba cubierta con fundas. Cruzó luego un oscuro comedor, en cuya larguísima mesa ovalada no se había sentado nunca, y pasó a la habitación inmediata, un austero despacho con estanterías repletas de libros cubriendo tres de las cuatro paredes y con un altísimo ventanal en la del fondo.

Abrió los postigos, comprobando que el ventanal daba a la placeta que precedía a la fachada principal de la casa, y se aproximó a la chimenea para estudiar la imagen que podía ver en el cuadro. Su abuelo estaba en él sentado en su butaca mirando al frente, probablemente al pintor, pero producía la desagradable impresión de estar observándola a ella con aquel gesto de reprobación tan suyo. Aunque había sido retratado apoltronado en su sillón favorito, podía deducirse sin dificultad que su estatura debía haber sido muy elevada y su gesto era adusto, con un pliegue hondo en la frente. El espeso cabello le blanqueaba ya, al igual que sus cejas, excesivamente pobladas, que se le unían sobre los ojos. Igual que a ella antes de depilarse el entrecejo, se dijo sorprendida. De improviso advirtió el enorme parecido que tenía con su abuelo y abrió la boca con asombro. ¿Por qué entonces le resultaría a él tan desagradable si había heredado su fisonomía, su apostura? Debería, por el contrario, sentirse orgulloso al verse reflejado en su nieta.

—Eres un antipático, —murmuró bajito, dirigiéndose a la imagen del retrato—. No sé cuál es el motivo por el que te caigo tan mal, pero me da lo mismo. Tampoco tú me caes bien a mí—. Le observó con la cabeza ladeada y luego le señaló con un dedo. — ¡Ah!, —añadió, — y, tanto si eres un fantasma como si estás vivo aún, no vuelvas a aparecer en tu dormitorio por la noche. ¿Me entiendes?

Una ráfaga de aire se filtró por los intersticios de los postigos del ventanal y agitó los visillos de encaje y los cortinones oscuros que pendían sobre ellos como una muda réplica a sus palabras, pero Laura no se percató de su imperceptible bailoteo. Observaba atentamente el oscuro marco del cuadro de su abuelo que ostentaba una fina capa de polvo. Cuidadosamente pasó un dedo por su superficie y perpleja advirtió que aunque aparentemente se encontraba colgado de la pared no se había movido al contacto con su mano balanceándose sobre el clavo del que parecía colgar. Lo examinó con mayor atención y descubrió las pequeñas bisagras que permitían desplazar el cuadro como si se tratase de una puerta y al atraerlo hacia ella dejó al descubierto la caja fuerte, empotrada en la pared. Estaba cerrada y hasta ese momento desconocía su existencia. Se lo comentaría al abogado cuando le visitara en su despacho, ya que si era ella la dueña de la casa debería estar también en posesión de la llave y de la combinación que le permitiese abrirla.

Consultó después su reloj y al advertir que era mediodía fue a buscar a Sócrates al cobertizo del patio, donde el animal se había resguardado del asfixiante calor que a esas horas sofocaba el ambiente tornándolo en casi irrespirable. El perro la recibió con grandes manifestaciones de alegría y la siguió a la cocina donde los dos comieron al tiempo. Jaime le había advertido que únicamente debería llenarle la palangana de pienso una vez al día, pero se dio cuenta de que el animal estaba dispuesto a comer en todas las ocasiones que fueran necesarias y, por supuesto, siempre que lo hiciera ella. Dos gaviotas blancas se posaron en el marco de la ventana con la clara intención de sumarse al ágape, pero Sócrates las espantó con un sonoro ladrido.

Cuando terminaron de comer, Laura subió a su dormitorio a ponerse el bañador y en compañía del perro se dirigió a la escalera, para descender por ella poco después con el albornoz sobre su bikini. Se encontraba ya al pie de la misma, cuando sonó el timbre del portón y sobresaltada fijó su mirada en Sócrates que, indiferente, balanceaba su enorme corpachón por el vestíbulo como si estuviese más que acostumbrado a recibir visitas a todas las horas del día.

Cautelosamente se aproximó ella al portón para atisbar por la mirilla, pero no vio a nadie, por lo que retrocedió sobre sus pasos con la intención de encaminarse hacia la sala de estar. Otro timbrazo del portón la detuvo en seco. ¿Sería su abuelo que regresaba del más allá y por esa razón era invisible? Se rió en alto de sí misma, pero no por ello logró tranquilizarse. De puntillas caminó ahora hasta la puerta y aplicó nuevamente un ojo a la mirilla. Tampoco en esa ocasión divisó a nadie en el porche. Un estremecimiento la recorrió entera. Notó como se le erizaba el vello de los brazos y cómo se le aceleraba el corazón. Quizás fuese su abuelo que no se hubiese convertido en un espectro, sino que aún continuara vivo y que después de haber fingido su muerte retornara a reclamar la casa que había sido suya. Y que volvería a serlo después de que la echara a ella de allí.

Lo meditó durante una décima de segundo. En ese último caso prefería saberlo. Si era su abuelo el que venía a exigir que le fuera devuelta la casa que le pertenecía, se enfrentaría a él. Ya no era una niña a la que pudiera asustar con su mirada adusta y su gesto de desaprobación. Ya era mayor y no tenía derecho a sentir miedo.

Decidida, hizo girar la llave en la cerradura y abrió el portón. En el porche no había nadie ni en la placeta tampoco, pero Sócrates que escapó alegremente del vestíbulo, emitió un alegre ladrido saludando a un hombre de unos treinta años que, montado en una bicicleta, se apoyaba en el muro de la fachada del edificio, por lo que quedaba fuera del alcance de la mirilla.

Dignamente se anudó Laura el cinturón del albornoz sobre el bañador al salir al porche.

— ¿Ha sido usted el que ha llamado al timbre?, —le preguntó ásperamente —. Si es una broma, no tiene gracia.

El hombre poseía un enmarañado y rizadísimo cabello oscuro y unos insolentes ojos negros que clavó en ella con descaro.

— ¡Hola!, —la saludó sin bajarse de la bicicleta —. ¿Es usted la nueva dueña de esta casa, verdad?

—Pues…—vaciló Laura. Instantes antes lo había dudado, cuando imaginó que era el espectro de su abuelo quien regresaba del más allá a la que había sido su morada para reclamársela, pero ahora que había podido comprobar que no se trataba de él y que lo que había supuesto no era más que una absurda conjetura, agitó afirmativamente la cabeza y con ella su bonita melena. —Sí, soy la nueva dueña. ¿Y usted quien es?

—Soy Jacobo, el cartero, —añadió al advertir que su nombre no le decía nada a ella—. Don Andrés me daba una propina para que le trajera las cartas que le llegaban al servicio de correos, en el pueblo. Se las subía yo con mi bici y él me entregaba las que deseaba enviar. ¿Quiere que haga lo mismo con usted?

Laura estudió al hombre en silencio. Parecía tener una absoluta confianza en sí mismo y seguía mirándola de arriba abajo con una irritante desfachatez.

—No, —replicó ácidamente—. No espero recibir ninguna carta durante el poco tiempo que pienso permanecer en esta casa y, en cualquier caso, puedo recogerlas yo misma todas las mañanas, ya que trabajo en el pueblo. No hace falta que se moleste.

No añadió que no disponía del dinero necesario para darle esa propina que debía ser la causa del interés que manifestaba, pero él debió intuirlo porque sonrió, mostrando unos dientes muy blancos que destacaban en su tez oscura.

—Puedo traerle las cartas, aunque no me dé ninguna propina. Antes venía por las mañanas, pero si trabaja usted y no hay nadie en la casa, se las echaré por debajo de la puerta o me acercaré por la tarde. ¿Qué prefiere?

Seguía mirándola sin asomo de timidez y Laura empezó a sentirse incómoda.

—No hace falta, ya se lo he dicho. Y ahora, si me lo permite…

Hizo intención de entrar nuevamente en el vestíbulo, pero Sócrates, que había atravesado la placeta, correteaba alegremente entre las palmeras, feliz de sentirse libre, por lo que no podía cerrar la puerta de la casa tras ella, dejándolo fuera.

— ¡Sócrates!, ven aquí, —le llamó.

El perro giró la cabeza en su dirección y luego levantó las orejas. Una gaviota que pasó volando atrajo su atención y ladrando echó a correr detrás de ella.

— ¡Sócrates!

El hombre se echó a reír y después de apoyar su bicicleta contra la pared se dirigió calmosamente hacia el perro, atrayéndolo con un chasquido de sus dedos. Cuando logró atraparlo, lo sujetó por el collar, mientras le hablaba en voz baja, como si los dos fueran antiguos amigos.

— ¿Pero es que no oyes a tu ama? Tienes que ser más obediente, porque si no se va a enfadar contigo. ¿Me oyes?

Se lo subió hasta el porche y se lo entregó por el collar. Luego bajó la cabeza para contemplarla sonriente.

— ¿De veras no quiere que le traiga las cartas? Conocí mucho a su abuelo. Porque usted es su nieta ¿verdad?

—Sí, soy su nieta, —admitió Laura, diciéndose que no perdía nada por reconocérselo así a aquel desconocido que se tomaba tantas confianzas.

—Pues le traeré las cartas, —decidió de pronto, Jacobo—. No quiero ninguna propina de usted, pero quizás alguna tarde me invite a una cerveza y podamos charlar un rato. Podría contarle muchas cosas que es posible que le interesen.

—Claro, claro, —musitó Laura confusa, empujando a Sócrates dentro del vestíbulo —. Adiós, hasta la vista. Perdone pero tengo prisa.

Nuevamente cerró la puerta con dos vueltas de llave y por el pasillo se dirigió hacia la sala de estar para salir a la terraza, volada sobre el acantilado. Seguida de Sócrates se aproximó al poyete que la circundaba, a cuyos pies se extendía un mar intensamente azul que lamía calmosamente los riscos que emergían de la rocosa base del promontorio. Desde aquella terraza, la vista era increíblemente hermosa, pero ninguno de los dos se detuvo mucho tiempo a contemplarla. Por la escalera de piedra que comenzaba al otro lado del poyete, bajaron a la playa, donde pasaron la tarde, Laura tumbada en la arena, dorada y caldeada por el sol, con Sócrates a su lado. También el agua estaba caliente. Se ondulaba sobre sí misma cerca de la playa para deshacerse en espuma y retroceder después, llevándosela consigo con una cadencia acompasada y un sonido constante. Las gaviotas volaban en círculo sobre ellos, esperando quizás avistar algo comestible que Laura pudiera extraer de la bolsa de playa donde había guardado el albornoz. Una de ellas, más osada, se atrevió a posarse a su lado, por lo que, asustada, se incorporó bruscamente, recordando el picotazo que recibiera de otra similar, muchos años atrás. Sócrates emitió un gruñido y la gaviota emprendió el vuelo confundiéndose con la bandada que revoloteaba sobre el mar con la intención de atrapar los peces que nadaban próximos a la superficie del agua.

Fue en ese instante cuando el perro se irguió levantando las orejas, con el hocico abierto y aire expectante. Parecía observar el balcón de la segunda planta, que ocupaba el lugar central de esa fachada y que Laura sabía que pertenecía al dormitorio del abuelo. También ella levantó la cabeza en esa dirección sin observar nada anormal. Los postigos seguían abiertos, tal y como los había dejado esa mañana al salir con Jaime hacia el colegio donde había quedado en entrevistarse con el director y ningún sonido proveniente del interior de la casa alteraba la calmosa quietud de la tarde veraniega.

Permaneció con los ojos clavados en la puerta de cristales del balcón y de improviso creyó ver que el visillo de encaje se movía imperceptiblemente. ¿O lo habría imaginado?

Pasó una mano por su frente a la par que le venían a la memoria las palabras que Jaime le había dirigido esa mañana preguntándole si era sonámbula o tenía pesadillas por las noches. No podía asegurar en ese momento haber visto algo extraño en el balcón, pero el perro, que gozaba de un instinto del que ella carecía, permanecía alerta como si intuyese un peligro cercano.

—Sócrates ¿qué te ocurre?

Atrajo al mastín hacia ella y le acarició la cabeza, pero él se desasió bruscamente y echó a correr hacia la escalera de piedra.

— ¡Sócrates!, ¿dónde vas? Vuelve, vamos a darnos un baño.

Sin volver la cabeza, el perro emitió un amenazador ladrido sin detenerse ni desviarse del lugar hacia el que se dirigía.

Con la bolsa en una mano y el albornoz en la otra, le siguió ella apresuradamente por la playa para ascender luego los empinados peldaños dejando un húmedo rastro a su paso. Atravesó tras él la terraza, cruzó después la sala de estar, corrió detrás del animal por el pasillo y le alcanzó en el vestíbulo cuando empezaba a subir por la escalera principal.

— ¡Sócrates, ven aquí!

Empapada como estaba después de bañarse en el mar, chorreando agua y descalza, se resbaló al alcanzar el corredor de la planta superior. En el suelo y a la incierta claridad que disipaba las sombras del pasillo proveniente de la puerta abierta de su cuarto, distinguió al perro que se había detenido frente al dormitorio de su abuelo ladrando furiosamente. Se puso ella en pie y cuidando de no resbalar nuevamente llegó a su lado.

Se detuvo durante unos segundos. Si le hubieran dado a elegir, probablemente hubiera retrocedido sobre sus pasos y llamado a Jaime para que descubriera éste lo que alteraba de tal modo a Sócrates. Pero no podía elegir, se dijo. Estaría muy ocupado recetándoles brebajes a los perros y a los gatos con diarrea que le llevaban a su consulta y ella no podía estar dándole permanentemente la lata. Con una mano temblorosa asió el picaporte de la puerta y lo hizo girar. Luego la abrió de golpe.

En el dormitorio no había nadie.

Siguiendo a Sócrates penetró dentro de la estancia y observó al perro que olisqueaba a su alrededor con aire desorientado. Luego el mastín se dio media vuelta y salió corriendo al pasillo para abalanzarse después por las escaleras y detenerse ladrando frente al cerrado portón de la casa. Laura lo abrió saliendo detrás de él al exterior. La quietud más absoluta envolvía la cima del acantilado en la tarde calurosa. Solo se oía el cantar de las cigarras y el graznido de las gaviotas con el run run del mar como música de fondo.

Laura se inclinó para acariciar al perro.

—Me parece, Sócrates, que en esta ocasión te has equivocado.

CAPÍTULO V

La clase de historia que impartió al viernes siguiente transcurrió mejor de lo que había esperado. Siguiendo las recomendaciones del director, se había vestido con un pantalón que había sido de su madre y que le quedaba muy holgado y con un blusón que también había pertenecido a aquélla y en el que hubieran cabido dos como ella. Con el cabello recogido en la nuca en una coleta y sin pintar en absoluto, recordaba a una hospiciana que nunca hubiera tenido tiempo de mirarse al espejo.

En el aula se apiñaban treinta chicos de ambos sexos que la recibieron con total indiferencia cuando entró en la misma. Sentada en un pupitre de la primera fila, una jovencita con gafas escuchó atentamente su explicación sobre las heroicas gestas de Viriato. La mayoría de los chicos cuchicheó por lo bajo mientras tanto y un chiquillo de la última fila de pupitres se durmió. Era bajito y rubio y, con la cabeza apoyada sobre el brazo, respiraba suavemente con expresión de sentirse en el séptimo cielo. A cualquiera le hubiera dado pena despertarle, pero a Laura no. Descendió de la tarima donde se ubicaba su mesa, dejando la pizarra a su espalda, y caminó entre los pupitres con sus zapatones de tacón bajo para detenerse junto al angelote. No conocía su nombre, por lo que le sacudió por un hombro. Sobresaltadísimo el chiquillo abrió los ojos y al ver a la profesora a su lado se incorporó de un salto en su silla, levantando hacia ella su espantada mirada.

— ¿Qué… qué…? — tartamudeó aún adormilado.

—Estábamos hablando de Viriato, —empezó ella con voz firme y en tono alto para que su voz sobresaliese sobre las risas y cuchufletas de sus compañeros, que obviamente aprovechaban cualquier incidente para organizar una juerga—. ¿Qué puede decirme de Viriato?

—Pues… pues…

Era evidente que el angelote no era capaz de decirle nada, por lo que Laura puso fin a su suplicio y se dirigió a otro que, sentado una fila más adelante, parecía dirigir el concierto de risotadas.

— ¿Y usted, qué puede decirme usted?

El chico dejó de reírse y parpadeó perplejo. Laura sabía que los profesores no acostumbraban ya a dirigirse a sus alumnos con tanto formalismo y que les tuteaban, aceptando de ellos el mismo tratamiento, pero a ella le parecía que esa pérdida de modales coadyuvaba a que los chicos faltaran al respeto a sus maestros. Por esa razón se dirigió nuevamente a él con la misma solemnidad:

— ¿No sabe quién fue Viriato?

En vista de que al chico no le llegaba la deseada inspiración, le preguntó muy seria:

— ¿Cómo se llama usted?

—Ismael, Ismael Rodríguez, — replicó con expresión insolente.

Laura le envolvió en una mirada recriminatoria.

—No sé entonces de qué se reía tanto hace un instante. Mañana les preguntaré la misma lección a los dos y espero que se la hayan aprendido para entonces, pues de otro modo se quedarán sin recreo. ¿Me han entendido?

Sin duda la entendieron porque ni el que se reía volvió a reírse ni el angelote a dormirse. Sus compañeros permanecieron muy quietos en sus pupitres, temiendo que recayera en ellos la desgracia de tener que perorar sobre Viriato, de lo que dedujo Laura que ninguno debía saber quién podría ser ese, para ellos, desconocido personaje.

Por el contrario, la niña con gafas de la primera fila levantó el brazo queriendo indicarle que ella sí se sabía al dedillo esa lección y que deseaba exponer sus conocimientos. Laura volvió a su mesa e hizo un gesto de asentimiento.

— ¿Usted sí sabe quién fue Viriato? ¿Cómo se llama usted?

La niña se ajustó las gafas que le resbalaban sobre la nariz, mientras sus compañeros iniciaban nuevamente el coro de risotadas, sin permitirle que dijera su nombre.

— ¡Silencio!, — vociferó Laura con voz de trueno. — Y usted, señor Rodríguez, salga inmediatamente de la clase— le ordenó al chico zanquilargo que respondía al nombre de Ismael y que dirigía nuevamente la ruidosa algarabía.

Con aire chulesco, el aludido se puso desganadamente en pie y replicó con descaro:

— ¿Eso de señor Rodríguez va por mí?

— Por usted. ¿No se llama Rodríguez?

El chico la envolvió en un ademán condescendiente como si los papeles de los dos en el aula de aquel colegio estuviesen invertidos y él fuese el profesor y ella la alumna.

— Si... bueno... sí, pero el señor Rodríguez es mi padre, el médico de este pueblo, ¿sabe?

Parecía creer que al enterarse ella de la profesión de su progenitor se amilanaría, pero Laura se limitó a señalarle la puerta del aula.

—Salga. Y que sea la última vez que molesta en clase. ¿Me ha entendido?

Ismael permaneció durante unos segundos indeciso y Laura, aunque con el semblante impasible, comenzó a preocuparse seriamente. ¿Qué podría hacer si el chico se negaba a obedecerla? Sabía que no podía contar con el director para ejercer su autoridad con los alumnos, pero no estaba dispuesta a permitir que aquel muchacho se le insubordinara. Ni aquel muchacho ni ningún otro.

— ¡!Salga!! — tronó nuevamente viendo que no se movía de su pupitre.

En esa ocasión, en la que el rugido de ella sonó como un trallazo, sí reaccionó y se dirigió lentamente hacia el pasillo entre la algazara general. Alguno incluso se permitió lanzar hacia la niña de las gafas aviones de papel, secundado por los demás que aprovecharon además para patear contra el pavimento de terrazo produciendo un ruido infernal. Lo cortó en seco Laura levantando la voz por encima de aquel alboroto.

— ¡Estense quietos! Sacaré a la pizarra a todo el que se mueva. ¿Me han entendido?

Debieron entenderla, porque un opresivo silencio siguió a su amenaza. Todos se achicaron en sus pupitres temiendo que las iras de aquella profesora tan rara pudiera recaer sobre ellos, momento que aprovechó Laura para dirigirse a la niña.

—Veamos, ¿cómo me ha dicho que se llama?

—Juanita, — repuso ella con voz atiplada. — Juanita González.

—Bien, Juanita, ¿qué puede decirme sobre Viriato?

La niña se sabía la lección con puntos y comas y la recitó balanceándose sobre un pie para pasar luego al otro el peso de su cuerpo, sin que nadie se atreviera a interrumpirla. Aún no había terminado su exposición cuando sonó el timbre que indicaba que la clase había finalizado y los chicos salieron corriendo en desbandada hacia el pasillo, donde debió de reunírseles Ismael Rodríguez para salir al recreo, porque ya no quedaba nadie en la galería cuando Laura, tras recoger sus libros de la mesa, les siguió.

Sin duda los profesores de las otras aulas de la galería finalizaron de impartir sus enseñanzas segundos más tarde, porque un sinnúmero de alumnos desembocó al mismo tiempo en el pasillo, que en pocos segundos se convirtió en un hervidero de chiquillos que corrían y se empujaban unos a otros luchando por alcanzar la puerta por la que se salía a la explanada que se extendía en derredor del edificio. En un santiamén desaparecieron todos y se quedó sola en el corredor. Vaciló desorientada sin saber a dónde podría dirigirse durante los quince minutos de que disponía hasta que comenzara la clase siguiente y en ese instante una chica, de aproximadamente su edad, de melena oscura y rizada, salió del aula de enfrente en compañía de otra de tez más clara y cabello corto de color castaño. Ambas se le aproximaron.

— ¿Eres la nueva?, —le preguntó jovialmente la muchacha morena del cabello rizado—. El director nos dijo ayer que empezarías esta mañana. Me llamo Carmen y ésta es Ana, —le dijo señalando a la chica que la acompañaba.

—Yo me llamo Laura. ¿Dais clase aquí, verdad?

La chica asintió.

—Sí, bienvenida a nuestra jaula de grillos. ¿Cómo te ha ido con esa colección de chicos? No sabes lo que me alegro de que hayas llegado por fin y de que te hagas cargo de las clases de geografía e historia. Hasta ayer tuve que asumirla yo, que estoy titulada en lenguas muertas y doy clase de latín.

Laura hizo un gesto de asentimiento. Del latín recordaba vagamente el rosa rosae y poco más.

— ¿Y cómo te iba con los que ahora son mis alumnos?, —le preguntó, acomodando su paso al de ellas que parecían dirigirse a un lugar determinado.

— ¿Con esos chicos?, pues te lo puedes figurar. Ni atienden ni les importa nada de lo que se les trata de enseñar. Ya te he dicho que soy profesora de latín. ¿Te han escuchado a ti o se han limitado a gastarse bromas unos a otros sin hacerte el menor caso?

—Pues… me ha ido bastante bien para lo que cabía esperar,— replicó respondiendo a la pregunta de la chica—. Solo se ha dormido uno y únicamente he expulsado del aula a otro.

Las dos se la quedaron mirando con la perplejidad reflejada en sus pupilas.

— ¿Has echado a uno de clase?

—Sí, a un tal Ismael Rodríguez que no hacía otra cosa que molestar.

La chica morena del pelo rizado que se llamaba Carmen se mordió dubitativamente los labios.

—¿A Ismael?, — le preguntó preocupada.
—Sí, ¿por qué?
—Pues...— Vaciló la muchacha sin decidirse a continuar.
— ¿Pues qué?
—No, nada. Es que ese chico es el hijo del médico del pueblo que... bueno, que aquí es una persona importante. Ismael es hijo único y sus padres le han mimado muchísimo. Por eso está acostumbrado a hacer lo que le da la gana y no respeta a nadie.
—Pues no creo que se le deba consentir, — replicó Laura con aplomo—. Si en su casa no le educan, tendremos que educarle aquí.

Carmen y Ana intercambiaron una mirada de complicidad, como si compartieran un secreto que por su obviedad no necesitara ser explicado.

—Pero es que el director no quiere problemas con los padres de sus alumnos, ¿entiendes?— empezó Ana con precaución—. Ahora ese chico irá a quejarse al señor Rodríguez, al médico, de cómo te has comportado con él, a su vez el médico se quejará al director y éste te llamará al orden a ti. Es el proceso habitual en estos casos.

Con un gesto maquinal, Laura se llevó una mano a su melena con la pretensión de atusársela con los dedos. Acostumbraba a realizar ese ademán cuando algo le inquietaba y también cuando necesitaba aclarar las ideas de su mente. En ese instante precisaba las dos cosas. ¿La despediría el director por haber echado del aula a un chicarrón maleducado que impedía el desarrollo normal de la clase que ella debía impartir? Desconcertada comprobó que esa mañana se la había recogido en una coleta y que ningún mechón se había escapado de ésta, sujeta con una goma elástica en lo alto de la coronilla. Para disimular la preocupación que le había producido el comentario de Ana, les preguntó en tono intrascendente:

— ¿Hace mucho tiempo que trabajáis aquí?

Carmen le comentó que ella había nacido en el pueblo y que había estudiado en Murcia. Que tanto ella como Ana, que enseñaba lengua española, llevaban tres años dando clase en ese colegio y que eran íntimas amigas. Le propusieron tomar un café en la máquina de la sala de profesores y las tres se dirigieron a un amplio local, contiguo al despacho del director, en el que en esos momentos se apiñaban unas cuantas personas de ambos sexos, disfrutando de su cuarto de hora de asueto. Un joven alto y excesivamente delgado, de cabello muy corto y liso de color castaño, y grandes gafas de concha cubriéndole los ojos, se les aproximó. Carmen se lo presentó.

—Este es Mario Sandoval, que da clase de química a los chiquillos de cuarto de Eso, o sea, a tus alumnos.

Los ojos oscuros de él recorrieron su figura con mal disimulado interés, pese a lo desafortunado de su indumentaria.

—Bienvenida al club. ¿Eres la nueva profesora de geografía e historia?

—Sí, llegué el domingo a esta costa. Vivía en Madrid y he tenido la suerte de que el director me contratara anteayer.

Carmen hablaba y hablaba como si conociera a Laura de toda la vida.

—Así que vives en el acantilado de las gaviotas,— repitió después de oírselo decir a Laura en respuesta a la pregunta que la otra le había formulado, mientras tomaba con precaución un sorbito del abrasante café que acababan de servirse de la máquina—. ¿Y estás a gusto allí arriba tan sola?

Rememoró Laura la presencia del fantasma de su abuelo paseando por el dormitorio que había ocupado en vida y estuvo a punto de reconocer que no, que no estaba en absoluto a gusto, pero prudentemente se abstuvo. Desde el lunes último no había vuelto a experimentar ningún sobresalto en el caserón. Había dormido apaciblemente por las noches y Sócrates no había dado señales de alarma en ningún momento. Como opinaba Jaime, quizás no se tratara de ningún fantasma y Carmen y sus acompañantes podían tomarla por una chiflada si les refería los incidentes que le habían acaecido las primeras noches.

—Es que he heredado de mi abuelo esa casa, ¿sabéis? Pero no, no me gusta. Tengo intención de venderla en cuanto encuentre un comprador y entonces me trasladaré a un piso normal en una calle céntrica.

No les dijo que su idea era que ese piso y esa calle estuvieran enclavados en Madrid por si a alguno de los tres se les ocurría ir con el cuento al director y eso pudiera perjudicarla, pero Mario debió intuirlo porque le sonrió.

—No te gusta mucho esto, ¿verdad? Pues te advierto que el pueblo es muy animado. Esta tarde Carmen, Ana y yo vamos a ir con algunos profesores más y algunos amigos a la verbena que han montado en la plaza mayor, ¿Por qué no te apuntas y nos acompañas? Así te presentaremos a todo el mundo.

Laura meneó negativamente la cabeza.

—Te lo agradezco, pero esta tarde no puedo. Tengo que ir a Murcia a ver a… a ver a un amigo. Quizás otro día.

Le sorprendió el interés que Mario manifestó por ella. Al mirarse en el espejo del cuarto de baño de la casa, antes de salir hacia el colegio, había dejado escapar un suspiro de resignación, pues en su opinión su aspecto no difería mucho del de una huérfana acogida en un orfanato por caridad, sin embargo, en los ojos oscuros de Mario, semi ocultos tras las gafas de concha, se vio reflejada como una muchacha sumamente atractiva, lo que levantó el ánimo, algo decaído tras la escasa atención que le habían prestado sus alumnos durante su clase de historia mientras disertaba sobre Viriato y el problema que podría suponerle la decisión que había tomado respecto a Ismael Rodríguez. Se dijo que en adelante se arreglaría como tenía por costumbre. Dudaba mucho de que sus discípulos se fijaran en ella, se vistiera como se vistiera y de que el hijo del médico adoptara por esa circunstancia una actitud civilizada respecto a ella.

Tampoco los alumnos, a los que a continuación tuvo que explicarle las andanzas del mismo personaje, le prestaron mucha mayor atención. La mayoría bostezaban, algunos se reían por lo bajo y otros se arrojaban aviones de papel cuando ella se giraba hacia la pizarra, de espaldas a ellos. Los únicos momentos satisfactorios fueron los que mediaban entre clase y clase, en los que volvió a reunirse en la sala de profesores con Carmen, con Ana y con Mario, así como con otros que se les fueron acercando. Los había de todas edades y en su mayoría traslucían el mismo aire desesperanzado, como si se hubieran resignado ya a la idea de que era inútil intentar enseñar a quien no siente el menor deseo de aprender. Únicamente Mario parecía mantener unas ilusiones a ese respecto que los demás no compartían, por lo que, cuando al terminar la última clase la acompañó él hasta la calle donde había aparcado el coche, Laura le preguntó el motivo.

— ¿Te escuchan tus alumnos cuando les explicas tus enrevesadas fórmulas de química? A mí me ignoran por completo. Hablan por lo bajo, cuchichean o simplemente se duermen.

Mario se encogió evasivamente de hombros.

—Ya te he dicho antes que llevo poco tiempo dando clase. Vivía en Alicante y me he trasladado a este pueblo hace solamente dos semanas, cuando empezó el curso. De momento no me va mal.

— ¿Y qué hacías en Alicante?, —se interesó ella, analizando atentamente su semblante. Le recordaba a alguien, pero no conseguía precisar a quién. ¿Sería quizás al primer novio que tuvo durante el primer curso de la carrera? Pero no, se dijo. Aquél presumía de ser un progre desgreñado y éste en cambio llevaba muy corto el cabello castaño e iba correctamente afeitado. Únicamente tenían en común que ambos eran excesivamente delgados.

—Trabajaba en un laboratorio que quebró, —repuso él contestando a su pregunta—. Toda la plantilla nos quedamos en la calle de un día para otro.

Como ella, pensó Laura. El colegio donde trabajaba en Madrid no había quebrado, pero la habían despedido igualmente. Se sintió identificada con él y le sonrió.

— ¿Por eso estás aquí dando clase?

—Sí, me licencié en química y como a principios del curso no habían conseguido cubrir en este colegio la plaza de profesor de esa asignatura, un amigo, que vive también en este pueblo, me llamó al enterarse de que me había quedado en paro y me vine. He alquilado un piso en una calle céntrica y de momento estoy muy a gusto. La región de Murcia tiene un clima privilegiado y me encanta el mar, por lo que por las tardes aún podemos ir los dos a la playa a bañarnos.

—A mí también me gusta el mar, —reconoció ella—. Cuando llegué aquí el sábado pasado, estaba deseando regresar a Madrid, pero ahora creo que echaría esto de menos. Desde mi casa se divisa una extensión tan grande y tan azul… Ya os he comentado que vivo en la cima del acantilado.

Él sonrió. Parecía rememorar algún suceso ocurrido allí porque su semblante expresaba cierta sorna.

—Sí, conozco la casa. Pertenecía antes a un señor bastante cascarrabias que ha muerto hace poco.

Intrigada, Laura levantó la mirada hacia él.

—¿Conociste a mi abuelo? ¿No me acabas de decir que vivías en Alicante?

Mario hizo un gesto afirmativo.

—Sí, pero solía venir a pasar unos días en fiestas con ese amigo del que te he hablado y una tarde de la Semana Santa pasada fuimos a bañarnos a la playa de las Gaviotas. Tuvimos que trepar por los riscos que la separan de la de las Caracolas, porque por tierra no hay ningún camino por la que se pueda acceder, ni siquiera caminando. El caso es que desde la terraza de tu casa nos vio tu abuelo y se puso como un energúmeno. Nos gritó que esa playa era privada y después azuzó a un perrazo enorme para que nos atacara. Nos hubiera hecho pedacitos de habernos alcanzado, pero no nos alcanzó. Federico y yo trepamos como dos exhalaciones por el promontorio rocoso y aterrizamos en la playa de las Caracolas. Nos salvamos por los pelos de ese perro, que se quedó ladrando en la arena, al pie de los riscos—. Hizo un cómico gesto fingiendo espanto y añadió—: Te aseguro que no se me ha vuelto a ocurrir acercarme a tu playa. ¿Porque ahora es tuya, verdad?

—Tanto como tuya, —repuso Laura siguiéndole la broma—. No es una playa privada, aunque solo pueda accederse a ella desde mi casa. Bueno, también por el mar. Anidan en la arena miles de gaviotas en primavera hasta el mes de julio, pero en septiembre ya no son tan agresivas. Si no les tienes miedo, puedes venir a bañarte cualquier tarde.

—¿Y el perro…?

—El perro ahora es mío. Se llama Sócrates.

Se quedó mirándola pensativamente él.

—¿Has dicho que esta tarde has quedado ya?

—Sí, tengo que ir a Murcia y volveré tarde.

—Quizás mañana…

—Ya hablaremos, —le interrumpió Laura—. Ahora tengo que marcharme.

Habían llegado a la calle donde había aparcado el coche y si continuaba charlando con él se le iba a hacer tarde.

Subió al vehículo y cuando arrancó el motor le dijo adiós con la mano. Él se quedó en la acera viéndola marchar y por el espejo retrovisor observó como su silueta iba empequeñeciéndose más y más conforme el coche avanzaba deprisa, calle adelante. Luego dejó el pueblo atrás y salió a la carretera. Parecía fácil hacer amigos en aquel lugar y en aquel colegio, se dijo ella, por lo que emprendió la vuelta hacia el acantilado con un nuevo optimismo.

Ya en la casa tuvo el tiempo justo de dejar salir a Sócrates del patio para que se desfogara corriendo entre las palmeras que crecían en la cima del acantilado, más allá de la placeta, mientras ella comía a toda prisa. Luego se cambió de ropa vistiéndose con el traje estampado de la víspera y se calzó nuevamente los zapatos de altísimos tacones que realzaban su figura, pero con los que caminaba con cierta dificultad y en cuanto volvió a encerrar al perro en el patio salió en el coche en dirección a Murcia.

Dejando la costa a su espalda, tomó un camino vecinal hasta que alcanzó la autovía, cerca de Santa Ana, y una hora más tarde llegaba a Murcia y aparcaba el coche en el estacionamiento subterráneo de la Glorieta. Al salir al exterior percibió el olor a flores que allí se respiraba. Una explosión de colorido captaron sus ojos en los arriates de esas flores, ubicados a ambos lados del paseo central. De haber tenido tiempo, se habría sentado en un banco, bajo una de las palmeras que se cimbreaban al compás de las ráfagas de aire cálido, para contemplar el lento discurrir del río Segura que a pocos pasos se deslizaba pausadamente. Nada quedaba en la plaza que hiciera recordar que se asentaba sobre el antiguo emplazamiento del alcázar del príncipe, demolido un par de siglos antes. Se trataba ahora de un espacio abierto y ajardinado, con flores, palmeras y surtidores de agua que a duras penas lograban refrescar los ardores del sol.

Por la calle San Patricio, accedía Laura minutos más tarde a la plaza peatonal del Cardenal Belluga, ubicada en el centro histórico de la ciudad, en la que aún resonaban los ecos del pasado. Parecía haberse adormecido en los albores del pasado siglo, y aún hubiera podido escenificar el paso de los caballos uncidos a las tartanas y el ensordecedor griterío de los cocheros, apartando a su paso a los transeúntes más osados. Al fondo, la catedral se erguía majestuosa con su fachada barroca. Únicamente el modernísimo edificio del nuevo Ayuntamiento parecía reconducir al presente los vestigios de otras épocas que en aquel nostálgico escenario podían percibirse.

Pasó taconeando por delante del Palacio Episcopal, antiguo palacio del Adelantado, y avistó a su izquierda las terrazas donde algunos desocupados tomaban tapas disfrutando de la tarde tibia, caldeada por un sol que descendía ya de su cenit. Esquivando a los paseantes que deambulaban sin prisas, divisó al fondo de la plaza otra, la de los Apóstoles, bordeando la fachada lateral de la catedral.

En esta última plaza se detuvo al llegar a un edificio, que por su aspecto situó a principios del siglo XX, y tomó el ascensor, pulsando el botón de la tercera planta. El abogado de su abuelo la recibió casi inmediatamente, haciéndola pasar a un despacho con balcón a la plaza y suelo de brillante mosaico.

Aunque en la calle hacía calor, Laura sintió frío en aquella estancia, de techo altísimo y paredes pintadas de blanco, con algunas estanterías de mediana altura, desordenadamente repletas de libros. El abogado tomó asiento tras su mesa y le sonrió. Era un joven delgado de mediana estatura y aire eficiente que vestía un impoluto traje de alpaca de color arena y una corbata de rayas blancas y amarillas. Su cabello castaño comenzaba a clarearle ya y a retirársele de la frente, pero poseía unos brillantes ojos castaños, ocultos tras unas gafas de concha y el conjunto era agradable.

—Pues usted me dirá.

Laura tragó saliva sin saber por dónde empezar.

—Siento molestarle. Le llamé ayer porque quería preguntarle por el testamento de mi abuelo. Cuando el otro día vine a recogerle la llave de la casa olvidé hacerle esa pregunta, pero ahora me gustaría saber en qué términos me dejó mi abuelo sus bienes. ¿Me nombró su heredera universal, hizo un inventario de los que debían adjudicárseme o…por qué los he heredado yo?

El abogado se acodó en la mesa y volvió a sonreírle, como si la respuesta que debería darle fuera muy sencilla y hubiera temido otra más complicada. Aunque no debía ser mucho mayor que Laura, unas arruguillas bordeaban sus ojos cuando sonreía, pese a lo cual su rostro poseía cierto atractivo.

—Verá. En su testamento su abuelo otorgó un único legado a favor de doña Eulalia Hidalgo. Le legó específicamente una casa sita aquí en Murcia, en la calle Platería, y nombró heredero a título universal a su hijo, es decir, al padre de usted. A él le dejó el resto de sus bienes. Cuando su abuelo otorgó ese testamento, hace quince años, aún vivía su padre, pero al haber fallecido éste antes de que se produjera el óbito de su abuelo y ser usted la única descendiente, le ha heredado a título universal. ¿Me entiende?

No era difícil de comprender, por lo que Laura hizo un gesto afirmativo.

—O sea, que no me nombró específicamente, lo que no es de extrañar porque no sentía por mí ningún cariño, —

puntualizó con una voz sin inflexiones—. Probablemente le habría dejado algo más a doña Eulalia de haberlo imaginado.

El abogado pareció sentirse ahora embarazado. Con los ojos bajos se llevó una mano a la corbata como si se sintiera oprimido por ella y cuando los levantó hacia su semblante no fue capaz de sostener su mirada.

—Tenía que habérselo explicado el otro día cuando vino para que le entregara la llave de la casa del acantilado, pero usted tenía mucha prisa y… Bueno, el caso es que su abuelo dejó estipulado que si al morir él habían fallecido ya todos sus descendientes o si el último moría sin testamento y sin herederos forzosos, sería doña Eulalia quien recibiera la herencia.

—Eso quiere decir…

—Nada, no quiere decir nada que le afecte, ya que usted le ha sobrevivido y tendrá intención de casarse y de tener hijos, ¿no?

Ella se encogió de hombros. Sí, por supuesto que pensaba que alguna vez se casaría y que traería hijos al mundo, pero en ese momento era un tema que no le preocupaba en absoluto. Lo que le interesaba era saber si su abuelo había sido titular de una cuenta bancaria en la que tuviera depositada algún dinero que ella pudiera heredar, ya que su situación económica era más que precaria y no parecía que la venta de los inmuebles que ya eran suyos pudiera efectuarse de forma inmediata. Se lo explicó así al abogado que la escuchó en silencio y que luego trató de justificarse.

—Escuche Laura, ¿puedo llamarla así?

Ella asintió con la cabeza

—Por supuesto.

Volvió él a sonreír y nuevas arruguillas aparecieron junto a sus ojos.

—Si le es más cómodo, a mí puede llamarme Roberto y también por comodidad nos apearemos el tratamiento y nos tutearemos. ¿Le parece bien?

Laura afirmó nuevamente y él prosiguió.

—Fue mi padre quien se ocupó de los asuntos de los Villamil durante toda su vida. Mi padre falleció un par de meses antes de que muriera tu abuelo y yo me hice cargo entonces de lo que él dejó pendiente. Tu abuelo no era una persona fácil e incluso me dio a entender que tenía previsto buscarse otro abogado en Murcia de más edad, porque, según él, a los jóvenes nos faltaba experiencia. No llegó a hacerlo porque con la llegada del verano se marchó a la playa y murió allí, pero cuando se produjo su óbito yo no me había puesto aún al corriente de sus asuntos. Fue doña Eulalia quién me ayudó a hacer el inventario de sus bienes y quién me entregó los documentos que guardaba en su caja fuerte. En base a éstos preparé la escritura de adjudicación de la herencia de tu abuelo que firmé en tu nombre con el poder notarial que me enviaste. Por esa razón no puedo contestarte a lo que me has preguntado. No sé si tenía algún depósito bancario porque no se hacen constar en los testamentos, pero desde luego doña Eulalia no aludió a ese tema.

Laura le había escuchado atentamente, sin hacer intención de interrumpirle.

— ¿Y de existir ese dinero en un banco podía haberlo retirado ella?

Roberto meneó pausada y negativamente la cabeza, mientras tabaleaba sobre la mesa con un bolígrafo.

—En principio no, salvo que tu abuelo le hubiera firmado previamente un talón sin especificar la cantidad.

— ¿Quieres decir un cheque en blanco?

—Sí, pero tu abuelo era un hombre sumamente desconfiado, por lo que no creo que hiciera tal cosa.

Dubitativamente, Laura se ahuecó la melena como si con ese gesto pudiera aclarar también sus ideas.

— ¿Y en ese caso le correspondería a ella ese dinero?

—Depende. No puedo darte una respuesta porque no sé lo que hizo tu abuelo. Quizás si se lo preguntases a doña Eulalia…

Laura pensó que ésta, en el supuesto de que se lo hubiese apropiado, jamás lo reconocería, pero se limitó a manifestar su conformidad.

—De acuerdo, se lo preguntaré. Hace muchos años que no la veo, pero cuando yo era niña nos llevábamos bien. Ya que he venido a Murcia aprovecharé para hacerle una visita.

—Es una mujer admirable,— opinó el abogado—. Los últimos días que vivió tu abuelo le cuidó con una abnegación digna de encomio, pese a que él...

Dejó la frase en el aire y Laura se inclinó hacia la mesa animándole con su gesto a continuar.

—¿Si?

—... pese a que él era un hombre muy mujeriego,— terminó con un esfuerzo—. Ya no eres una niña y te enterarías de sus andanzas, porque todo el mundo aquí, en Murcia, estaba al corriente.

Con un esfuerzo, Laura procuró que a su rostro no asomase la sorpresa que acababa de experimentar. ¿Su abuelo un mujeriego?, pero si debía de ser viejísimo.

—¿Mi abuelo tenía líos de faldas? No me lo explico. Si... si tenía más años que Matusalén...

Roberto disimuló una sonrisa socarrona.

—Bueno, no tantos. A los niños les parecen viejas todas las personas mayores, pero él también fue joven. Y cuando ya no lo era tanto, siguió con sus correrías. Doña Eulalia lo soportó con gran dignidad.

A Laura le costó cerrar la boca y comprender lo que le estaba diciendo.

—¿Me estás queriendo decir que soportó con gran dignidad que mi abuelo correteara con unas y con otras?

Incómodo, se rebulló él en su butaca.

—Bueno, sí.

Aunque no era una feminista acérrima, se sintió obligada a salir en defensa de sus compañeras de sexo.

—No me parece a mí que el hacer la vista gorda merezca la consideración de dignidad, —objetó, roja por el esfuerzo de disimular su irritación—. Creo que merece un calificativo más sonoro. Doña Eulalia era su amante, ¿verdad?

Roberto hizo un gesto vago. Parecía estar claramente embarazado.

—Eso suponía todo el mundo, pero no lo sé con certeza, porque daba la impresión de que ella ocupaba en la casa un lugar muy cercano al del servicio. Tu abuelo la trataba muy mal. Por lo que puedo recordar, le gritaba hiciera lo que hiciera y a su hijo le ignoraba por completo. No se preocupó nunca de él, ni siquiera cuando se ponía enfermo. El chico se marchó de la casa en cuanto alcanzó la mayoría de edad y creo que no volvió.

Rememoró Laura la conversación que había mantenido con Jaime a ese respecto y cómo había pretendido éste vengarse del abuelo usando la tina del cuarto de baño cuando la casa se quedaba vacía al comenzar el invierno.

— ¿De qué te ríes?, — le preguntó Roberto.

—No me estoy riendo, —le aseguró ella. Hizo un esfuerzo por aparentar seriedad y luego retomó el tema que la había llevado hasta allí—. Entonces no crees que pueda averiguar si mi abuelo tenía algún dinero en el banco ni quien pudo ser la persona que se apropió de él, ¿verdad?

El abogado volvió a encogerse de hombros.

—Yo no he dicho tanto. Sé que mi padre gestionaba todos sus asuntos y es posible que entre sus papeles encuentre algún certificado bancario que nos dé una pista sobre la cuestión que te interesa. Déjame el número de tu móvil y en cuanto averigüe algo te llamaré. Porque pensarás quedarte en la casa del acantilado algún tiempo, ¿no?

No permitió Laura que a su rostro aflorasen sus pensamientos. Al parecer ignoraba aquel abogado que tenía sentado enfrente, que ella no tenía a donde ir. Ni poseía otra vivienda ni contaba en ese momento con más dinero que el que le había prestado Jaime. Se apresuró no obstante a contestarle en tono intrascendente:

—No, no, no me voy a marchar por el momento. Me encanta el mar y en esta tierra todavía hace un tiempo espléndido, como si aún fuese verano. Además tengo intención de vender los bienes que he heredado. Ya se lo he encargado a una agencia inmobiliaria.

Él se la quedó mirando con una expresión indefinible.

— ¿Vas a vender la casa? Pensé que te quedarías a vivir en ella. Está ubicada en un lugar único y es un lujo en nuestros días disponer de una playa privada, aunque no lo sea más que a efectos prácticos. Si tuviera suficiente dinero, te la compraría.

Esperanzada, Laura aguardó unos instantes.

— ¿Y no lo tienes?

Roberto meneó negativamente la cabeza.

—No, desde luego que no. Heredé de mi padre este despacho y la casa en la que vivo, pero nada más y no pudo vender ninguna de las dos cosas, porque las necesito. La casa para vivirla y el despacho para trabajar—. Hizo una pausa mirando disimuladamente la hora en su reloj de pulsera y Laura se levantó apresuradamente de su butaca.

—Ya me marcho. Siento haberte entretenido y…

—No me has entretenido, —la interrumpió él, para repetir luego—: Dame el número de tu móvil y, si averiguo algo, te llamaré.

Poco después bajaba Laura nuevamente a la plaza y la atravesaba dispuesta a acercarse caminando a la casa donde vivía doña Eulalia. La calle de Platería se hallaba también en el casco histórico y a escasos minutos de la Plaza de los Apóstoles, por lo que, taconeando, atravesó la Plaza del Cardenal Belluga, sintiendo el calor del sol sobre su rostro mientras recorría ésta última. Bordeando la catedral y por una calle con soportales llegó a la Plaza de la Cruz y enfilando la calle de Trapería no tardó en desembocar en la de Platería, así llamada por reunir en sus comercios, desde la Edad Media, a los plateros murcianos. Ninguna de sus tiendas actuales recordaba a las que anteriormente habían ocupado el mismo emplazamiento, destinado ahora a la venta de artículos de moda, que fue mirando a su paso por delante de los escaparates.

Recordaba el portalón de la casa que había sido de su abuelo, que de niña le había impresionado por lo inmenso y por lo lóbrego. Ya no le pareció tan inmenso pero continuaba siendo igual de lóbrego. Daba paso a una escalera con peldaños de madera y barandilla de hierro forjado, por la que se accedía a los tres pisos del edificio, ya que no disponía de ascensor. Su abuelo había vivido en el primero y alcanzó esa planta en unos segundos llamando al timbre a continuación.

Le abrió Doña Eulalia, que se la quedó mirando inexpresivamente.

— ¿Quería usted algo?

No la había reconocido. La observaba denotando cierta perplejidad, como si no estuviera acostumbrada a recibir visitas y le extrañara la presencia en la escalera de una joven con un llamativo vestido de verano y encaramada a unos altísimos tacones.

—He venido a visitarla, doña Eulalia. Soy Laura Villamil. ¿No me recuerda?

— ¿Laura?, —musitó la señora observando incrédulamente su semblante—. ¿Eres Laura?

— ¿Tan diferente estoy?, —bromeó ella —.Es que hace más de quince años que no nos veíamos y me he hecho mayor.

También doña Eulalia parecía otra. El paso del tiempo había teñido de blanco su cabello, negro antaño como ala de cuervo, e inclinado su espalda, pese a que no debía ser muy mayor. Vestía de negro y aunque su semblante seguía siendo totalmente inexpresivo se adivinaban en él las huellas del sufrimiento. Sin que el menor gesto distendiera sus facciones, se hizo a un lado invitándola a entrar.

—Pasa. Jaime me dijo el otro día que ibas a venir a la casa de la playa. Me alegro mucho de verte y de que te hayas molestado en acercarte a visitarme.

La precedió al cuarto de estar que conservaba el mismo aire antiguo con el que Laura lo recordaba. De pequeñas dimensiones y abarrotado de muebles, con una mesa camilla en su centro adornada con un tapete de crochet. Los mismos visillos de encaje pendían sobre los cristales del balcón con la cortina de color granate enmarcándolo. Olía a gato y a flores mustias, aunque no vio ningún jarrón conteniéndolas, y las paredes estaban materialmente cubiertas por fotografías de desvaído color sepia, en las que aparecían retratados señores de otras épocas.

Pese a que hacía calor, doña Eulalia se sentó junto a la mesa camilla cubriéndose las piernas con las faldas e invitándole a hacer lo mismo.

— ¿Cuándo has llegado?

—El sábado. Jaime fue a la casa a llevarme a Sócrates. Me dijo que usted se encontraba ya aquí, en Murcia, y que estaba bien. Siento mucho lo de mi abuelo.

La verdad era que no podía sentirlo. Apenas si le había conocido y las relaciones entre ambos no fueron nunca afectuosas, pero pensó que ella se merecía que le dijese esas palabras. Vio que se le humedecían los ojos y se los secó con un pañuelo que extrajo de su bolsillo.

—Gracias. Es muy duro sentir que ya no está, despertar por la mañana sabiendo que no va a volver.

No esperaba Laura que doña Eulalia expresara tan claramente los sentimientos que le había inspirado su abuelo y bajó la mirada hacia sus manos sin saber qué decir.

—Claro, claro. Han sido muchos los años en los que usted ha cuidado de él. Es natural que ahora le eche tanto de menos. ¿Qué fue lo que le pasó a mi abuelo? ¿De qué murió?

La otra volvió a guardarse el pañuelo en el bolsillo. Luego levantó su mirada hacia ella.

—Antes le llamábamos apoplejía, pero ahora lo denominan los médicos ictus cerebral. Lo padeció el cinco de agosto, cuando regresó a casa con el chofer. Todas las tardes salía en el coche a dar un paseo del que solía regresar tarde. Esa noche volvió muy alterado y cuando más tarde entré en su dormitorio para avisarle de que ya tenía preparada la cena en el comedor, le encontré caído en el suelo sin conocimiento. El chofer nos llevó con el coche al hospital de la Arrixaca y allí estuvo ingresado durante quince días, en coma, hasta que murió.

—Ya, —musitó Laura

—Te he recordado siempre con cariño, —murmuró apenas doña Eulalia —. De niña, eras la única de tu familia que no me miraba mal.

— ¿Y por qué habría de mirarla mal?, —protestó Laura—. También usted fue la única que se mostró amable conmigo los días en los que mis padres me dejaron en la casa de la playa para marcharse de viaje, porque mi abuelo no se dignó dirigirme la palabra en esa ocasión. Ni tampoco en ninguna otra.

—Es que no le gustaban los niños, —replicó doña Eulalia como disculpándole—. Tampoco tuvo nunca una palabra amable para Jaime y eso que mi hijo solo tenía tres años cuando le conoció. Era casi un bebé.

Vaciló Laura sin atreverse a hacerle la pregunta, pero la otra adivinó lo que estaba pensando.

—No, Jaime no era hijo suyo. Me quedé embarazada cuando trabajaba como camarera en un bar que ya no existe. El padre de Jaime era un extranjero que vino a Murcia por razones de trabajo. Le conocí en el bar y me di cuenta de que estaba esperando un hijo suyo cuando él ya había regresado a Dinamarca. No le escribí ni se lo dije. ¿Para qué? Él no hubiera vuelto, aunque lo hubiera sabido.

— ¿Danés?, ¿su padre era danés? Por eso era tan rubio de pequeño, — musitó Laura —. Yo pensé…

— ¿Qué tu abuelo era su padre?, no. Me fui a vivir con él tres años más tarde de su nacimiento y como es natural me llevé a mi hijo conmigo. Por esa razón tus padres no me hablaban. Me consideraban una mujer de vida alegre y me miraban por encima del hombro. Solo tú fuiste afectuosa conmigo.

Un lagrimón le rodó por las mejillas y volvió a extraer el pañuelo de su bolsillo mientras Laura se rebullía inquieta en la silla.

—Bueno, bueno, no se ponga así. Mis padres eran un poco antiguos. Hoy día conviven muchas parejas sin haberse casado y nadie lo critica. Ha tenido usted que pasarlo muy mal.

Ante el gesto de asentimiento de ella, continuó.

—Además, mi abuelo tenía muy mal carácter. No sé como usted le aguantó durante tantos años.

—Veinticinco, —precisó la otra.—Y sí, tenía un carácter difícil.

Vaciló nuevamente Laura. Deseaba preguntarle por el motivo por el que sus padres se habían peleado por teléfono con su progenitor. Recordaba la expresión de los dos cuando a continuación fueron a sentarse en el cuarto de estar, como si se hubiera hundido el mundo sobre sus cabezas. Su padre había pasado un brazo sobre los hombros de su madre y los dos habían permanecido así durante horas sin pronunciar palabra, mientras ella les espiaba desde detrás de la puerta de esa habitación.

—Doña Eulalia...

—¿Sí?

—¿Qué pasó?, ¿por qué no vinimos más a visitarle? Sé que mis padres se enfadaron con él tras una conversación que mantuvieron por teléfono.

La otra hizo un gesto de asentimiento.

—Sí, yo también estuve a punto de dejarle.

—¿Pero por qué?

Clavó en ella sus ojos apagados.

—Tu abuelo encontró otra.

—¿Otra mujer?

—Sí.

—¿Y por eso se enfadaron mis padres? ¿Qué más les daba a ellos...?

Doña Eulalia esbozó algo que podía considerarse como el remedo de una sonrisa irónica, pero que terminó convirtiéndose en un puchero.

—¿Quieres decir que qué más les daba a tus padres que tu abuelo me sustituyera por otra? —Esperó la respuesta de la muchacha que la miraba en silencio y cuando se convenció de que era inútil aguardarla, prosiguió—: No me sustituyó. Simplemente inició con otra una nueva relación.

—¿Con otra, además de con usted?

—Eso es. A mí me consideraba como su mujer, aunque no se hubiera casado conmigo, pero yo no era la única. Había muchas otras, aunque como es natural a tus padres les mantenía al margen de sus correrías. Pero con aquella chica fue distinto. Se llamaba Julia, Julia Rueda, y había tenido un hijo con ella tiempo atrás. Un niño que tenía dos o tres años más que Jaime. Hacía años que no la veía él, pero cuando se reencontraron reanudaron la relación que habían mantenido. Incluso se la llevó también ese verano a la casa de la playa.

— ¿Viviendo usted en esa casa?

—Sí.

Laura abrió desmesuradamente sus ojos oscuros.

— ¿Y no se enfadó usted?, ¿no le organizó una trifulca?

—Estuve a punto, pero no me atreví. No tenía a donde ir. Jaime tendría por entonces trece años ¿y qué podía hacer?, ¿vivir con mi hijo de la caridad? Fui cobarde y agaché la cabeza.

Se quedaron en silencio mientras Laura intentaba imaginar lo que hubiera hecho ella en ese caso. Encontró enseguida la respuesta. Hubiera trabajado de cualquier cosa, pero no hubiera consentido formar un trío con su pareja o con su marido y la otra.

— ¿Y qué pasó? ¿Mi abuelo llamó a mis padres por teléfono y les contó que ya había formado un harén en la casa de la playa?

Doña Eulalia meneó negativamente la cabeza.

—No, lo que le contó a tu padre fue que éste tenía un hermano y que le conocería cuando viniera a visitarle el próximo verano. Como es natural tu padre montó en cólera y no volvió ese verano ni ningún otro.

Laura pasó una mano por su frente como si pretendiera con ello ordenar sus ideas.

— ¿Y qué pasó después?

—Que, como era previsible, Julia no aguantó a tu abuelo más de un mes. Era actriz. Se pelearon y ella recogió sus trastos y a su hijo y se marchó con su Compañía.

—¿Y no volvió nunca más?
—No.
—¿Y usted siguió con mi abuelo como si no hubiera pasado nada?
—Eso es.

No se atrevió Laura a expresar lo que estaba pensando. Trató de imaginar la escena en la casa del acantilado, con el abuelo y las dos mujeres con sus hijos conviviendo al mismo tiempo, probablemente sin hablarse, y su abuelo entre las dos comportándose como si la situación fuese normal. Verdaderamente, además de insoportable, había sido un tipo raro.

Al levantar la mirada hacia el semblante de su interlocutora advirtió que ésta había adivinado lo que estaba pensando y se rebulló incómoda. Y lo peor era que aún no le había preguntado lo más difícil.

—Verá, he visitado hace un rato al abogado de mi abuelo y me ha dicho que creía que él era titular de al menos una cuenta corriente en un banco y que le preguntara a usted, porque él ignoraba cuál era la entidad bancaria donde tenía el depósito y el número de esa cuenta. ¿Sabe usted algo sobre ese asunto?

Mantuvo impasible su mirada sin que el más mínimo gesto distendiera sus facciones.

—No, no lo sé. Espero que me creas si te digo que yo no retiré del banco dinero alguno que le hubiera pertenecido a él. Sé que tenía una pensión de jubilación, una renta vitalicia, que como es natural se extinguió con su muerte, y unos valores mobiliarios, además de los inmuebles. Supongo que los justificantes de todos esos bienes se encontrarán en la caja fuerte. Está en su despacho, tras un retrato de él.

—Sí, ya lo sé, pero la caja está cerrada y no tengo la llave ni conozco la combinación.

Un inicio de sonrisa asomó ahora a sus ojos.

—¿No has abierto los cajones de la cómoda de tu cuarto? Te dejé la llave allí con una nota en la que reseñaba la combinación.

Se recriminó interiormente Laura por no haberse preocupado ni tan siquiera de inspeccionar convenientemente el mobiliario de su dormitorio. Aún tenía abierta la maleta sobre la cómoda con parte de su ropa dentro, pero terminaría de deshacerla en cuanto regresara y quizás encontrara dentro de la caja algún certificado bancario o, aún mejor, algunos billetes. Decidió que había llegado ya el momento de despedirse.

—Yo... le agradezco que me dejara la despensa bien provista a mi llegada, —empezó con precaución—. No sé cuánto tiempo me quedaré en la casa, pero me alegraría verla de nuevo y... tal vez quisiera usted acercarse por allí con Jaime. Podríamos merendar los tres.

Doña Eulalia la atajó levantando una mano.

—No, no quiero volver. Esa casa tiene para mí demasiados recuerdos, pero sí me gustaría verte si vienes otro día a Murcia. Te voy a dar mi número del teléfono para que me llames cuando quieras. Tengo un aparato fijo, no como esos que utilizáis ahora y que lleváis a todas partes en el bolsillo. Jaime ha querido regalarme uno, pero soy una persona antigua, apegada a lo de siempre y no me adapto a los nuevos tiempos.

Se había puesto en pie al tiempo que Laura y la acompañó hacia el vestíbulo, oscuro, antiguo y feo, como todo el piso. Ya en la puerta, ella se inclinó para besarla en las mejillas y luego bajó los peldaños de la escalera para salir a la calle. Empezaba a atardecer y en la Platería deambulaban sin prisa transeúntes ociosos, que aprovechaban las últimas horas de la tarde para pasear, disfrutando de la cálida temperatura de los últimos días del verano. Caminó ella sobre sus altísimos tacones, esquivando a las personas con las que se cruzaba, y desembocó en la Trapería, también peatonal y tan concurrida como la calle que acababa de abandonar. Al fondo divisó la cruz en el centro de la plaza del mismo nombre, rodeada de naranjos con la fruta colgando de los árboles y tras ella, imponente y grandiosa, se alzaba la catedral, integrando el estilo gótico original con añadidos renacentistas, barrocos y neoclásicos.

Se dirigió luego hacia el estacionamiento subterráneo donde había aparcado el coche y cuando salió al exterior, después de dar con él varias vueltas y revueltas por las adyacentes, cruzó el puente nuevo, sobre el río Segura, que en esa época del año se desperezaba lento y casi sin agua entre el cañaveral que invadía sus orillas. Poco después salía a la carretera. Empezaba a atardecer y el calor se iba retirando para dejar paso al húmedo frescor que precedía a la noche. La ciudad se iba empequeñeciendo a su espalda y pronto desapareció de su vista. Palmeras y cañaverales orillaban ahora la carretera que recorría, que poco a poco fueron confundiéndose con la oscuridad del crepúsculo.

Cuando ascendió la cuesta del acantilado era ya de noche. Al alcanzar la cima en la que se alzaba su casa, metió el coche en el garaje, luego subió los escalones del porche y abrió el portón con su llave. El silencio absoluto del vestíbulo la sobrecogió. No se oía ni el más leve rumor, ni tan siquiera el cadencioso sonido del mar al mecer las olas para retirarlas luego de la playa. Se volvió para cerrar la puerta con llave y, después de encender la luz, se dirigió a la cocina para salir al patio a buscar al perro. Le extrañó que no la recibiera con estentóreos ladridos como siempre.

— ¡Sócrates!, — le llamó—. ¿Dónde estás?

No obtuvo respuesta y, tras encender la luz, una triste bombilla que pendía de un aplique de la pared, avanzó despacio por miedo a tropezar con algún objeto desconocido o a perder el equilibrio con sus altísimos tacones sobre la gravilla que cubría el suelo.

— ¡Sócrates!, —repitió más alto—. ¡¡Sócrates!!, — gritó ya medio histérica.

No podía haberse escapado, porque el patio no tenía otra puerta que la de la cocina y ella la había dejado cerrada al marcharse esa tarde a Murcia. ¿Dónde estaba su perro?

Al fin lo descubrió, dormido junto al montón de leña con la que se encendía la chimenea en invierno. Tan dormido que no se despertó cuando ella le sacudió enérgicamente.

— ¡Sócrates, despierta, ¿Qué te sucede?

No suponía que pudiera sentir tanto cariño por un perro al que había conocido unos días antes, pero al verle con los ojos cerrados, derrengado e inerte sobre el suelo de guijarros estuvo a punto de romper a llorar. Notó que estaba caliente y volvió a sacudirle sin el menor resultado.

— ¡Sócrates!, ¿Qué te ha pasado? ¿Has comido en mi ausencia algo que no debías?

Sus propias palabras la sobresaltaron y buscó con los ojos lo que pudiera dar respuesta a lo que empezaba a sospechar en ese momento. Junto al perro distinguió un bote bajo y redondo de hojalata. Contenía arroz hervido, que ella no le había preparado, y algo más que olía raro. ¿Lo habrían envenenado? ¿Pero quién, si no había nadie más en la casa? ¿O sí?

Nerviosísima extrajo el móvil de su bolso y llamó a Jaime que contestó casi inmediatamente.

—Laura, ¿eres tú?

Reprimió ella un hipido para hacerse entender por él.

—Ven inmediatamente. Ven y trae lo necesario para un lavado de estómago. Creo… creo que han envenenado a Sócrates.

El acantilado de las gaviotas

CAPITULO VI

No tardó más de quince minutos en llegar Jaime a la casa y en llamar al timbre, pero a ella se le hicieron eternos. Por fortuna no tuvo que explicarle nada. Traía en la mano un maletín y se limitó a preguntarle:

— ¿Dónde está?
— En el patio. Lo he encontrado en el patio. Acabo de regresar de Murcia y lo he encontrado...

No la dejó terminar. La apartó de su camino y echó a correr hacia la cocina, seguido de ella que en ese momento se recriminó interiormente por la indumentaria que vestía y por la altura de sus tacones que le impedían moverse deprisa y con la imprescindible estabilidad. Cuando le alcanzó, ya estaba él inclinado sobre el perro y, en cuclillas, le había introducido una sonda por el hocico. Con la otra mano sostenía en alto, sobre su cabeza, un frasco de suero salino.

— ¿Cómo está? ¿Crees que se pondrá bien?
— No lo sé, —fue la escueta contestación de él.
— ¿No lo sabes? ¿Qué es lo que le han echado en ese bote que está en el suelo?

Aún en cuclillas y sin volver la cabeza, Jaime se encogió de hombros.

— Tampoco lo sé. Tendré que llevármelo para analizarlo.

— ¿Te puedo ayudar?, —se ofreció tímidamente ella temiendo que aceptara su propuesta.

— Sí, busca un cubo y tráemelo. Pero date prisa.

Sabía ella que al fondo del patio había un lavadero, construido seguramente en una época anterior a la existencia de las lavadoras, que ella lo había conocido ya en desuso. La bombilla que colgaba del aplique del muro exterior de la cocina no alcanzaba a iluminar ese cobertizo, por lo que caminó cautelosamente en esa dirección temiendo dar un mal paso sobre la gravilla que cubría el suelo de tierra y torcerse un tobillo. La luna comenzaba a ascender en un firmamento tachonado de estrellas y a su incierta claridad intentó localizar el objeto que él le había pedido entre el sinfín de aperos de labranza y objetos inidentificables que se apilaban alrededor y encima de lo que había sido una pila.

— Laura, ¿quieres traerme ese cubo de una vez?, —le gritó él sin levantar la cabeza —. ¿Qué estás haciendo?

Estaba buscándolo, pero no encontraba nada que se le asemejara. Al fin dio con algo parecido a una cubeta de albañilería y con ella en la mano volvió junto a Jaime. Él se la quitó impaciente y comenzó a extraerle el líquido del estómago y a echarlo en la cubeta, pero Laura fue incapaz de asistir expectante a la nauseabunda operación que practicaba él, para la que no parecía necesitarla. De espaldas a los dos y luchando por contener las lágrimas, le preguntó con un hilo de voz:

— ¿Te ayudo?

Jaime emitió un gruñido que no fue capaz de interpretar y ella se quedó en pie a su lado, reprimiendo las arcadas y con la mirada fija en un punto indeterminado de la oscura bóveda del cielo. Provenía del mar una brisa fresca y tiritó, asqueada y mareadísima, con su vestido sin mangas, frotándose sus brazos desnudos con las manos.

Cuando fue capaz de dominar las náuseas que le había producido la operación que Jaime estaba practicando y se giró hacia los dos, ya estaba él recogiendo sus instrumentos y guardándolos nuevamente en su maletín. Lo dejó en el suelo y luego se agachó para coger en brazos al enorme animal.

— Vamos a llevarlo a la sala de estar para observar como evoluciona. Aún tenía la mayor parte del contenido del bote sin digerir en el estómago, por lo que quizás hayamos llegado a tiempo. Dependerá, claro está, de la clase de sustancia que le hayan suministrado.

El perro debía de pesar muchísimo, por lo que se sintió obligada a ofrecerse de nuevo a ayudarle.

— ¿Quieres que lo transportemos entre los dos?

Él le indicó con un ademán que se apartara de su camino.

— No, no, puedo con él. Lo que tienes que hacer es vaciar la cubeta en el inodoro que está junto a la cocina y enjuagarla después.

Olía que apestaba y se tambaleó ella ante la sola idea de acercarse a aquel artefacto tan pestífero. Se agachó al fin para cogerla con una mano y se tapó la nariz con la otra. Manteniéndola lo más alejada posible de su cuerpo le siguió a él dentro de la cocina y luego continuó camino hacia el aseo donde la vació en el retrete. La enjuagó después en la pila de la cocina y a continuación se apoyó en la pared, incapaz de sostenerse. ¿Cómo podría Jaime realizar una operación tan repugnante sin alterarse lo más mínimo?, se preguntó.

Inspiró aire varias veces y, en cuanto fue capaz de mantenerse erguida sobre sus tacones sin dar más arcadas, se dirigió a la sala de estar. Jaime acababa de depositar al perro en el suelo, delante de la apagada chimenea, y ella se inclinó para acariciarle la cabeza. Mantenía los ojos cerrados, pero aún estaba caliente.

— ¿Quién ha podido ser?, —se preguntó a sí misma en voz alta reprimiendo un sollozo—. Lo he dejado en el patio cuando me he marchado esta tarde a Murcia a eso de las cuatro y estoy segura de que he cerrado esa puerta con llave, lo mismo que el portón de entrada.

Jaime se había sentado junto a Sócrates en una sillita baja, la que años atrás utilizaba doña Eulalia para coser, y levantó la vista hacia ella, que se había dejado caer en una butaca, pálida como una muerta.

—Quien haya sido, ha debido saltar la tapia del patio. Medirá unos dos metros de altura, así que no es muy difícil.

—¿Han saltado la tapia para envenenar a un perro?, —objetó Laura, secándose un lagrimón con el pañuelo—. No tiene ningún sentido. No tenemos vecinos a los que puedan molestar sus ladridos y aparentemente no han entrado a robar, al menos no en esta planta. Pero tampoco hay nada en los dormitorios que pueda interesar a un ladrón. Aunque…

Una sospecha la asaltó de pronto, por lo que se levantó de un salto para salir de la habitación y atravesando el salón y el comedor, se dirigió al despacho del abuelo con toda la celeridad que le permitían sus tacones. Al abrir la puerta encendió la luz y desde el umbral fijó la mirada en el cuadro que pendía sobre la chimenea. Se le acercó para desplazarlo sobre sus goznes y dejar al descubierto la caja fuerte. Seguía cerrada y aparentemente incólume, pero ahora sabía donde estaba la llave y el número de la combinación, por lo que decidió subir a su dormitorio a buscarlos. Aprovecharía también para cambiarse de calzado y ponerse una chaqueta.

Salió al pasillo y se dirigió hacia el vestíbulo encendiendo luces a su paso. Unos apliques en la pared, rodeados de fotografías enmarcadas, iluminaban la escalera con una luz tenue y subió apresuradamente los peldaños, desembocando en la galería de la planta superior. El silencio era casi total, roto tan solo por el lejano sonido del mar rompiendo suavemente contra la costa. Venía envuelto ese sonido en la ráfaga de viento que provenía de su dormitorio y que olía a mar. Sin duda se habría dejado abierto el balcón de su cuarto al marcharse esa tarde a Murcia. Entonces hacía calor, pero ahora, al ponerse el sol, había bajado mucho la temperatura, acorde ésta a esas horas con la estación del año en la que se encontraban, aunque el otoño no parecía ser en Murcia como en Madrid. En la costa levantina donde se hallaba, era como una prolongación del verano, aunque con un calor menos sofocante.

Cerró el balcón en cuanto entró en su dormitorio, tras encender la luz de la lámpara del techo y buscó en el primer cajón de la cómoda, frente a la cama. Allí estaba. Una llavecita pequeña y un papel doblado con la combinación de la caja. Su traje estampado no tenía bolsillos y no le permitía la libertad de movimientos que necesitaba, por lo que se lo quitó, lo mismo que los zapatos, y en su lugar se vistió con unos pantalones vaqueros y una camiseta blanca sobre la que se puso una chaqueta de punto. En cuanto se calzó unas sandalias sin tacón, salió apresuradamente del cuarto con la llave y el papel en la mano y descendió la escalera dejando a su paso todas las luces encendidas para disipar las sombras oscuras que parecían danzar a sus anchas por el caserón.

Ya en el despacho, volvió a desplazar de la pared el cuadro con el retrato de su abuelo, metió la llave en la cerradura de la caja y con el papel en la mano hizo girar convenientemente la rueda de la combinación. Tiró luego de la puertecilla y la abrió de par en par. Al atisbar su interior, esbozó decepcionada una mueca. Dentro no había nada. Ni dinero ni papeles, nada.

Volvió a colocar el cuadro en su lugar y observó la imagen retratada en él. La miraba con aquella expresión adusta y desdeñosa, tan suya. Como la había mirado siempre.

¿Habría sido él quien envenenara a Sócrates?, se preguntó. Sabía que no había querido nunca al perro y que si había transigido en que permaneciera en su casa había sido por darle gusto a doña Eulalia en los tiempos en los que la relación entre los dos había sido satisfactoria. Pero, según decían todos, el abuelo había muerto, por lo que no era posible que hubiera regresado del más allá para envenenar al pobre animal.

Fue entonces cuando vio algo que la dejó perpleja. En la repisa que cubría la chimenea distinguió un cenicero que ya se encontraba en ese lugar cuando llegó a la casa tres días antes, pero que ahora contenía una colilla, aplastada sobre un montoncito de ceniza. Ella no fumaba y el único que la había visitado desde que llegara a la playa había sido Jaime. ¿Sería suya esa colilla?

Regresó apresuradamente al cuarto de estar. Sócrates continuaba inmóvil en el mismo sitio donde le había dejado Jaime minutos antes y éste seguía sentado a su lado. Levantó la cabeza hacia ella cuando la oyó entrar y enarcó las cejas al ver su expresión.

— ¿Qué pasa? ¿Has encontrado algo?

— Sí, la caja fuerte está vacía. He estado esta tarde en Murcia y he visitado a tu madre. Me ha dicho ella donde estaba la llave y la combinación y acabo de abrirla. No hay nada dentro, ni dinero ni papeles, ni nada. Quería preguntarte además si fumas.

Desconcertado, enarcó las cejas.

— Sí, de vez en cuando, ¿por qué lo preguntas?

— Porque he encontrado una colilla en el despacho. ¿Puede ser tuya?

El parpadeó perplejo.

— ¿Mía? no lo creo. No recuerdo haber fumado aquí, el domingo, cuando te traje a Sócrates, aunque es posible. ¿De qué marca es el cigarrillo? Yo fumo tabaco rubio, americano.

Ella hizo un gesto de ignorancia.

— No lo sé. Ven a comprobarlo.

Con una última mirada a Sócrates, la siguió Jaime al despacho y una vez allí examinó atentamente la colilla del cenicero, olisqueándola después.

— Es un cigarrillo turco, —dictaminó con seguridad sin detenerse a meditarlo—. Huelen de una forma especial.

— ¿Turco?, ¿y conoces a alguien que fume esa clase de cigarrillos?

— No, no conozco a nadie. Recuerdo que los fumaba tu abuelo que los encargaba en el estanco del pueblo e iba apestando la casa con el humo y llenando de colillas los ceniceros, con gran desesperación de mi madre.

Laura abrió desmesuradamente los ojos.

— ¿Mi abuelo?, ¿los fumaba mi abuelo?

Jaime observó extrañado su expresión. Parecía como alucinada.

— Sí, los fumaba él, pero no creo que quedara ninguna colilla en los ceniceros cuando mi madre se marchó de esta casa. Sabes que era una maniática de la limpieza.

Laura no lo recordaba, pero hizo un gesto de asentimiento.

— Sí, yo no soy una maniática, pero me molestan también mucho las colillas, por lo que también habría limpiado este cenicero de haber encontrado dentro los restos de un cigarrillo. Tiene que pertenecer a la persona que ha entrado esta tarde en la casa y que ha envenenado a Sócrates.

Recordó de pronto la cajetilla de tabaco que había visto en el cajón de la mesa de despacho de su abuelo la tarde de su llegada y se dirigió al butacón para sentarse en él y abrir el cajón seguidamente. La cajetilla continuaba estando en su lugar, pero en lugar de tres cigarrillos contenía ahora solamente dos.

— ¿Lo ves?, —le preguntó triunfalmente a él, mostrándosela—. Falta un cigarrillo, el que se han fumado esta tarde, cuya colilla está en el cenicero.

El semblante de él expresó la incredulidad más absoluta.

— No digas tonterías. ¿Piensas que ha venido alguien esta tarde deliberadamente a envenenar al perro y que luego se ha sentado en este despacho a fumarse un cigarrillo? Es la cosa más absurda que he oído en mi vida. Habrá sido algún imbécil del pueblo que disfruta haciendo daño a los animales. Aunque parezca mentira, hay mucha gente que es así. Habrá saltado la tapia del patio, pero no ha podido entrar dentro de la casa, porque según has dicho antes has dejado esa puerta cerrada con llave y no está forzada, así que es imposible que se haya sentado en este despacho a fumar.

Ella meneó enérgicamente la cabeza, manifestando así su oposición a lo que Jaime acababa de opinar.

—Ya sé que es absurdo, pero ha tenido que ocurrir como te he dicho y las pruebas son el bote de hojalata que hemos encontrado en el patio y esa colilla. Ninguna de las dos cosas ha venido volando por el aire.

—El bote puede haberlo traído la persona que ha saltado la tapia.

—El bote sí, pero la colilla, no.

— No, en eso tienes razón.

Se quedó mirando él pensativamente el cenicero y luego recorrió con la mirada la habitación. Parecía estar en orden, pero ahora que se fijaba mejor percibió un ligero olor a tabaco flotando en el ambiente. Alguien había estado fumando en ese despacho no mucho antes.

— Me has dicho que tú no fumas, ¿verdad?, le preguntó con el ceño fruncido.

— No, no fumo.

— Y no has tocado antes la colilla.

— No, ¿por qué?

— Voy a llevársela a un amigo para que analice su ADN. Este pueblo es relativamente pequeño y quizás podamos averiguar así quien ha sido el responsable de lo que le ha sucedido a Sócrates. Ve junto a él a ver como sigue, que no tardaré.

Regresó Laura a la sala de estar y se sentó junto al perro en la sillita baja que había dejado libre él. Con una mano le acarició cariñosamente la cabeza para pasarla continuación por su lustroso lomo y en ese momento notó como el animal movía ligeramente una pata. De la alegría estuvo a punto de echarse a llorar.

— ¡Jaime!, — le llamó a gritos.

Sobresaltado, reapareció él en la puerta de la sala de estar un instante después con el maletín en una mano y el bote de hojalata en la otra. Sin duda había venido corriendo desde el patio, porque jadeaba ostensiblemente.

— ¿Qué… qué es lo que sucede?

Laura se lo señaló.

— Sócrates, se ha movido.

Dejó Jaime el bote en el suelo y echó a correr hacia el perro con su maletín, pero el animal no se dejó reconocer, como sin duda pretendía. Acababa de abrir los ojos con aire soñoliento y levantó segundos después la cabeza bostezando ruidosamente. Laura intentó abrazarlo, pero él se lo impidió.

— Deja al pobre animal ahora, que lo vas a ahogar. ¿No ves que aún está convaleciente? —. Con un gesto le indicó que se sentara nuevamente en la sillita baja—. Estate ahí un momento quietecita que voy a por la colilla. Tengo que guardarla en una bolsita de plástico que llevo en el maletín y mañana a primera hora se la llevaré a ese amigo mío, que trabaja en el hospital de la Arrixaca. ¿Me has entendido?

Sí le había entendido, pero Sócrates no estaba dispuesto a comportarse durante mucho tiempo como un paciente recién recuperado. Trabajosamente se levantaba ya sobre sus cuartos traseros meneando la cola, como si estuviera celebrando su regreso a la vida. Laura decidió que ya no estaba tan enfermo como Jaime decía y le acarició la cabeza.

— ¿Quién ha sido?, di, —le preguntó como si el perro pudiera entenderla—. ¿Quién ha entrado esta tarde en esta casa y ha intentando envenenarte? Es una lástima que no sepas hablar.

Ya regresaba Jaime, que se detuvo en el umbral de la puerta contemplando el cuadro que formaban Laura, sentada en la silla baja, de charla con Sócrates, que también se había sentado a su lado moviendo el rabo. Sin moverse del quicio consultó su reloj de pulsera.

—Bueno, debería marcharme ya. Es tarde y el perro, afortunadamente, se está recuperando. — Vaciló mientras realizaba un recorrido visual por la habitación y luego se giraba para mirar a su espalda. Acabó por fijar sus preocupados ojos en el semblante de ella —. ¿Estaréis bien aquí los dos solos esta noche?

Laura tardó en responder. También ella paseó su mirada por la estancia y por el pasillo que veía a través de la puerta abierta de la sala de estar. A lo lejos se oía el mar, pero era el único sonido que podía percibirse. Imaginó lo que se avecinaba, una noche sola en el caserón, con la única compañía del mastín, que apenas si se sostenía sobre sus patas y que no podría perseguir al intruso que decidiera deambular por el cuarto de su abuelo para… ¿para qué?

— Pues…— Se interrumpió sin saber cómo continuar.
— ¿Sí?
— No, no creo que vayamos a estar bien. Yo quería… quería pedirte un favor.
— ¿Qué favor?
— Quería que… si no te importa… si no te supone un trastorno, quería pedirte que te quedaras a dormir esta noche. Tengo miedo del hombre que se ha fumado el cigarrillo y ha dejado la colilla en el cenicero. No sé cómo ha entrado en la casa, pero podría volver y no creo que pueda contar yo con Sócrates. El pobre bastante tiene con sostenerse sobre sus patas.

Jaime se la quedó mirando sin decir palabra, pero no tardó en reaccionar.

— De acuerdo, no me supone ningún trastorno, aunque mañana tendré que levantarme temprano para acercarme a mi casa a afeitarme antes de ir a la consulta. Porque supongo que no habrá en esta casa una maquinilla, ¿verdad?

Esbozó ella un gesto de ignorancia, pero luego objetó:

— Pero mañana es sábado. ¿Trabajas también los días de fiesta?

—Sí, en el pueblo abre casi todo y soy el único veterinario—Luego añadió—: Si te parece bien, dormiré en el cuarto de tu abuelo. Así seré un espectador de primera fila de esos destellos de luz nocturnos de los que me has hablado y de la dispersión por el suelo del contenido de los cajones de la cómoda, del que también me has hablado.

Era indudable que no creía que se hubieran producido los sucesos de las noches anteriores que ella le había referido, pero sí parecía inquieto por lo que había ocurrido esa tarde en ausencia de Laura, porque era evidente que alguien había entrado en el patio de la casa esa tarde y había envenenado a Sócrates.

— ¿No prefieres tu antiguo dormitorio?, — le sugirió ella, que sentía en ese momento un alivio inmenso al saber que no se quedaría sola esa noche en el caserón.

— No. No guardo buenos recuerdos de aquellos tiempos, ya lo sabes. Si te da igual, prefiero el dormitorio de tu abuelo con sus misterios nocturnos. Y ahora, si te parece, deberíamos pensar en cenar.

El acantilado de las gaviotas

CAPÍTULO VII

Esa noche durmió Laura de un tirón. Con Sócrates junto a la cama, tumbado sobre la alfombrilla de noche, no oyó ruidos sospechosos en el pasillo ni ningún sonido extraño que pudiera inquietarla. Tan solo el rumor acompasado del mar y los graznidos de las gaviotas, cuando ya de día se despertó al oír unos golpes en la puerta de su cuarto.

— Laura, soy yo, — oyó decir a Jaime. — ¿Puedes abrirme?

Restregándose los ojos, saltó del lecho para descorrer el pestillo y abrir la puerta. Él estaba ya completamente vestido, aunque con el rubio cabello algo revuelto resbalándole sobre la frente.

—Me marcho a mi casa a afeitarme y he pensado que debo llevarme a Sócrates a la clínica, si piensas bajar al pueblo a hacer la compra o a dar una vuelta, porque no creo que debamos correr el riesgo de que se quede solo en el patio otra vez. ¿Estás de acuerdo?

Le costó entender lo que le estaba diciendo. Sentía la cabeza embotada y recordaba solo vagamente los sucesos de la tarde anterior. Tras retroceder de espaldas el corto trecho que mediaba entre la puerta y la cama, se dejó caer a los pies de ésta tratando de ordenar sus ideas. Mientras se ponía la bata sobre el camisón, como a retazos fue extrayendo de la niebla que poblaba su mente su llegada a la casa la tarde anterior y cómo había encontrado a Sócrates en el patio medio moribundo. Volvió a restregarse los ojos y levantó la cabeza hacia él que seguía inmóvil en el umbral de la puerta.

— ¿Te marchas ya?, ¿qué hora es?

— Las ocho y tengo que abrir la clínica a las nueve. ¿Has entendido lo que te he preguntado?

Ella hizo un gesto afirmativo.

— Sí, y me parece bien, pero no quiero que te quedes con él. Es mi perro.

Apoyado en el quicio de la puerta, sonrió él con sorna al oírla, quizás recordando la resistencia que había opuesto Laura días atrás a hacerse cargo del animal, alegando que no era su dueña.

— Te lo traeré cuando cierre la consulta al mediodía ¿O prefieres que lo haga al anochecer?

En ese momento no podía saber ella qué prefería, porque no había trazado aún el programa de sus actividades. Con un gesto de su mano le indicó que se marchara.

— Vete con Sócrates, que te llamaré al móvil en cuanto averigüe lo que voy a hacer esta tarde.

Jaime asintió con la cabeza y despertó al perro tirando de él por el collar. Poco después oyó Laura como los dos bajaban la escalera y luego el ruido del portón al cerrarse tras ellos. Aún adormilada, se dirigió al cuarto de baño, dos puertas más allá de la de su dormitorio, para lavarse y en cuanto desayunó en la cocina volvió a subir. Se sentó a los pies de su cama, calculando mentalmente el dinero de que disponía para acercarse al pueblo con la intención de hacer una compra masiva. Ya vestida con un pantalón vaquero y una camiseta blanca, se contempló en el espejo que pendía sobre la cómoda y sonrió a la imagen que vio reflejada. Era una lástima que su abuelo no viviera ya y no pudiera apreciar el cambio que se había operado en aquella altísima chiquilla de gesto adusto, a la que tanto él como sus padres habían calificado de fea, sin preocuparse demasiado de que ella pudiera oírles. Pero no, se dijo. Con su abuelo no le unía ningún lazo afectivo, por lo que le tenía sin cuidado lo que hubiera podido opinar en el presente.

Después de calzarse unas sandalias blancas con tres centímetros de tacón, hizo la cama y después salió al pasillo dispuesta a acercarse al dormitorio que había sido el del abuelo para comprobar en qué estado lo había dejado Jaime. Supuso que el desorden más absoluto reinaría en el cuarto. Que habría dejado las sábanas revueltas y la colcha colgando de cualquier forma a los pies del lecho, pero, sin saber por qué, se detuvo a medio camino, junto a la puerta del dormitorio contiguo al suyo. Había sido el de Jaime cuando ambos eran niños y apenas si le había dirigido una distraída mirada desde la puerta la tarde siguiente a la de su llegada.

Desde el pasillo, alargó la mano y a tientas encendió la luz de la lámpara del techo. Luego cruzó la estancia para abrir los postigos del balcón y seguidamente las puertas de cristales. Como el de ella, se alzaba sobre la playa de las gaviotas, y una de estas aves le pasó rozando, cuando se acodó durante un segundo en la balaustrada. Inquieta por la cercanía del ave, retrocedió dentro de la habitación y en cuanto cerró las puertas de cristales, dirigió una mirada en torno. La cama, con su colcha azul, cuyos volantes rozaban el pavimento, seguía cubriendo el lecho, tal y como la recordaba, con el cabecero de madera blanca adosado contra la pared. A saltar alocadamente sobre el colchón habían jugado Jaime y ella una tarde de lluvia muchos años atrás, recibiendo después una regañina de la cocinera.

También seguía en el mismo lugar la cómoda de madera blanca, a juego con la cama, que ocupaba la pared contraria a la de la ésta, el armario empotrado que contenía la ropa de él cuando era niño y la inevitable palangana en su soporte de madera blanca con el jarro metálico a sus pies.

Todo permanecía idéntico, salvo la fotografía con un marco plateado que se encontraba ahora sobre la mesilla. Laura se acercó a mirarla y la tomó en sus manos para estudiarla mejor. Una mujer de unos treinta y tantos años aparecía retratada en ella con un chiquillo al que abrazaba, pasándole un brazo sobre los hombros. La fotografía había sido tomada en la terraza de la casa, delante de un macizo de geranios, y al fondo se veía el mar. Se fijó ahora en el rostro de la mujer. Era joven y guapa, con unos grandes ojos negros y una melena rizada del mismo color. Recordaba ligeramente a Carmen, su compañera del colegio.

El chiquillo, cercano a la adolescencia, también era moreno, con el cabello negro y ensortijado como el de un gitano y tenía un gran parecido con la que sin duda era su madre. ¿Qué haría esa fotografía en el dormitorio de Jaime? Se lo preguntaría cuando éste le devolviese a Sócrates, horas más tarde.

Consultó nuevamente su reloj y pensó dejar la inspección del dormitorio del abuelo para más tarde. Si posponía su bajada al pueblo, probablemente haría un calor horroroso. Lo arreglaría cuando regresara de hacer la compra, decidió. Salió nuevamente al pasillo y apresuradamente descendió los peldaños de la escalera para cerrar luego desde el exterior el portón de entrada con llave.

— ¡Hola!, —oyó decir a una voz masculina.

Con un respingo se giró en el porche hacia su derecha. Subido a su bicicleta y apoyado en el muro de la casa estaba Jacobo. Parecía haberse arreglado especialmente para la ocasión, pues además de vestir unos pantalones vaqueros impecables y una camisa de cuadros nueva, se había peinado hacia atrás los negros rizos dejando su frente despejada.

— ¡Hola!, —repuso Laura sin detenerse—. ¿Me trae algo? No tengo ninguna carta para usted.

La contempló admirativamente con el descaro que le caracterizaba, mientras ella pasaba por delante de él para dirigirse al edificio adyacente y abrir la puerta del garaje.

— No, yo tampoco le traigo ninguna. ¿Es que no le escribe nadie?

Como si no le hubiera oído, introdujo ella la llave en la cerradura y abrió luego las dos grandes puertas de madera, resecas por la ausencia de barniz y la erosión producida por el aire salino. Olía a estiércol, como siempre, como si ese olor se negara a abandonar la cochera que había sido.

—He venido a saludarla, —continuó Jacobo cuando se convenció de que ella no le iba a responder.

—Pues muchas gracias. Ya he contestado a su saludo y voy a recomendarle ahora que no pierda el tiempo en venir a esta casa. En lugar de escribir a mis amigos cartas tradicionales, me comunico con ellos por correo electrónico, de manera que no es fácil que necesite sus servicios.

Jacobo la contempló con la cabeza ladeada y a ella le recordó a alguien en ese momento. ¿No se parecía al chiquillo de la fotografía enmarcada que se encontraba en la mesilla del dormitorio que había sido el de Jaime? Le observó con más interés y él pareció esponjarse ante la nueva atención que le dispensaba ella.

—Me recuerda usted a alguien, —empezó cautelosamente Laura—. ¿Participaba de alguna manera en las reuniones que se celebraban en esta casa mientras vivió mi abuelo? Lo que quiero decir es si mantenía amistad con alguna de las personas que vivían aquí.

El hombre se echó a reír con cinismo.

—¿Yo?, no, claro que no. Su abuelo era un tipo muy estirado. Como le dije el otro día, solo soy el cartero. ¿Nunca le habló de mí?

Laura meneó negativamente la cabeza y entró en el garaje subiendo a su coche a continuación. Arrancó luego el motor y en cuanto salió al exterior bajó el cristal de la ventanilla para decirle adiós con la mano. Por el espejo retrovisor vio como se apartaba él con su bicicleta de la fachada de la casa y pedaleaba siguiéndola cuesta abajo. Le perdió de vista casi enseguida y cuando regresó una hora más tarde, en la cima del promontorio no encontró a nadie.

En cuanto llevó la compra a la cocina, se dirigió hacia el vestíbulo para subir a su dormitorio, pero en ese momento sonó el timbre de su móvil y al llevarse el aparato al oído reconoció la voz de Roberto.

— Laura, ¿eres tú? ¿Te llamo en mal momento?

La voz de él denotaba que iba a comunicarlo algo muy satisfactorio, porque sonaba como si acabara de obtener un triunfo que le enorgullecía.

— Sí, dime.

— He averiguado que tu abuelo tenía una cuenta corriente en un Banco de ese pueblo en el que vives y que la cantidad depositada en esa cuenta era muy considerable. Puedo acercarme el martes para que vayamos los dos a hablar con el director. ¿A qué hora te vendría bien?

Con el aparato junto al oído, se encaminó ella hacia la sala de estar y se dejó caer en su butaca favorita, la más alejada del sillón de su abuelo.

— Pues... — vaciló ahora. Hasta la una no finalizaba su última clase y probablemente le haría perder a él toda la mañana si por su causa se veía obligado a desplazarse a la costa para ayudarla a resolver esa cuestión. Pero acababa de decirle que en esa cuenta tenía su abuelo mucho dinero y no podía desaprovechar la oportunidad de recuperarlo—. Pues... podría salir del colegio a la una, —añadió tras reflexionar durante una décima de segundo —. Termino la última clase un cuarto de hora antes, pero entre unas cosas y otras no consigo salir del colegio hasta esa hora. Pero no quiero incordiarte, — se preocupó.

—No me incordias, —le oyó decir a él—. Tu abuelo me nombró albacea de su herencia en su testamento y es mi obligación conseguir que se cumplan sus últimas voluntades. ¿Dónde quieres que quedemos el martes?

— En el Banco. ¿Qué Banco es?

Le dijo él su nombre y dirección y quedaron en la puerta del mismo el martes siguiente a la una y cinco. Después Laura se lo agradeció efusivamente y en cuanto cortó la comunicación apoyó la cabeza en el respaldo de la butaca dándole vueltas en la cabeza a las palabras de Roberto sin querer creer en su buena suerte. Una vez que averiguaran el número de la cuenta corriente de su abuelo, Roberto se ocuparía de demostrarle al director que el dinero le pertenecía a ella por ser la heredera de su titular y, en cuanto lo retirara, podría marcharse de allí. Le encomendaría a Jaime que se ocupase de la venta de los inmuebles que había heredado y cuando recibiera su importe tendría la oportunidad de reorganizar su vida en Madrid y abandonar un tétrico caserón donde sucedían cosas inexplicables.

Algo que no llegó a concretar empañó el optimismo de sus reflexiones. Echaría de menos a Sócrates. Era un mastín enorme y no se adaptaría a la vida en un piso. Tendría que regalárselo a Jaime y también le perdería de vista a él, al mejor amigo de su infancia. Al llegar a ese punto sintió algo indefinible, entremezclado con una vaga sensación de añoranza, como si hubiera perdido algo difuso, algo que se desvanecía como el humo cuando intentaba darle forma. Por su mente atravesaron velozmente imágenes que creía olvidadas. El húmedo olor a verano de la casa y las acompasadas pisadas del abuelo camino del despacho cuando Jaime y ella se escondieron aquella noche tras las cortinas que enmarcaban el balcón para que no pudiera verles cuando entrara en la habitación. Las cartas de él plagadas de faltas de ortografía y con los renglones torcidos rezumando soledad. La playa de las gaviotas al atardecer, pero sobre todo la tarde en la que sus padres regresaron de su viaje y pasaron a recogerla y cómo se despidió de ella aquel chiquillo sucio, que era Jaime, sin imaginar que tardaría ella quince años en volver.

Meneó enérgicamente su larga y oscura melena para alejar esos pensamientos. No eran más que recuerdos de su niñez, de una etapa de su vida ya superada, se dijo. Los olvidaría de nuevo y los sustituiría por hechos tangibles y por nuevas relaciones.

Se lo refirió a Jaime cuando éste regresó por la noche con Sócrates. Mientras cenaban en la terraza, le comentó la conversación que había mantenido con el abogado y la cita que había concertado con él para el martes siguiente. Le aclaró que la intención de ambos era pedirle información al director del Banco en el que su abuelo era titular de una cuenta corriente y donde tenía depositados sus valores mobiliarios y luego le preguntó:

— ¿Tienes idea de cuanto dinero podía haber en esa cuenta?

Jaime parecía abstraído y tuvo ella que repetirle la pregunta. Parpadeó varias veces antes de clavar en ella sus clarísimos ojos azules.

— ¿Que si lo sé?, claro que no. Ya te he comentado que me marché de esta casa hace diez años, en cuanto cumplí los dieciocho.

—Pero venías a bañarte a nuestra playa y luego te duchabas en la tina del abuelo, —le recordó Laura con sorna.

—Hasta el verano pasado, —replicó él con la mirada perdida en la oscuridad del mar que se extendía ante su vista—. Cuando él se trasladó a esta casa en el mes de junio, empecé a bañarme yo en la playa de las Caracolas y me duchaba en mi casa. No le volví a ver en los últimos diez años, lo que a decir verdad, no lamento en absoluto. —Clavó la mirada en ella para añadir—: Como es natural, no me preocupé por averiguar como andaban sus finanzas.

— ¿Y no le preguntaba por ti a tu madre?

— ¿Tu abuelo?, —se echó a reír sin ganas—. No, claro que no. El día en que cumplí dieciocho años fui a despedirme de él. Al fin era mayor de edad y podía perderle de vista. No sé si recordarás que nací en septiembre. Estaba sentado en la mesa de su despacho y sabía yo por el chofer que esa tarde iba a acercarse a Murcia para acudir a la consulta del dentista. Entré con mi maleta a cuestas y le dije que me marchaba a vivir a Murcia y que iba a tomar el autobús frente a la playa de las Caracolas.

Laura se inclinó hacia él.

— ¿Y qué? ¿Te ofreció su coche y el chofer para llevarte a tu nuevo destino o para acercarte hasta esa playa?

Impasible, Jaime se la quedó mirando con una expresión indefinible.

— ¿Me estás preguntando lo que me contestó tu abuelo?, —le preguntó sarcásticamente, para luego añadir—:

Se limitó a levantar durante una décima de segundo la vista de unos papeles que tenía sobre la mesa y a decirme adiós. Pero solo pronunció esa palabra: "adiós".

Disimuló Laura la conmiseración hacia Jaime que le inspiraba el comportamiento de su abuelo, sabiendo que a aquél le molestaba que le compadecieran.

—Entonces... ¿Tuviste que ir andando hasta esa playa con la maleta a cuestas?

Él volvió a reír, sin asomo de rencor. Parecía recordarlo como un acontecimiento divertido.

—Sí, pero realmente la maleta pesaba poco, porque apenas si tenía nada dentro.

— ¿Y tu madre no protestó?, —se extrañó Laura preguntándose cómo era posible que doña Eulalia se hubiese preocupado tan poco por su hijo y no hubiese sido capaz de enfrentarse al tirano que había sido su abuelo.

Él desvió nuevamente los ojos hacia la lejanía. La luna ascendía ya en el firmamento trazando un surco que resplandecía en el agua y lo miraba sin que su semblante trasluciera ninguna emoción.

— Pues... pues no lo sé. Ella me acompañó hasta la puerta y lloró bastante.

Se quedaron los dos callados mirando al mar que se agitaba suavemente hacia la base rocosa que sustentaba la terraza. Soplaba una brisa fresca y Laura se preguntó cómo habría podido pensar que por marcharse a vivir a Madrid llegaría a olvidar su infancia y lo que había significado Jaime para ella, aunque solo hubieran compartido entonces unos días en verano. Quizás porque lo que les había unido residía en su mutua soledad, en la sensación de que ninguno de los dos les importaba a nadie más.

De improviso se levantó él. Con las manos en los bolsillos y sin mirarla, murmuró:

—Es muy tarde ya, por lo que será mejor que me vaya a la cama. Mañana tengo que abrir la clínica a las nueve Soy el único veterinario del pueblo, así que no puedo permitirme el lujo de cerrarla en sábado., ya te lo he dicho antes.

Decepcionada, Laura se levantó también. Había pensado que por ser fiesta pasarían el día juntos y se bañarían en la caleta, como a su llegada. O que se acercarían a algún lugar bullicioso de la costa, como Cabo de Palos o la Manga.

— ¿Y pasado mañana?, — le preguntó disimulando su fastidio.

—El domingo he quedado con un amigo que tiene un rebaño de ovejas y quiere que le dé mi opinión sobre su estado de salud, así que pasaré el día con él.

— ¿El domingo también?, ¿por qué trabajas en domingo?

—Precisamente hemos quedado porque es fiesta, — repuso él con el semblante sin expresión—. Entre semana no puedo dejar la consulta. Volveré a la hora de cenar.

El día siguiente se le hizo a ella interminable. Se bañó con Sócrates en la playa de las Gaviotas, paseó con él por la cima del acantilado, vio todos los programas de la televisión, que en su mayoría le parecieron soporíferos, y bostezó hasta la saciedad, oteando por la ventana de la cocina el regreso de Jaime. Él no apareció a tiempo para la cena y tuvo que contentarse con hacerlo sola en la terraza, con la única compañía del perro, donde le estuvieron aguardando un par de horas más. Luego subieron los dos al dormitorio de ella, sintiendo por la escalera el crujido de los peldaños bajo sus pies. Se encerró por dentro con pestillo y se tapó la cabeza con las sábanas hasta que se durmió.

CAPÍTULO VIII

La primera clase del lunes transcurrió sin incidentes. Los chicos enmudecieron cuando la vieron entrar en el aula con su flotante melena y una indumentaria que la favorecía y que era acorde con su aire juvenil y se oyó algún silbido suelto, que ella fingió no oír, aunque supuso no sin fundamento que su autor era Ismael Rodríguez que se la había quedado mirando descaradamente desde su pupitre.

Al levantarse esa mañana había decidido que deseaba estar presentable y había descolgado del armario un pantalón blanco y una blusa entallada de color rojo. El rojo le sentaba bien, ya que le proporcionaba a sus morenas mejillas algo de color. Luego se pintó ligeramente, se calzó con unas sandalias blancas y en cuanto desayunó y comprobó que Jaime se había llevado a Sócrates ya, salió corriendo de la casa.

Había decidido cuando se dirigía hacia el colegio no cansarse inútilmente disertando sobre las hazañas de Viriato. En su lugar, les fue sacando a la pizarra uno tras otro para preguntarles por las explicaciones que les había dado sobre ese personaje durante la clase anterior. Empezó por Juanita González y continuó con el angelote, pero no se atrevió a llamar a Ismael que permanecía callado y con expresión adusta. Afortunadamente no se oyeron más silbidos. Sudorosos, la mayoría de los chicos que aún permanecían sentados en sus pupitres pasaban apresuradamente las páginas del libro, intentando documentarse sobre las hazañas del pastor lusitano para cuando les llegase el turno de perorar sobre ese personaje. La hora de clase transcurrió en un soplo, al menos para ella, y cuando sonó el timbre que indicaba que había finalizado, salieron todos corriendo en desbandada, temiendo quizás que prolongara ella la hora de suplicio que habían padecido. Pero al menos ni cuchichearon ni se rieron ni mucho menos se durmieron, se dijo satisfecha. Y tal vez hubiera conseguido, con el mal rato que les había hecho sufrir, que se les quedaran grabadas en la mente las gloriosas gestas de Viriato.

También el corto lapso de tiempo que mediaba entre clase y clase transcurrió agradablemente. En el aula de profesores, Mario se la quedó mirando sorprendido ante la transformación que había experimentado ella, aunque no le dijo nada. Carmen, en cambio, con la espontaneidad que la caracterizaba, si manifestó con palabras su extrañeza.

— Chica, qué guapa estás hoy. ¿Qué te has hecho?

— Nada, no me he hecho nada. ¿Por qué lo dices?

— Porque el viernes parecías otra. Estuve tentada de preguntarte si habías sido novicia y acababas de salirte del convento, pero no me atreví. — Hizo una pausa y tras una ligera vacilación le preguntó—: Y por cierto ¿cómo está tu perro?

Enarcó Laura las cejas con extrañeza. ¿Cómo se habría enterado Carmen de que a Sócrates le habían envenenado?

La otra se echó a reír ante su expresión de perplejidad.

— Es que estaba en la clínica de Jaime Valero, ya sabes, del veterinario, cuando le llamaste el otro día. Me dijo que tenía que acudir a una urgencia y que no podía venir conmigo a la verbena del pueblo como habíamos planeado. Luego le vi subir en su coche la cuesta del acantilado de las gaviotas y allí arriba no hay más casa que la tuya, así que até cabos inmediatamente.

Laura asintió con la cabeza.

— Sí, le llamé porque al regresar de Murcia le encontré agonizante en el patio. Le hizo un lavado de estómago y se recuperó poco después. ¿Es que eres amiga de Jai... del veterinario?

La chica se echó a reír con ganas, agitando su oscura y rizada melena, tan parecida a la de la muchacha de la foto del dormitorio que había ocupado Jaime de niño.

— ¿Amigos? Yo diría que somos más que amigos. Hace tiempo que estamos saliendo.

Debía ser ella la chica a la que se había referido Jaime unos días antes al comentarle que no sabía aún si era especial. No cabía duda de que poseía un físico atractivo y una alegría contagiosa, pero sin saber por qué le molestó a Laura reconocerlo. Él era un entrañable amigo de su infancia y consideraba que en cierto modo le pertenecía en exclusiva, como le pertenecían los patines con los que aprendió a deslizarse por la pista de su colegio y la bicicleta que le regalaron al hacer la comunión. Probablemente habría quedado con ella la tarde anterior y por esa razón no había regresado a la casa hasta las tantas, cuando Sócrates y ella se habían dormido ya. Carmen no debía ni imaginar lo que pasaba en ese momento por su mente, porque con sus oscurísimos ojos muy abiertos, le preguntó con curiosidad:

— ¿Y tú?, ¿no te has dejado a nadie especial en Madrid?

Advirtió Laura el interés con el que Mario aguardaba su respuesta y se apresuró a negarlo.

— No. Muchos amigos, pero nada más.

Tampoco eran tantos, porque la mayoría le habían demostrado que no merecían esa consideración. Solamente Emilia se había comportado como tal y seguramente sería la única que la echaría de menos.

— ¿Y qué le ha ocurrido a tu perro?, —inquirió él, tomando la palabra por primera vez esa mañana. Con un dedo había colocado en su lugar las gafas de concha que le habían resbalado sobre la nariz. Le conferían el aire de un erudito profesor y Laura se dijo que quizás fuese esa la razón del ascendiente que parecía ejercer sobre sus alumnos.

— Lo envenenaron el otro día, pero no sé cómo pudo ocurrir, —le explicó Laura—. Lo dejé encerrado en el patio de mi casa cuando me marché a Murcia, después de comer. Alguien debió de saltar la tapia y mezclarle una sustancia venenosa con arroz hervido en un bote que encontramos cerca de él. Lo que no entiendo es cómo puede haber gente tan desaprensiva, capaz de envenenar a un perro que vive en una casa aislada y que no molesta a nadie con sus ladridos.

Mario se apresuró a corroborarlo.

—Tienes razón. A mí no me gustan los perros ni los animales en general, pero sería incapaz de hacerles daño. ¿Lo has denunciado ya a la policía? La comisaría está en la plaza del Ayuntamiento y deberías acercarte a presentar la denuncia aprovechando el cuarto de hora libre que mediará entre la próxima clase y la siguiente. Si quieres, puedo acompañarte.

—Y yo también, —se ofreció Carmen provocando una mueca de fastidio en él, que apenas si logró disimular—. ¿Quieres que vayamos contigo?

— No es necesario que te molestes, Carmen — masculló Mario —. Puedo acompañarla yo y así no tardaremos mucho.

La chica le miró perpleja.

— ¿Me estás llamando pesada?

—No te estoy llamando nada, pero conoces a demasiada gente en este pueblo y te vas parando a charlar en la calle con todo el que te encuentras, — replicó él intentando disimular lo poco que le apetecía su compañía—. Te gusta además caminar sin prisas y no es necesario que te sacrifiques.

— No es ningún sacrificio, —le rebatió ella sin comprender el motivo por el que Mario pretendía quitársela de encima.

Ana, más callada, pero bastante más sutil, sí debió captarlo, porque se echó a reír.

— Yo también iré con vosotros—. Y volviéndose hacia Laura le preguntó:

— ¿Me aceptas en el grupo?
— Naturalmente. A decir verdad, no sé donde está la plaza del Ayuntamiento y me haríais un favor.
—Y a nosotros nos vendrá bien cambiar de aires, aunque sea tan solo por unos minutos —comentó Ana con cierta melancolía. — La clase de lengua que acabo de impartir hace un instante me ha dejado bastante fastidiada. Tengo la sensación de que pierdo lamentablemente el tiempo con esos chicos.
— ¿Por qué?, ¿se te han dormido los alumnos a ti también?, —se interesó Laura recordando al chiquillo rubio de cara de angelote al que se vio obligada a despertar intempestivamente la semana anterior.
—No, no se han dormido, pero ninguno me ha escuchado. Les he explicado la función de los verbos reflexivos y...
— ¿De los verbos reflexivos?, — inquirió Mario con cara de despiste. Parecía estar buceando en su memoria para intentar recordar la gramática que estudiara años atrás.
Pacientemente, Ana se lo explicó.
— Sí, los verbos en los que el sujeto y el complemento directo corresponden a la misma persona.
—Qué complicado lo explicas, — la recriminó Carmen con suficiencia — Yo les digo que son aquellos en los que la acción del verbo recae sobre el sujeto, como por ejemplo, se lava, se peina... y lo entienden mucho mejor.
Con un dedo, Mario se colocó nuevamente sus gafas de concha sobre la nariz y se dirigió a Ana.
— Sí, sí, claro. ¿Pero qué te ha sucedido con los chicos?
La aludida se encogió desalentadamente de hombros.
— Que a continuación le he pedido a Ismael Rodríguez que me los definiese. Ismael es ese chico muy alto que dirige el coro de risotadas de los demás. El que echaste de clase el otro día
Laura hizo un gesto de asentimiento, no exento de preocupación. Hasta el momento el director no la había

llamado, pero temía que pudiese hacerlo en cualquier instante para reprenderla o quizás para algo peor. Porque, ¿qué podría hacer si la despedía y si se quedaba sin trabajo?

—Sí, en mi clase también mete mucha bulla, — comentó disimulando la desazón que experimentaba que a duras penas lograba reprimir. — ¿Y qué te ha contestado?

Ana levantó ambos brazos en un ademán de impotencia.

—Me ha contestado que los verbos reflexivos son los que sirven para reflexionar. ¿Qué os parece?

Una carcajada general fue la contestación a su pregunta, por lo que se revolvió contra ellos bastante mohína.

—Sí, reíros, reíros.

—Es que tiene gracia, — murmuró Mario tratando de dominar su ataque de hilaridad.

—Mucha, muchísima gracia, —refunfuñó la chica envolviéndole en una mirada desdeñosa —. Supongo que también te parecería muy gracioso lo que me contestó ese chico el otro día sobre las conjunciones copulativas. El viernes les expliqué que son las que establecen un nexo entre palabras u oraciones en sentido afirmativo y cuando terminé mi perorata tuve la ocurrencia de preguntarle a Ismael por la función gramatical que realizan.

—Sí, ¿y qué te contestó?, — inquirió Carmen aparentando seriedad.

Ana levantó las cejas y abrió la boca, pero la volvió a cerrar sin haber pronunciado una sola palabra.

—Nada, nada que se pueda repetir, — masculló malhumorada —. Ya te lo puedes imaginar.

El timbrazo que indicaba el comienzo de la clase siguiente impidió que los demás pudieran darle su opinión sobre las conclusiones de Ismael sobre las conjunciones copulativas y cuando volvieron a reunirse tres cuartos de hora más tarde ninguno aludió a ese tema para no molestar a Ana, que aún mantenía el ceño fruncido, como si su recuerdo todavía le escociera.

Carmen no dejó de charlar ni un momento, sin dejar a Mario intervenir, mientras se encaminaban los cuatro a presentar la denuncia bajo un sol inclemente y a través de unas retorcidas callejuelas, rebosantes de flores. De los patios de las casas, de una o dos alturas como máximo, se desbordaban bouganvillias de todos los colores y de los balcones y ventanas colgaban profusamente los geranios, entremezclando su áspero aroma con el olor del mar, cuyo rumor llegaba al interior del pueblo amortiguado.

Laura aspiró la fragancia que se respiraba, diciéndose que en aquel lugar de la costa la naturaleza no precisaba más que encontrar un poco de tierra para florecer, derrochando los más variados colores. Incluso en una plaza que atravesaron, de su fuente central de piedra pendían gitanillas rojas y blancas, que crecían en los tiestos situados sobre el poyete de piedra que circundaba el pilón.

Dirigió a Mario una mirada de reojo para comprobar si él estaba también admirando tanta belleza. Parecía molesto, incomodado por la cháchara de Carmen y la compañía de Ana. Debía estar deseando un aparte con ella, porque aprovechó un segundo en el que, al llegar a la comisaría, éstas se apartaron para saludar a un policía al que por lo visto conocían, para inclinar su alta estatura hacia Laura y comentarle en un susurro:

—Hace un tiempo estupendo. ¿Te vendría bien que esta tarde fuera a bañarme contigo a tu playa? Aún recuerdo aquel día fatídico en el que tu abuelo nos sorprendió a Federico y a mí nadando en el mar, que opinaba que era de su propiedad, y me gustaría relegarlo al último rincón de mi memoria y sustituirlo por otro más agradable.

Si esperaba que Carmen no le oyese, se equivocó. Había terminado ya de charlar con el policía y se les reunió inmediatamente en el duro banco de madera en el que acababan de sentarse en la comisaría, aguardando su turno.

—Es una idea estupenda, Mario. Me apetece muchísimo ir a bañarme a esa playa. ¿Porque no te molestará que vaya yo también, verdad?, —le preguntó a ella.

— Claro que no.

— ¿Y me admitís a mí también?, — preguntó Ana que acababa de aproximárseles y había llegado a tiempo de oír sus últimos comentarios

— Por supuesto.

— Pues entonces nos acercaremos por allí a eso de las cinco. — Decidió Carmen —. ¿Nos recogerás a las dos con tu coche, Mario?, —le preguntó al otro, añadiendo a continuación—: ya sabes que tengo el mío estropeado.

Él disimuló un gesto de contrariedad, pero no se atrevió a negarse.

Presentar la denuncia les llevó más tiempo del que habían supuesto. En aquel pueblo calcinado por el sol en el que las horas parecían transcurrir a un ritmo diferente, nadie parecía tener en cuenta las que marcaba el reloj. De haberse fijado alguno de los que se encontraban en la comisaría aguardando su turno, seguramente hubieran considerado que avanzaba a una velocidad frenética y absurda. Y los policías participaban también de esa calmosa parsimonia. Tuvieron por ello que regresar al colegio corriendo literalmente por la calle y aún así se presentaron jadeantes en sus respectivas aulas con cinco minutos de retraso.

La única que no disfrutaba de esa inveterada cachaza era Laura que, en cuanto finalizó la última clase, regresó apresuradamente a su casa para comer y para ordenar las habitaciones que habían utilizado la víspera, con la intención de que los amigos que esperaba esa tarde no pudieran pensar que era una desastrada.

El dormitorio del abuelo se encontraba en completo orden cuando subió a inspeccionarlo después de comer. No parecía que en el gran lecho, cubierto por una colcha granate, del mismo color que las cortinas que enmarcaban el balcón, hubiera dormido nadie. Ya al levantarse esa mañana había comprobado que en el cuarto de baño no quedaba el menor vestigio de haber sido utilizado por Jaime, antes de que ella se arreglara esa mañana. Algo de polvo se había posado sin embargo sobre el mobiliario y sobre el pavimento de toda la casa, pero como no disponía de tiempo para localizar el aspirador, regresó a su dormitorio con la intención de ponerse el bañador y el albornoz que había sido de su madre.

El ronco sonido del motor del coche de Mario se dejó oír poco después. En la soledad de la cima del acantilado cualquier sonido parecía amplificarse hasta el infinito por lejano que pudiera producirse. Se levantó Laura del sillón de la sala de estar donde se había sentado a esperarles y fue a abrirles el portón, Los tres venían ya dispuestos para bajar directamente a la playa, con un pantalón corto y una camisa sobre el bañador y cada uno traía además una bolsa que sin duda contenía ropa para cambiarse después, por lo que Laura les condujo directamente hacia la sala de estar y luego salieron a la terraza para bajar a la playa por la escalera de piedra.

El mar estaba en calma. Se deslizaba perezosamente hacia la playa, dorada por el sol de la tarde, y se encrespaba únicamente contra los riscos que, como solitarios islotes, emergían del agua. Notó Laura que Mario dirigía una apreciativa mirada en torno, abarcando el azul intenso del mar bajo el cielo deslumbrante con el que parecía fundirse y la pequeña caleta encerrada entre los peñascos que la circundaban, sobrevolada por bandadas de gaviotas que graznaban sobre sus cabezas.

— Esto es precioso, — le oyó comentar a su lado, al pie de la escalera —. ¿Estás segura de que echas de menos Madrid? Estudié allí la carrera y a mí me parece que no hay parangón posible entre la capital y esta costa.

— ¿A favor de cual de los dos?, —le preguntó Laura con una mano sobre los ojos a modo de visera para protegerlos del brillo del sol sobre el agua.

—De esta costa sin género de dudas. Y la ubicación de tu casa es perfecta, ¿no te lo parece?

Vaciló Laura, sin decidirse a hacerle partícipe de sus aprensiones. Probablemente no la creería si le refería los sucesos extraños que se habían producido en el dormitorio del abuelo la semana anterior. Finalmente optó por encogerse de hombros.

—La ubicación sí, pero la casa está enclavada en un lugar demasiado solitario. Supongo que cuando consiga vender los terrenos de la playa de las Caracolas y los urbanicen, me sentiré más acompañada por los veraneantes que decidan pasar en esa playa sus vacaciones.

No le comentó que para entonces se habría marchado ya de allí. ¿Para qué?, probablemente no lo entendería. Él había desviado sus ojos oscuros hacia el promontorio que separaba esa playa de la de las Gaviotas. No llevaba las gafas de concha que utilizaba en el colegio y pudo comprobar ella que eran negros y brillantes.

— ¿Ves bien sin gafas?, —le preguntó Laura. Se movía sin ellas con total desenvoltura, como si distinguiese sin ninguna dificultad las gaviotas que les sobrevolaban y el panorama que tenía ante su vista.

Él se encogió evasivamente de hombros.

— Soy un poco miope. Solo un poco.

Ya se les acercaba Carmen, que había ido a meter los pies en el mar y regresaba corriendo, seguida de Ana.

— ¿Pero qué hacéis ahí parados como dos pasmarotes? El agua está buenísima, así que vamos a zambullirnos ahora mismo.

Dio ejemplo despojándose del pantalón y de la blusa y quedándose solo con un bañador azul. Estaba algo rellenita de más, al contrario que Mario que pecaba de excesivamente delgado. Por el color tan oscuro de su piel, los dos debían de haber sido unos niños poco lucidos, se dijo Laura. Lo mismo que ella, a la que sus padres calificaban pesarosamente de "morenucha", cuando creían que no les oía, por no conceptuarla de "feúcha". Pero, pese al color tan bronceado de su piel, Carmen no podía haber sido nunca una niña poco agraciada, se corrigió observándola disimuladamente. Tenía los ojos demasiado grandes y demasiado vivos para que pudiera haber sido fea alguna vez y Mario, aunque no fuera precisamente guapo, tenía un aire interesante con su cabello castaño y liso y las gafas de concha, con las que personificaba la imagen de un erudito profesor.

La piel de Ana era, por el contrario, más pálida y rosada y quizás sí hubiera sido un bebé precioso, aunque en el presente desmerecía al lado de Carmen, que podía considerarse el prototipo de belleza mediterránea, con su larga y rizada melena oscura y su expresivo y tostado rostro, siempre sonriente.

Los cuatro se metieron en el mar a la vez y después de nadar un rato se tumbaron sobre la arena caliente, bajo un sol aún ardoroso que adormilaba. Con los ojos cerrados rememoró Laura aquellos días ya lejanos en los que Jaime y ella corrían por esa misma playa persiguiendo a las gaviotas y se bañaban después, saltando sobre las olas, sin que nadie les vigilara ni les echara de menos. Doña Eulalia estaba siempre demasiado ocupada en atender a su abuelo y en recibir pacientemente sus regañinas y el chofer se ausentaba en cuanto desayunaba para llevar al pueblo con el coche a la cocinera y a su mujer para que hicieran la compra. Luego, al regresar, las mujeres se afanaban en los quehaceres domésticos durante el día entero y los dos chiquillos campaban libremente como dos cabras sueltas hasta que se hacía la hora de cenar. ¿Qué habrían pensando sus padres, tan estrictos, tan severos, de haber sabido que en la casa del abuelo, a cuyo cuidado la habían dejado, no se ocupaba nadie de ella?, se preguntó.

Regresó bruscamente al presente al oír el timbre de su móvil dentro de la bolsa de la playa y se incorporó sobre un codo para extraerlo de su interior. Ana continuaba acostada tomando tranquilamente el sol, pero Carmen y Mario se enderezaron a la vez mientras ella contestaba a la llamada. Reconoció la voz de Jaime ligeramente impaciente.

— ¿Dónde estás? Estoy llamando a la puerta de tu casa y no pareces oírme. He venido a devolverte a Sócrates.

¿Tan tarde sería ya?, se preguntó desconcertada. Empezaba a atardecer y el sol, rojo como una bola de fuego, descendía hacia el horizonte. Se levantó, apartándose lo suficiente de los tres que seguían a su lado, sentados o tumbados en la arena, para que no oyeran lo que le estaba diciendo a su interlocutor.

—Es que estoy en la playa con Carmen, con Ana y con Mario. Ya sabes, tres compañeros del colegio. ¿No tienes llave de la casa?

La voz de él le sonó malhumorada.

—Sí, si tengo llave, pero no me parece correcto usarla para entrar en tu casa estando tú dentro. ¿Me abres?

— ¿No puedes entrar con tu llave?, —insistió ella alzando perezosamente la vista hacia la escalera que tendría que subir, que en ese momento le pareció elevadísima. El sol le había aflojado los miembros y se encontraba tan a gusto bajo el calor de sus últimos rayos…

—No, claro que no. ¿Me abres o me llevo a Sócrates de nuevo hasta que te venga bien que regrese con él?, —le preguntó con algo de sarcasmo.

—No, no. Espera un segundo que ya voy.

Resignadamente se acercó Laura a explicarles a los otros tres que acababa de llegar el veterinario y que éste venía a traerle el perro. Luego se puso el albornoz y cansinamente se dirigió a la escalera. Cuando después de alcanzar la terraza y de cruzar la casa goteando agua abrió la puerta, Sócrates se abalanzó sobre ella para saludarla, como si hubieran transcurrido siglos desde que se marchara esa mañana con Jaime. Por el contrario, éste entró tras el mastín en el vestíbulo con expresión hosca.

— ¿Te pasa algo?, — le preguntó desconcertada.

—Sí, sí me pasa, ¿cómo es que has invitado a Carmen y a esos otros profesores? Deberías habérmelo dicho.

Recorrían en ese momento el pasillo que conducía a la sala de estar y Laura parpadeó perpleja.

— ¿Debería habértelo dicho?, ¿por qué? Se han invitado ellos, pero no creo que tuviera que pedirte permiso a ti para recibir a unos amigos. ¿O crees que sí?

—Permiso no, pero sí debías habérmelo advertido, — replicó hiriente—. ¿Qué crees que pensarían los tres al enterarse de que tengo llave de esta casa y que entro y salgo de ella cuando me da la gana?

Sin comprender, Laura le precedió hasta la terraza y se volvió hacia él, mirándole con la boca abierta.

— ¿Que qué pensarían?, no sé lo que pensarían, pero no creo que tenga nada de extraño que conserves la llave, porque has vivido en esta casa, que ha sido la tuya y la de tu madre, durante muchos años. Cualquiera lo entendería—. De improviso cayó en la cuenta de cual pudiera ser el motivo y se mordió los labios. — ¡Ah!, ya entiendo, te preocupa lo que piense Carmen, ¿verdad? Ella me ha dicho que lleváis saliendo juntos más de un año.

Jaime no le contestó. Se había sentado de medio lado en el poyete de la terraza y miraba la extensión azulada del mar con gesto adusto.

—Pues eso tiene una explicación muy fácil, — continuó Laura irritada por su mutismo—. Le dices la verdad, que nos conocemos de toda la vida, que te ocupabas de Sócrates cuando mi abuelo se marchaba a Murcia durante el invierno y que por esa razón tienes la llave, porque el perro se quedaba en el patio de la casa y tenías que entrar a darle de comer y para sacarle a pasear.

Jaime giró la cabeza y con expresión tormentosa clavó en ella sus clarísimos ojos azules, heredados sin duda de su padre nórdico.

—No entiendes nada, como de costumbre. Dudo que quede alguien en el pueblo que me relacione con el niño esmirriado que vivió en esta casa hace mucho tiempo. Tu abuelo tenía pocos amigos, por no decir que no tenía ninguno, por lo que no recibía visitas, y me marché a estudiar a Murcia en cuanto cumplí la mayoría de edad, o sea, hace diez años.

—Y ahora que eres un veterinario muy considerado en el pueblo, no quieres que nadie sepa que eras aquel niño bajito y rubísimo, — continuó ella, sorprendida por su descubrimiento.

—Efectivamente, — masculló él—. Puede que te parezca una tontería, pero no tengo el menor interés en que averigüen que soy el chiquillo que tu abuelo acogió en esta casa en contra de su voluntad, porque nunca me soportó. Por su gusto me habría mandado a un orfanato.

Pensativamente, Laura hizo un gesto de asentimiento.

— Sí, conmigo habría hecho lo mismo en el supuesto de que, por haber fallecido mis padres, hubiera tenido que hacerse cargo de mí.

La cálida brisa del atardecer dispersó la melena de ella y por un segundo se sintió retroceder a los días del último verano que pasó en esa casa. Cuando al atardecer subían de la playa, iban los dos escondiéndose por los rincones para que su abuelo no les viera ni pudiera por tanto envolverles en esa mirada desdeñosa que parecía reservar en exclusiva para ellos. Para Laura era una situación nueva y transitoria. Se redujo a quince días, pero Jaime la había padecido desde sus primeros recuerdos y se había prolongado después durante muchos años. Se retiró de su rostro la melena que la brisa zarandeaba y levantó unos ojos húmedos hacia él.

—Descuida, no le diré nada a Carmen ni a los demás. Y ahora, ¿por qué no bajáis Sócrates y tú conmigo a la playa? El agua está estupenda.

Aún malhumorado, Jaime meneó negativamente la cabeza.

—No, no me apetece y además no he traído el bañador. Os esperaré aquí, en la terraza.

—Como quieras, —replicó Laura dirigiéndose hacia la escalera, seguida de Sócrates que brincaba alegremente tras ella, saltando los peldaños. En cuanto pisaron la arena redobló el perro sus manifestaciones de júbilo, pero Carmen y Mario retrocedieron al verle acercarse, claramente intimidados, y tuvo Laura que sujetarle por el collar para que no se les aproximara. Ana, por el contrario, se acercó a acariciar al mastín y embromó a los otros dos por el miedo que manifestaban. Fuera por esa razón o porque deseaba reunirse con Jaime que continuaba sentado en el poyete de la terraza, Carmen decidió dar el baño por finalizado y subir a reunirse con él, y los demás la siguieron poco después. La chica se había ido a sentar en el poyete junto a él y se colgó de su brazo. Jaime parecía seguir estando de muy malhumor.

— ¿Cómo pueden gustarte tanto los bichos?, —le preguntó con un mohín, señalándole a Sócrates—.El perro de Laura tiene el tamaño de un elefante.

—Soy veterinario precisamente porque me gustan, —repuso él con un gesto agrio que no fue capaz de disimular—.Y este perro es muy leal.

— ¿Muy leal a quien?, —quiso saber Mario aproximándoseles también y parapetándose del animal tras una silla de las que rodeaban la mesa—. A mí estuvo a punto de descuartizarme una vez, cuando el abuelo de Laura lo azuzó contra mí.

—Es muy leal a su dueño, —repuso Jaime sin mirarle—. A su dueña en este caso, —se corrigió.

—Lo he heredado junto con los demás bienes, —les explicó Laura con una sonrisa—. Y le he tomado verdadero cariño. Me costaría mucho separarme de él ahora.

—Pues a mí sigue inspirándome bastante aprensión, —reconoció Mario observándolo recelosamente con las cejas enarcadas. —No creo que pueda olvidar fácilmente el susto que me llevé cuando tu abuelo lo instigó contra el amigo con el que vine a bañarme a esta playa y contra mí—. Frunció el ceño antes de dirigirse a Laura—. Yo… si no te molesta, preferiría que lo encerraras en alguna parte donde se pueda sentir a gusto y me deje a mí ser feliz.

Su petición debió de molestar a Jaime, porque apenas si consiguió disimular su irritación.

—Lo llevaré al patio, Laura, —se ofreció levantándose del poyete para coger a Sócrates por el collar.

Regresó poco después. Mario seguía comentando el pánico que había sentido a causa del perro aquella tarde en la playa de las Gaviotas y se dirigió a Jaime que había vuelto a tomar asiento en el mismo lugar, para preguntarle:

— ¿Conociste al abuelo de Laura? Probablemente te llamaría en alguna ocasión para que asistieras a ese animal.

Jaime meneó lentamente la cabeza en un gesto negativo, como si estuviera rememorando el pasado y se preguntara a sí mismo si tal suceso había tenido lugar. Aunque también él estaba muy bronceado por el sol, al lado de los otros tres su piel resultaba casi pálida.

—No, no me llamó nunca para que atendiera a Sócrates, pero sí le conocí. Estaba convencido de que la playa de las Gaviotas era exclusivamente suya.

—Era un tipo muy raro, —opinó Carmen interviniendo—. Muy alto, muy flaco y con un genio terrible. Bajaba pocas veces al pueblo, pero coincidí con él una vez en la farmacia. Le gritó al boticario porque le había recomendado un medicamento que no le había sentado bien y luego nos chilló a todos los que estábamos dentro del local. Debía ser imposible convivir con él—. Se volvió hacia Laura para preguntarle: — ¿Era imposible de aguantar?

Ésta se encogió evasivamente de hombros.

—No lo sé. Cuando murió, hacía quince años que no le veía.

Empezaba a atardecer y la brisa que venía del mar había refrescado, por lo que notó ella cómo se le erizaba el vello de los brazos, que se cubrió con las manos, masajeándoselos.

—Me estoy helando, — se quejó, mientras se arrebujaba en la toalla en la que se había envuelto al subir de la playa—. Creo que deberíamos subir a vestirnos antes de que cojamos un resfriado.

Aceptaron inmediatamente su sugerencia y subieron a ducharse por turno en la tina del abuelo. Mientras Laura acompañaba a Carmen, que fue la primera en decidirse a utilizar el cuarto de baño, se preguntaba qué habría opinado aquél de haber visto su sacrosanta tina profanada por extraños. Probablemente se habría enfurecido. Pero el abuelo ya no estaba, se dijo girándose sobre sí misma en el pasillo para mirar a su espalda. Carmen se había encerrado ya en el baño y Laura se había quedado sola en el corredor, iluminado tan solo por la luz proveniente de la puerta entreabierta de su dormitorio. Con el albornoz sobre su bañador mojado sintió frío, pero no llegó a moverse del lugar en el que se encontraba al oír las pisadas de alguien que subía a su encuentro por la escalera. Era Ana, que se le reunió sonriente.

— ¿Aún está duchándose esa pelma?
— Sí, acaba de entrar.
— Pues tú y yo nos vamos a quedar heladas.

Desvió sus ojos castaños del semblante de Laura para recorrer el fondo del pasillo con la mirada, al principio con interés y más tarde con aprensión.

—Qué silenciosa está esta planta, ¿no te parece? No se oye ni el ruido de una mosca. ¿No pasas miedo viviendo aquí tan sola?

Laura se encogió evasivamente de hombros. Pese a que la otra era una persona comprensiva, dudaba mucho de que diera crédito a sus absurdas sospechas sobre los sucesos que habían ocurrido en el dormitorio de su abuelo durante la noche. En cualquier caso, Carmen no le dio opción a que se decidiera a hacerle esas confidencias. Acababa de abrir la puerta del baño, ya vestida con el pantalón corto y la camisa azul con la que había llegado horas antes y Ana se apresuró a tomar el relevo.

— ¿Quieres que espere aquí contigo a que salga Ana?, —se ofreció Carmen.

— No, no, baja a la terraza y dale conversación a los hombres, Yo no tardaré.

Volvió a quedarse sola en el pasillo y de nuevo experimentó la misma sensación extraña. Al fondo del corredor comenzaba la escalera de servicio por la que se accedía a la planta donde antaño dormían los criados. Desde su llegada no había tenido tiempo de subir a explorarla, pero le pareció que una sombra se movía en la profunda oscuridad que envolvía el comienzo de esa escalera. Pese a que sentía frío, notó como el sudor le resbalaba por la espalda. ¿La oirían los que se encontraban en la terraza si gritaba? Echaba en falta a Sócrates que, encerrado en el patio por el miedo que les inspiraba a Carmen y a Mario, no podría defenderla en el caso de que esa sombra, que no estaba segura de distinguir, se desprendiera de las tinieblas en las que estaba inmersa y avanzara hacia ella. Inconscientemente retrocedió hasta la puerta de su cuarto, dispuesta a encerrarse dentro de su dormitorio en caso de necesidad, pero en ese momento se abrió la puerta del baño, por la que salió Ana con una indumentaria similar a la de Carmen, de la que variaba tan solo el color de la blusa, que el de ésta era blanca.

— Ya he terminado, —le anunció —. Es tu turno.

Disimuló como pudo el pánico que había experimentado segundos antes y se precipitó dentro del baño cerrando la puerta con pestillo. En ese momento oyó la exclamación de la Ana al otro lado de la hoja:

— ¡Dios santo!

Sin perder un segundo, descorrió Laura el pestillo y salió al corredor. Ana estaba inmóvil mirando en dirección a la base de la escalera de servicio con las pupilas dilatadas y expresión de pavor.

— ¿Qué… qué te pasa,… qué has visto?

La otra se lo señaló con un dedo.

— Allí…, allí me ha parecido ver…

— ¿El qué?

La chica se echó a reír nerviosamente.

—No sé. Me ha parecido que alguien salía de la oscuridad y caminaba hacia mí, pero no puede ser. ¿Por qué no enciendes la luz?

El conmutador se encontraba al inicio del pasillo, por lo que Laura echó a correr hacia la escalera principal, accionándolo instantes después. Los apliques de la pared alumbraron tranquilizadoramente con su tenue claridad azulada el largo y silencioso pasillo donde las dos se encontraban. Ana volvió a echarse a reír.

—Perdona, ¿te he dado un buen susto, verdad? No me hagas caso y dúchate. Te esperaré en la terraza.

Minutos más tarde y ya vestida con un pantalón vaquero y una camiseta roja, salía ella del cuarto de baño y se

dirigía rápidamente a la escalera, donde se cruzó con Mario que subía.
— El baño es la tercera puerta de la derecha, —le explicó—. ¿Necesitas algo?
—No, nada. Llevo de todo en la bolsa, —le dijo, indicándole la que llevaba colgada de la espalda —. No tardaré.

Con un suspiro de alivio se reunió Laura con los que se encontraban en la terraza, sentados alrededor de una mesa redonda de plástico blanca. El aire llevaba hasta allí olor a yodo y a sal y Carmen lo aspiró con deleite con la mirada fija en un barco de pesca que acababa de salir del puerto, sito al otro lado del pueblo. Sus farolas encendidas trazaban un surco luminoso sobre el agua, que había perdido ya su color azul y reflejaba la oscuridad del firmamento. A lo lejos, el faro de Cabo de Palos giraba en semi círculo esbozando a su compás una refulgente y alargada estela en la superficie del mar,

—Esta terraza es de lo más romántica, —opinó soñadora—. ¿No te parece romántica?, —le preguntó a Jaime que, sentado a su lado, seguía taciturno con la mirada perdida en un punto indeterminado del panorama que se extendía ante sus ojos.

Al oírse nombrar, se volvió hacia la chica y se encogió de hombros.

— No sé si es romántica, pero la vista que se domina desde aquí merece la pena.

—También la casa es romántica, pero a mí me parece que está poco iluminada, —consideró Ana, intercambiando una mirada de complicidad con Laura —. Hace un rato, cuando después de ducharme he salido al pasillo, me he llevado un susto colosal. Me ha parecido ver…

— ¿Qué?, —inquirió Jaime, interesándose por primera vez en la conversación.

—No lo sé. El fondo del pasillo estaba muy oscuro y he creído ver algo como una sombra que se movía. Luego Laura ha encendido la luz y hemos comprobado las dos que lo había imaginado.

— ¡Bah!, es que eres una miedosa. —masculló desdeñosamente Carmen, a la que al parecer únicamente le amedrentaba Sócrates—. A mí me gusta tal y como está, aunque quizás sería conveniente, Laura, que instalaras algún cuarto de baño más. ¿Tienes intención de hacer obras?

La aludida hizo un gesto vago para no tener que explicarle que su economía no le permitía ni tan siquiera cambiar la tina del abuelo por una ducha en condiciones.

— Pues… pues de momento no. Quizás más adelante.

Carmen se echó a reír.

—De todas formas me parece, Laura, que vas a tener que soportarme más de una tarde —. Se quedó callada con la vista perdida en la lejanía, como si estuviera reuniendo fuerzas para atreverse a hacerle una proposición—. Y por cierto, ¿te parecería que soy una caradura si en nombre de los presentes te pido que nos invites a cenar esta noche aquí? No he traído nada que aportar a la cena, pero Jaime y yo podemos bajar al pueblo a comprar algo.

No captó la expresión de desaprobación que se pintó en el rostro de éste ni lo incómodo que parecía sentirse. Mario, en cambio, que acababa de reaparecer a tiempo de oír sus palabras, acogió la propuesta con grandes muestras de satisfacción.

—También puedo acercarme yo, —se ofreció, encantado ante la perspectiva —. ¿Qué os apetece que traiga?

Se había puesto en pie, pero Laura le detuvo con un ademán.

—No es necesario que os molestéis. No tengo una despensa muy surtida, pero podríamos hacer una tortilla de patata y una ensalada.

Carmen se apresuró a aceptar su proposición.

—Me parece una idea fantástica. Ana guisa de miedo, así que le adjudicaremos a ella la preparación de la tortilla y yo me ocuparé de la ensalada.

Laura se sintió obligada a colaborar, aunque se alegró íntimamente de que las otras dos se hubieran repartido esos papeles, ya que la cocina no era precisamente su especialidad.

— ¿Y qué me toca hacer a mí?, —le preguntó a Carmen con la vaga esperanza de que no le adjudicaran ninguna tarea y pudiera continuar charlando con Jaime de cualquier tema que le animara y ayudara además a desarrugarle el ceño.

— ¿A ti? Puedes traer platos, vasos y cubiertos, —decidió Ana. —o sea, puedes poner la mesa, porque para eso eres la dueña de la casa y sabes donde guardas el menaje.

Poco después cenaban alegremente a la luz de unos farolillos asentados en el poyete que circundaba la terraza y en cuya existencia Laura no había reparado anteriormente. Jaime sí, y los encendió aprovechando el momento en el que los demás estaban entretenidos realizando otros quehaceres y no le miraban.

Ya en la sobremesa, éste le ofreció un cigarrillo a Carmen y a Ana, que aceptaron, y a Mario que meneó negativamente la cabeza.

— Gracias, pero no fumo.

Antes de encender el suyo, Carmen se dirigió a Laura.

—Supongo que no te molestará que echemos humo en esta terraza, ya que estamos al aire libre y no cargaremos el ambiente.

— No, claro que no.

Después se volvió la chica hacia Jaime que apenas si había abierto la boca en toda la noche.

— ¿Cómo está tu mano, va cicatrizando?

Señalaba la muñeca izquierda de éste, envuelta en una venda, en la que Laura no se había fijado hasta ese momento. Advirtió también entonces que llevaba el reloj de pulsera en la derecha y le preguntó:

— ¿Qué te ha pasado? ¿Te ha mordido un perro en tu consulta?

Él sonrió por primera vez en la noche.

—No, fue un gato el que me arañó hace ya bastantes días, pero la herida se me ha infectado. Por eso me he cambiado el reloj de muñeca.

—Vas a tener que pedirle una indemnización al dueño de ese gato, —le sugirió Carmen con un guiño picaresco —. Empiezo a pensar que tienes una profesión muy arriesgada. La nuestra, por el contrario, resulta bastante monótona. Me paso el día recitando las declinaciones y los verbos irregulares sin que ninguno de mis alumnos se interese por el idioma que hablaban en la Roma clásica. ¿No es decepcionante?

—No se interesan porque el latín es una lengua muerta y muy aburrida además, — opinó Mario que había tomado un par de copas y estaba desusadamente alegre.

—No creo que sea por eso, —le rebatió Ana—. La lengua española está viva y es la segunda más hablada del mundo, pese a lo cual, tampoco me escuchan. A saber qué fórmulas les enseñarás tú, — le dijo a Mario, —ya que al parecer les tienes pendientes de las que les escribes en la pizarra.

—Es que soy químico, —le explicó el chico a Jaime—. Y sí, siguen lo que les explico con bastante atención.

Les costó marcharse horas después, pese a que Laura dirigía frecuentes y disimuladas miradas a su reloj pensando en el madrugón que debería darse al día siguiente para acudir al colegio a tiempo de comenzar con la primera clase. Fue Jaime el único que lo advirtió y el que animó a los otros a despedirse.

—Creo que deberíamos marcharnos ya, porque mañana tenemos que trabajar todos, incluida Laura.

—Vale, pero si ella está de acuerdo, podíamos repetir esta cena el sábado, —sugirió Carmen —. ¿Te parece bien, Laura?

Ésta asintió, mirando de reojo a Jaime. ¿Se marcharía él también con la otra y la dejaría sola esa noche en aquel oscuro caserón? Claro que ya podía contar con Sócrates y quizás él pensase que no le necesitaba, porque con el perro no tenía nada que temer. Imaginó los ruidos nocturnos que se vería obligada a afrontar en la oscuridad de su cuarto y estuvo tentada de detenerle para pedirle que se quedara también a dormir esa noche. Pero no podía hacerlo. ¿Qué pensarían los demás?

Sonriente, se levantó de la silla de plástico blanco que ocupaba y acompañó a los otros hacia el vestíbulo. Aunque toda la noche había intentado disimularlo, se notaba que Jaime no se había sentido a gusto. Continuaba con el ceño fruncido, cuando detrás de Mario salió de la casa, atravesó la placeta y se dirigió a su coche con Carmen colgada de su brazo.

—Mañana vendré a buscar el perro, —le dijo antes de subirse al vehículo. Luego recalcó —: Llamaré al timbre.

Ya en el asiento del copiloto, Carmen bajó el cristal de la ventanilla para decirle adiós con la mano.

—Hasta mañana. Lo he pasado estupendamente y lo repetiremos, ¿verdad?

También Mario le dijo algo parecido antes de arrancar el motor del coche y de comenzar a descender la cuesta que le llevaría al pueblo. Detrás de él hizo lo mismo Jaime y ella se quedó en la puerta viéndoles marchar hasta que los faros de los vehículos se perdieron en la lejanía. Entró entonces en el vestíbulo y en cuanto cerró el portón con llave se encaminó hacia el patio para sacar de allí a Sócrates.

El acantilado de las gaviotas

CAPÍTULO IX

Instantes después se dirigió al vestíbulo para subir a su cuarto. Los peldaños crujían bajo sus pies mientras ascendía por la escalera con Sócrates que saltaba alegremente a su alrededor como si hubiera rejuvenecido y recuperado la edad en la que era un cachorro juguetón. En cuanto alcanzaron el pasillo superior, el perro echó a correr hacia el dormitorio de Laura, cuya puerta estaba entreabierta. La luz de la luna se filtraba por los cristales del balcón iluminando tenuemente la habitación con su luz azulada, pero ella se apresuró a encender la lamparita de la mesilla y dirigió una temerosa mirada en torno. Aún podía llamar a Jaime al móvil y pedirle que regresara porque tenía miedo, pero no se atrevió. Probablemente Carmen estaría con él e imaginaría algún absurdo. Recordó las palabras que en ocasiones parecidas le repetían sus padres:

—Ya eres mayor y como lo eres no debes asustarte ni pedir ayuda.

Probablemente ellos no se habrían encontrado nunca solos en un caserón oscuro enclavado en la cima de un acantilado donde el sonido del mar era lo único que podía percibirse.

Sentada en la cama se puso el camisón y las zapatillas e iba ya a introducirse en el lecho cuando pensó que sería conveniente acercarse antes al cuarto de baño, por lo que se echó encima la bata, ya que había refrescado bastante. Sócrates no debía de tener sueño, porque salió como una tromba al pasillo en cuanto ella abrió la puerta del dormitorio y encendió la luz, echando a correr en esa dirección. Debía poseer el mastín un instinto especial, porque adivinó a donde se dirigía ella y se sentó delante de la puerta de esa habitación a esperarla.

Una tenue capa de polvo, mezclada con arena, cubría ya el pavimento de madera. Se había dado cuenta poco antes de que sus compañeros del colegio llegaran a la casa esa tarde, pero entonces esa capa de polvo era uniforme, por lo que parpadeó sorprendida al detenerse en el pasillo junto al perro. Las nítidas huellas de unas pisadas parecían salir del cuarto de baño y dirigirse hacia el fondo del corredor. Unas huellas que no estaban marcadas sobre el entarimado cuando ella había subido a ducharse unas horas antes para quitarse la sal del agua del mar ni cuando había creído ver que una sombra se movía al pie de la escalera que comenzaba en ese lugar.

Sin duda su autor tenía que ser un hombre que poseyese unos pies muy grandes, se dijo sintiendo que se le erizaba el vello de los brazos. Se preguntó si no debería encerrarse en su dormitorio esa noche y aguardar a que Jaime acudiera a la casa a llevarse a Sócrates al día siguiente para averiguar con él a quién pertenecían, pero pudo más la curiosidad. Las huellas se encaminaban hacia la escalera que al fondo de la galería llevaba a la planta superior, retranqueada y de menores dimensiones que las otras dos, donde tiempo atrás estaban las habitaciones de los criados. Recordaba que el dormitorio del chofer y de su mujer era un cuarto grande, cuya ventana daba al patio donde tendían la colada y donde ahora encerraban a Sócrates. La cocinera ocupaba otro más pequeño, con ventana a la fachada posterior y sabía que aún quedaba otro de una sola cama que no se utilizaba y en el que ella no había entrado nunca.

Sin detenerse a pensarlo encendió la luz de esa escalera, de peldaños altos y estrechos, y empezó a subir por ellos. Encantado con la excursión nocturna que estaban realizando, Sócrates la adelantó. Le oyó brincar algo más arriba, corretear después sobre su cabeza emitiendo algún que otro ladrido y luego... nada. El más absoluto silencio pareció extenderse hasta el infinito. Ni siquiera se percibía allí el ruido del mar ni el sonido de las ráfagas de viento. Incluso las gaviotas habían enmudecido.

Durante una décima de segundo cruzó por su mente la idea de que debería retroceder sobre sus pasos. Descender los peldaños que había subido ya y correr de vuelta por el pasillo para encerrarse en su dormitorio, pero tenía que recuperar antes a Sócrates que había desaparecido de repente.

Subió un peldaño más y luego otro. La luz de la escalera no alumbraba el rellano que tanteaban ya sus pies y palpó la pared buscando el conmutador. Al accionarlo, una bombilla macilenta dejó escapar su incierta claridad que proyectó al fondo del pasillo y le permitió distinguir el cable que pendía del techo al otro extremo de donde ella se encontraba. Por alguna razón, alguien debía haber arrancado el casquillo que sostenía la bombilla y esa parte del corredor estaba a oscuras y sin posibilidad de iluminación eléctrica. Una ráfaga de viento se filtró por los intersticios de alguna ventana mal cerrada y se dispersó por el pasillo balanceando la única bombilla, que iluminó alternativamente sus dos extremos y la desvencijada puerta que tenía a su derecha. Correspondía al dormitorio que había ocupado el chofer con su mujer en vida del abuelo y Laura la abrió encendiendo simultáneamente la lámpara del techo. No era una lámpara, era tan solo otra solitaria bombilla rezumante de polvo, pero le permitió distinguir la cama de matrimonio cubierta por una raída colcha floreada y la silla de anea, adosada a la pared contraria, junto a la desportillada palangana de zinc. El pavimento, de madera carcomida, estaba revestido también por una capa de polvo en el que se marcaban las mismas pisadas de unos pies grandes, cuyas huellas la habían alertado abajo. No había en cambio señales de las patas del perro, lo que evidenciaba que Sócrates no había entrado en la habitación. Los astillados postigos de madera afianzaban la única ventana y desde el exterior una gaviota picoteó los cristales emitiendo luego un graznido que la sobresaltó.

Estremecida aún por la inoportuna intervención del ave, salió Laura apresuradamente al pasillo para abrir la puerta siguiente, la del dormitorio de la cocinera. Constaba de una sola cama con cabecero de hierro forjado, de otra silla de anea idéntica y de otra palangana, con las mismas huellas de pisadas en el polvo del pavimento, pero allí tampoco había dejado Sócrates las suyas. Solo le quedaba por revisar el dormitorio que cerraba el fondo del pasillo, el que no se utilizaba, en el extremo iluminado por la polvorienta bombilla que a intervalos seguía balanceándose impulsada por unas ráfagas de viento de las que desconocía su procedencia. La puerta estaba entreabierta y en cuanto traspuso el umbral el aire frío de la noche le dio de lleno en el rostro, cargado de la humedad del mar y de su olor. Se hallaba la ventana abierta de par en par, lo que pudo apreciar en cuanto encendió la luz. Sócrates estaba sentado junto al desvencijado lecho que poseía un oxidado cabecero de hierro forjado. Esa habitación no disponía de la silla de anea ni siquiera de la palangana habitual en las restantes alcobas de la casa. Era demasiado estrecha para que cupiera otra cosa que la cama y en el techo pudo ver una gotera aún húmeda.

— ¡Sócrates!, ¿qué haces aquí? Llevo un rato buscándote y me has asustado, —le regañó.

El mastín emitió un alegre ladrido cuando se le acercó para cogerle por el collar e intentó abalanzarse sobre ella, alzándose sobre sus patas traseras para plantarle las delanteras sobre los hombros y darle un lametón, pero Laura no se lo permitió.

—Estate quieto y vamos abajo a dormir. ¿No sabes que mañana tengo que madrugar?

Se acercó a la ventana para cerrarla antes de marcharse. Caía sobre el tejado de la planta de los dormitorios y más allá distinguió el mar como una mancha oscura que se agitaba con su característico sonido.

De improviso aguzó el oído. En el absoluto silencio que envolvía la casa había escuchado algo. Algo que podía identificar como el sonido de pisadas. Alguien subía por la escalera, pues percibía distintamente el crujido de los peldaños bajo sus pies, rítmicos, acompasados. Se llevó una mano a la boca para no gritar. En aquel estrecho y desvencijado dormitorio no había escondite posible y se quedó quieta, como paralizada.

El estentóreo ladrido de Sócrates la sacó de su marasmo. Había conseguido desasirse de ella y salir al pasillo para recibir al intruso, probablemente con una dentellada, por lo que Laura echó a correr detrás. Una silueta alta y sin formas definidas se perfilaba confusamente en la oscuridad del extremo opuesto del corredor y el perro se había abalanzado sobre él. Pero no para atacarle. Laura interpretaba ya el significado de sus ladridos y captó que estaba saludando alegremente al recién llegado, del que inmediatamente reconoció su voz.

— ¿Qué hacéis aquí a estas horas?, — le oyó decir.

Dejó escapar un suspiro de alivio al identificar a Jaime en la sombra desdibujada del fondo del pasillo.

— ¿Eres tú? ¡Qué susto me has dado! No esperaba ya que volvieras esta noche.

La silueta que apenas distinguía fue adquiriendo contornos definidos conforme iba entrando en la zona iluminada del corredor.

— He pensado que no estarías bien en esta casa los dos solos y por eso he regresado. Hasta que se aclare quien es el responsable del envenenamiento de Sócrates, dormiré en esta casa. Si te parece bien, claro.

Aliviadísima, se apresuró a dar su conformidad.

— Claro que me parece bien. Te lo agradezco muchísimo, ¿Has averiguado ya qué sustancia le mezclaron con el arroz?

Jaime hizo un gesto de asentimiento. Parecía cansado.

— Sí, un raticida. El mismo que utilizaban en esta casa cuando vivía tu abuelo. Lo guardaban en el cobertizo del patio y probablemente la persona que lo mezcló con la comida del perro lo cogió de ese armario. Lo comprobaré mañana.

— ¿Y la colilla que encontré en el despacho?, ¿cuándo te dará tu amigo el resultado del ADN?

—Me dijo que tiene mucho trabajo pero que procurará realizar las pruebas cuanto antes y que me llamará, — repuso él —. Luego se interrumpió para dirigir una ojeada al oscuro pasillo y a las cerradas puertas de los dormitorios. —Pero no me has contestado, — insistió —. No me has dicho que hacéis Sócrates y tú aquí a estas horas.

Se había detenido Jaime a unos pasos de ella y pudo ver ahora su expresión y el rictus duro de sus labios, por lo que vaciló sin atreverse a referirle la verdad.

—Cuando me iba a acostar hemos… he notado una corriente de aire que provenía de esta planta y hemos subido para averiguar su procedencia. Estaba abierta la ventana de ese cuarto, —le explicó señalándole la habitación que había dejado a su espalda. Luego añadió —: No conocía yo ese dormitorio. Cuando yo era niña no se utilizaba, ¿verdad?

Tardó Jaime en contestar y cuando lo hizo su voz le sonó ronca, como si la hubiera contenido en la garganta antes de dejarla escapar.

— Sí, sí se utilizaba. Ese dormitorio era el mío.

— ¿El tuyo?, —se sorprendió Laura—. No puede ser, el tuyo estaba junto al mío, lo recuerdo perfectamente, en la planta de abajo.

Jaime la tomó del codo para indicarle que avanzara hacia la escalera y ambos comenzaron a caminar en esa dirección.

—Dormí en el contiguo al tuyo hasta que tu abuelo decidió que me subiera aquí arriba, con los criados.

Laura se detuvo antes de empezar a bajar por los escalones para volverse hacia él y mirarle de frente.

— ¿Y por qué?

—Porque el que yo ocupaba lo destinaron a otra persona. A un chico algo mayor que yo. Él y su madre vivieron en esta casa cerca de un mes, pero, cuando se marcharon, tu abuelo opinó que el dormitorio que me correspondía era el que acabas de visitar y no permitió que recuperara el anterior.

Laura parpadeó perpleja.

— ¿El que te correspondía era el de esta planta, con los criados?

— Sí.

— ¿Y por qué?

—Tu abuelo no explicaba el motivo de sus órdenes. Simplemente las daba.

— ¿Y tu madre no protestó?

Jaime se encogió de hombros.

— Supongo que sí, pero el que mandaba era tu abuelo. Imagino que esperaba éste que esa mujer regresara con su hijo. Se llamaba Julia y dormía en el cuarto que ocupas tú ahora.

Recordó Laura lo que le había referido doña Eulalia a ese respecto. Efectivamente, en la segunda planta no quedaban más dormitorios después de alojar en la casa a los dos que Jaime acababa de mencionar. Levantó la mirada hacia él, que a su lado comenzaba a bajar los escalones.

— Debió de ser muy duro para ti, — murmuró —. ¿Lo fue?

Jaime volvió a encogerse de hombros.

—Toda mi infancia lo ha sido. Mientras fui un niño me sentí peor tratado que un perro callejero.

Se quedó callado, descendiendo desganadamente los peldaños y Laura vaciló antes de hacerle la pregunta.

— Odiarías a mi abuelo, ¿verdad?

Frunció el ceño pensativo. Acababan de desembocar en el pasillo de la primera planta y la lámpara que pendía del techo iluminó su semblante totalmente inexpresivo.

—Supongo que sí, pero solo conservo un recuerdo vago de lo que sentía por él. Desde que me marché a Murcia a estudiar, hace diez años, no volví a verle, ni siquiera en vacaciones.

— Pero venías a ocuparte de Sócrates.

—Sí, por encargo de mi madre y cuando ellos se habían trasladado a Murcia al terminar el verano.

Caminando por el pasillo acababan de llegar al dormitorio de ella y se volvió hacia Jaime para despedirse.

—Olvídalo. No se merecía que tu madre y tú vivierais con él en esta casa.

—Ni tampoco se merecía una nieta como tú, — musitó él en apenas un susurro —. Hasta mañana.

CAPÍTULO X

Cuando al día siguiente terminó Laura de impartir la última clase, intentó por todos los medios desembarazarse de Mario, empeñado éste en acompañarla a donde tuviera previsto dirigirse.

— ¿Has quedado con alguien?, —le preguntó, escamado ante la resistencia que oponía ella a que caminara a su lado por la calle.

—Sí, con un amigo, —repuso evasivamente—. Ha venido de Murcia y tengo que resolver con él unos asuntos.

— ¿Y esta tarde…? — empezó Mario.

— No, esta tarde probablemente tendré que atenderle. —Ante la insistencia que traslucía la mirada de él, decidió aclarárselo—. He quedado con el abogado de mi abuelo. Se ha ocupado de la testamentaría y ahora vamos a hablar con el director del Banco donde mi abuelo tenía abierta una cuenta corriente y depositados unos valores mobiliarios.

—Vale, vale, —la interrumpió él—. No tenía intención de ponerme pesado y no hay razón alguna para que me des explicaciones. — ¿Puedo acompañarte al Banco o prefieres que te deje en paz?

Parecía molesto y Laura se sintió obligada a aceptar su compañía.

—No te enfades. Acompáñame, pero solo hasta la puerta del Banco.

—Está bien, — aprobó con expresión de niño enfurruñado—. En cuanto nos encontremos con ese abogado y te deje con él, pondré pies en polvorosa.

Pero tampoco entonces hizo intención de marcharse. Roberto la esperaba sentado en su coche en la misma puerta del Banco y Laura se despidió de Mario antes de que el otro descendiera del vehículo.

— Hasta mañana. Ya nos veremos en el colegio.

Al fin se dio él la vuelta y se marchó calle abajo y Roberto bajó del coche y se reunió con ella ante la puerta de la entidad bancaria.

— ¿Quién es ese chico?, le preguntó en un susurro cuando el otro no podía oírles ya.

—Un profesor de química. Un compañero del colegio donde trabajo.

—Pues parecía empeñado en asistir a la reunión, — comentó él con cierta ironía.

Apenas si tuvieron que aguardar unos minutos a que el director les recibiera y éste les hizo pasar a su despacho, un espacio acristalado dentro del local, con una pesada mesa repleta de papeles junto a un ordenador, y dos butacas destinadas a los clientes, donde tomaron asiento el abogado y Laura. El director era joven y parsimonioso, como todos los habitantes del pueblo que Laura había tenido ocasión de conocer, y dio muestras de apreciar mucho a Roberto al saludarle con un efusivo abrazo.

—Pues vosotros me diréis, —empezó, ajustándose sobre la nariz sus lentes sin montura y dirigiendo alternativamente su mirada al uno y a la otra, como si no tuviera otra cosa que hacer esa mañana que charlar amigablemente con los dos.

— Ya te comenté por teléfono que se trata de la testamentaría de don Andrés Villamil, —empezó el abogado con voz clara —. Los bienes inmuebles que dejó a su muerte ya están adjudicados a su heredera, — le explicó señalando a Laura. —y a la legataria, pero sabemos que poseía unos valores mobiliarios depositados en este Banco y una cuenta corriente, cuyo saldo, poco antes de su muerte era muy elevado. Venimos a pedirte información sobre ambos. Se me han pasado por alto al formalizar la escritura de adjudicación de la herencia y tendremos que rectificarla incluyendo esas dos partidas en el inventario.

El director volvió a ajustarse las gafas y sonrió como excusándose.

—Eres un magnífico profesional, Roberto, así que no considero necesario recordarte que el secreto bancario me obliga a actuar con pies de plomo en cuestiones como la que me estás planteando.

Impaciente, el abogado le interrumpió con un ademán.

—Y tú sabes también perfectamente que, cuando se trata de un único heredero a título universal, éste está legitimado para solicitar la información que te estamos requiriendo sin necesidad de obtener previamente autorización judicial.

El director empezó a rebullirse en su butaca.

— De acuerdo, de acuerdo. Pero antes tendrás que acreditarme que esta señorita, —dijo señalando a Laura— ostenta realmente la condición de única heredera a título universal del causante.

—Por supuesto, — admitió Roberto colocando sobre la mesa la enorme cartera que sostenía sobre sus rodillas—.Te traigo toda la documentación necesaria a ese respecto: el certificado de defunción de don Andrés Villamil, el certificado del Registro de Actos de Última Voluntad, así como la copia autorizada del testamento y la escritura de adjudicación de la herencia.

El director examinó concienzudamente los documentos conforme el otro se los iba entregando y terminó por hacer un gesto de asentimiento.

— Perfecto. Ahora dime qué quieres saber.

— En primer lugar, el estado de la cartera de valores. No he encontrado los títulos acreditativos de los mismos. Los guardaba en la caja fuerte de su casa, pero evidentemente alguien se hizo con ellos mientras don Andrés Villamil estaba en coma. Sé que los tenía depositados en este Banco.

El otro hizo un gesto de asentimiento, antes de ponerse en pie y salir del despacho. Poco después regresaba con una carpetilla de archivo repleta de papeles. Fue examinándolos uno tras otro y seleccionó uno que le mostró al abogado.

—Aquí está su carta ordenándonos la transmisión de esos valores. Está fechada el día quince de agosto último. Consecuentemente, vendimos esas acciones e ingresamos el dinero de la venta en su cuenta corriente. Como verás, esta carta está firmada por él.

El abogado estudió la firma, comparándola con la estampada en otro documento que sacó de su cartera y que parecía ser un calco de la primera.

—Me parece incomprensible, —murmuró como para sí—. Tengo entendido que don Andrés sufrió un ictus el día cinco de agosto último y que desde ese día estuvo en coma hasta el veinte del mismo mes, en que falleció. Es imposible que en el estado en que se encontraba hubiera firmado esta carta.

El parsimonioso director empezó a perder su inveterada calma. Se quitó las gafas, las limpió nerviosamente con un pañuelito de papel que extrajo de su bolsillo, y luego volvió a sujetarlas sobre su nariz, mientras comentaba:

—Es su firma, Roberto, ¿qué quieres que te diga? Tal vez tuvo un lapso de lucidez y pudo resolver sus asuntos económicos in extremis.

—Lo dudo, —masculló el abogado por lo bajo.

— ¿Decías algo?

—No, nada. Vamos a ver ahora el saldo de su cuenta corriente el día de su fallecimiento. Si ingresasteis en esa cuenta el producto de la venta de sus acciones, debe arrojar una suma bastante considerable.

Tras consultar otro documento que extrajo de su cartera, le proporcionó el número de la cuenta corriente y el director buscó ese dato en el ordenador que tenía sobre su mesa y no tardó en facilitárselo.

—Pues tengo que darte una mala noticia, —comentó levantando su mirada hacia él —. En esa cuenta queda tan solo un remanente de un euro.

El abogado enarcó interrogativamente las cejas.

— ¿De un euro?, no es posible. Según el certificado bancario que le enviasteis la semana anterior y que te he traído también, el depósito de la cuenta ya era muy elevado antes de la venta de los valores mobiliarios. ¿Cuándo se produjo el último movimiento?

Tecleando en el ordenador, el director buscó ese nuevo dato.

—El día 20 de agosto, a las nueve de la mañana.

Roberto intercambió una sorprendida mirada con Laura.

—Don Andrés falleció ese día, a las cinco de la madrugada. Está claro que alguien retiró el dinero de su cuenta ese mismo día en cuanto amaneció y abrió el Banco, después de que él hubiera muerto. ¿Quién fue y cómo lo hizo?

Inexpresivamente el director se encogió de hombros.

—Eso tendremos que preguntárselo al chico que sustituye al cajero durante el mes de agosto. No cabe dentro de lo posible que esa persona retirara el dinero de la cuenta por medio del cajero automático, porque la cantidad era muy alta. Tuvo que venir con un talón firmado por el propio don Andrés Villamil que era el único titular de la cuenta.

Los dos hombres se miraron con la misma sospecha reflejada en sus pupilas, mientras Laura paseaba su mirada de uno a otro sin acabar de entender a qué obedecía su mutismo. Al fin se atrevió a preguntárselo al abogado.

— ¿Qué pasa, Roberto? No entiendo a qué conclusión habéis llegado.

Él se volvió hacia ella con una expresión de cansado desconcierto en su semblante.

—Lo que has oído significa que, o bien tu abuelo no permaneció quince días en coma después de sufrir el ictus o bien otra persona falsificó su firma dándole a este Banco la orden de que transmitiera sus valores mobiliarios y horas después de su muerte retiró los fondos de su cuenta corriente. ¿Comprendes?

Con los ojos muy abiertos, Laura hizo un gesto de asentimiento.

—Sí, ¿pero quién puede haber sido?

Impasible en apariencia, el director marcó un número interior en el aparato de teléfono que tenía sobre la mesa y le dio unas concretas instrucciones a su interlocutor. Después se volvió de nuevo hacia ellos.

—Va a venir ahora el muchacho que sustituye al cajero en el mes de agosto. Hace un par de meses que se ha trasladado a este pueblo y no conoce a casi nadie, pero quizás recuerde a quien le entregó todo el saldo de la cuenta corriente de don Andrés Villamil. Le he pedido también que traiga el recibo del dinero que tuvo que firmar esa persona y el talón con el que lo retiró.

Poco después aparecía en el despacho un chico muy jovencito con una encrespada pelambrera pelirroja y un semblante lleno de pecas. Parecía nervioso y observó recelosamente a los dos visitantes. Contestó a las preguntas del director más alterado aún de lo que ya estaba al entrar.

— ¿Si recuerdo quien retiró el dinero de la cuenta?, claro que lo recuerdo. Era un señor muy alto y muy mayor. Con toda seguridad puedo identificarle en las cintas de las cámaras de seguridad.

— ¿Era muy alto y muy mayor?, —le preguntó Laura casi sin voz, rememorando la estatura de su abuelo —. ¿Está seguro?

—Desde luego. Tenía además un genio de mil demonios. Había llamado dos días antes para que tuviésemos preparado el dinero y se puso como una hiena, porque lo conté y tardé un par de minutos en entregárselo. Aquí traigo el recibo que firmó y el talón, —añadió mostrándoles un papel muy fino, escrito con una tinta roja y el documento al que había aludido en segundo término.

    Roberto se los quitó de las manos y comparó las firmas con la estampada en la carta que ordenaba al Banco la transmisión de los valores mobiliarios, así como la que figuraba en el testamento. Era idéntica. En el talón estaba reseñada la misma fecha del fallecimiento de don Andrés Villamil. Desconcertado cruzó su mirada con la de Laura que traslucía además suma inquietud.

    — ¿Y recuerda algún detalle más del hombre al que le entregó el dinero que pueda ayudarnos a identificarle?, —le preguntó al chico.

    Éste reflexionó durante unos instantes con su pecoso semblante contraído por el esfuerzo de concentrarse.

    — ¿Algún detalle? No, bueno, sí, pero no sé si les servirá. Llevaba una venda en la muñeca izquierda y el reloj de pulsera en la derecha.

    A ninguno de los presentes pareció interesarles ese dato y el chico se encogió de hombros como disculpándose.

    — ¿Podríamos ver ahora la cinta de la cámara de seguridad que se grabó a las nueve de la mañana del día 20 de agosto?, —le preguntó Roberto al director.

    —Naturalmente, —repuso éste que limpiaba nuevamente los cristales de sus gafas con unas manos temblorosas. A continuación se dirigió secamente al chico— .Tráeme esa cinta inmediatamente y la veremos en la sala de proyección —. Cuando el muchacho salió del despacho, se volvió hacia Roberto —. Me parece que vas a tener que interponer una querella contra ese viejo gruñón por… ¿por robo?

    —Aún tengo que estudiar a fondo este asunto, —murmuró el abogado acariciándose pensativamente la barbilla —. Pero… no sé, hay algunas cosas que no entiendo. ¿Por qué ese viejo gruñón, que se llevó un dinero que no le pertenecía, reseñó en el talón la fecha del fallecimiento del causante? Debería haber hecho constar en ese documento otra anterior a la del ictus que sufrió, para eludir la responsabilidad por la comisión de un delito.

El otro se encogió de hombros, como quitándole importancia a las acciones del viejo.

—Hay mucho ignorante suelto, Roberto. Probablemente ese hombre no sabía tampoco que quedaría grabado en la cinta de seguridad del Banco y sería por tanto inmediatamente reconocido. Para ser un delincuente hoy día, hay que ser muy listo.

Ya volvía el chico pelirrojo corriendo y con expresión de susto. Venía con las manos vacías y el director levantó la voz más de lo necesario al verle regresar sin la cinta que le había pedido.

— ¿No has traído…?

—No, señor, —le interrumpió el chico. —La hemos buscado Tomás y yo y ha desaparecido. Falta precisamente la que se grabó en la mañana del día veinte de agosto.

CAPÍTULO XI

Cabizbajos, salieron del local de la entidad bancaria Roberto y Laura poco después. El calor a esa hora del mediodía era asfixiante y la calle aparecía desierta. Los dos se detuvieron junto al coche de él.

— ¿Quieres que vayamos a comer a alguna parte o has quedado con alguien?, — le preguntó él.

—No, no he quedado con nadie.

—Pues ya que vives en este pueblo, indícame algún sitio donde podamos comer y donde nos encontremos a gusto.

— ¿Qué te parece algún chiringuito del puerto?, —sugirió Laura—. Está un poco alejado de aquí, pero quizás te apetezca andar para despejarte.

—Lo que necesito es algo que me suba la moral, —la corrigió él—. Y me considero incapaz además de andar más de un par de metros con este calor tan pegajoso. Anda, sube al coche.

Le guió ella que iba conduciendo a través de las desempedradas callejas del casco antiguo hasta que desembocaron en un paseo orillado de palmeras, donde las olas del mar iban a estrellarse contra el malecón. Un gran número de turistas, rojos como cangrejos y despellejados por el sol, se paseaban por él, aunque la mayoría comían en los multicolores chiringuitos ubicados en el paseo. En cuanto aparcó, Roberto le indicó una mesa libre en uno que anunciaba "comida española" y, abatidos, tomaron asiento en la misma, bajo la sombrilla. Roberto pasó una cansada mano por su frente.

—No lo entiendo, Laura. Es la primera vez desde que ejerzo la profesión que me sucede algo parecido. Como he comentado antes, el viejo que se llevó el dinero de tu abuelo, que ahora te pertenece a ti, tenía que ser idiota. Sin duda, ha robado la cinta de la cámara de seguridad para no ser reconocido, pero no hay tantas personas con mucha edad en el entorno de tu abuelo. Ese viejo tenía que tener acceso a la casa en la que vives y a los documentos de aquél. ¿Cuántos viejos pueden encontrarse en ese caso?

Laura clavó sus ojos oscuros en el puerto donde cientos de barquitos estaban amarrados en el muelle. Un velero desplegaba sus velas en ese momento para, traspasando la bocana, salir al mar abierto.

—Ninguno, no hay ninguno, — repuso a media voz.

— ¿Cómo que no hay ninguno?

Dudó ella en revelarle sus temores. ¿Qué podía perder? Quizás él pensara que estaba loca, pero optó por arriesgarse.

—No hay ninguno, Roberto. La persona de más edad que guardaba relación con él era doña Eulalia y ella no ha podido ser. Te parecerá una tontería lo que te voy a decir, pero creo que mi abuelo no ha muerto.

— ¿Cómo dices?

—Lo que oyes. Desde que llegué a la casa, hace unos días, sentí la presencia de él, aunque no sabría explicarte cómo y ya la primera noche vi luz en su dormitorio. Estaba sola y cuando entré en ese cuarto para averiguar lo que lo motivaba no encontré a nadie, pero sé que había estado allí poco antes. A la noche siguiente le oyó el perro en su habitación y cuando llegamos corriendo para investigar lo que sucedía encontramos el contenido de los cajones de la cómoda por el suelo. Y el otro día…

Roberto la observaba escépticamente.

—¿Qué pasó?

—Que envenenaron a Sócrates, al perro.

—¿El perro se llama Sócrates?

—Sí, le pusieron ese nombre, porque es muy listo. Mi abuelo lo odiaba y la tarde en que fui a tu despacho, al regresar, lo encontré tirado en el patio a punto de morir por el matarratas que le habían mezclado con la comida. Tuvo que ser él.

—Pero eso es absurdo,— objetó Roberto.

—Puede que lo sea, pero es la realidad. La tarde en que envenenó al perro se fumó también un cigarrillo en su despacho. A mi llegada a la casa, curioseé el cajón de su mesa y encontré una cajetilla de tabaco con tres cigarrillos dentro. Eran de la marca que le gustaba a él. Cuando vimos la colilla en el cenicero, faltaba un cigarrillo en la cajetilla. Jaime se llevó la colilla para que analizaran el ADN, pero aún no tiene el resultado.

Con la mirada fija en el barquito que salía ya a mar abierto, Roberto meneó incrédulamente la cabeza.

—No tiene sentido, ¿no comprendes? No es tan sencillo fingir la propia muerte y además, ¿qué ganaría con ello? Que yo sepa, no tenía acreedores que eludir ni enemigos declarados. Amigos tampoco, porque era una persona bastante difícil.

Laura sonrió sin ganas.

—Dime una cosa, ¿qué consecuencias tendría para mí el hecho de que él no hubiera muerto?

Sin perder de vista el barquito de vela, que navegaba ya libremente y que contemplaba como hipnotizado, Roberto se mesó pensativamente la barbilla.

—Obviamente, no serías ya su heredera. En ese supuesto absurdo, recuperaría tu abuelo los bienes que has heredado, pero no quedaría en mejor situación que antes de su muerte, fingida o no. No obtendría ningún beneficio. Salvo que se deshiciera de todo su patrimonio, no podría impedir que le heredaras antes o después, porque eres su única descendiente ¿comprendes? En realidad, ya lo intentó en su momento.

— ¿Qué es lo que intentó?

Roberto se mordió los labios por haberlo dejado escapar.

—Preferiría que no te hubieras enterado, pero, al parecer, poco antes de sufrir el ictus otorgó otro testamento, un testamento ológrafo.

— ¿Y eso qué es?

—Es un testamento escrito de puño y letra del testador, firmado por él, con expresión del año, mes y día en que se otorga. Debe ser protocolizado por el juez dentro de los cinco años siguientes al fallecimiento y sin cumplir ese trámite no sería válido.

— ¿Y mi abuelo otorgó un testamento de esas características?

—Eso me dijo el chofer, cuando me llamó al despacho el día siguiente al de su fallecimiento. Me aseguró que doña Eulalia y él lo habían firmado como testigos, aunque ninguno de los dos había tenido oportunidad de leer las disposiciones que dejó escritas tu abuelo. Pero lo cierto es que, aunque buscamos ese testamento por toda la casa, no dimos con él. Probablemente lo rompió antes de su muerte, porque de otra manera me habría comunicado su existencia.

Laura se acodó en la mesa y clavó en él sus grandes ojos oscuros.

— ¿Y podía haberme desheredado en ese testamento?

Roberto sonrió ahora, como si le pareciese curioso que ella pudiera ignorar todo lo concerniente a una materia que a él le parecía que formaba parte del acervo cotidiano de todo el mundo.

—No, claro que no. Por ser la única descendiente en línea recta, eres su heredera forzosa. Pero sí podía haberte dejado la legítima estricta y disponer del resto de la herencia. Al parecer, escribió y firmó ese testamento cuando murió tu padre.

—Para que yo heredara lo menos posible, —continuó ella—. No me extraña, porque no me quería, —musitó, rememorando su alta y enjuta figura y la expresión adusta de su rostro cuando, siendo niña, fijaba su mirada en ella—. Fui una niña bastante feúcha, pero lo más gracioso es que, físicamente, me parezco muchísimo a él, por lo que no tenía nada que reprocharme.

Roberto le dirigió una mirada admirativa.

— ¿Fuiste feúcha?, no me lo puedo creer.

—Pues sí. Me sobraba pelo por todas partes, igual que a él.

El camarero les interrumpió y los dos pidieron, lo mismo que los turistas que les rodeaban en distintas mesas, tortilla de patata y jamón serrano de bellota, con cerveza de marca también española.

— ¿Pensará el camarero que somos turistas también?, —le preguntó en tono distendido Roberto a ella, cuando aquél se alejó camino de la cocina.

Laura lo negó categóricamente.

—De mí, desde luego no lo pensará, —replicó riéndose —. Soy demasiado morena y tengo el pelo demasiado oscuro. De ti que eres más clarito, quizás.

Durante unos minutos los dos se olvidaron de la entrevista que habían mantenido con el director del Banco y disfrutaron de la comida y de su mutua compañía. El mar en completa calma, saturaba el ambiente de humedad rompiendo monótonamente contra el muelle y ella se lo señaló.

— ¿No hay en esta tierra galernas, como en el norte? El mar está siempre como un plato.

Él se apresuró a negarlo.

—Te sorprendería entonces los días en los que sopla viento de levante. El agua se vuelve oscura y las olas se levantan varios metros y rompen estruendosamente contra las rocas o irrumpen en las playas dejándolas reducidas a la nada. Y en el acantilado donde vives, en esos días el viento debe de ser temible—. Se calló bajando la vista hacia su plato, ya vacío, como si no se atreviera a preguntarle lo que le pasaba por la mente. Al fin se decidió —. Oye, ¿no pasas miedo en esa casa? Recuerdo que una tarde en la que fui a resolver unos asuntos con tu abuelo parecía que el viento la iba a arrancar de cuajo de las rocas sobre las que la construyeron.

Laura se encogió evasivamente de hombros sin decidirse a aclararle que si conseguía conciliar el sueño por las noches era gracias a la presencia de Jaime que dormía en el cuarto que había sido del abuelo. Hasta ese momento había pensado que el comportamiento de éste al brindarse a pernoctar en la casa era totalmente desinteresado, pero en ese instante se preguntó si no obedecería también a una especie de revancha. Con la mala intención que le caracterizaba, su abuelo le había relegado a una habitación inhóspita, destinada a los criados de la casa, y él se había instalado ahora, al menos temporalmente, en la que había pertenecido a su dueño.

—Estoy bien, dentro de lo que cabe, —murmuró en voz muy baja—. Afortunadamente tengo a Sócrates, pero no pienso vivir en esa casa durante mucho tiempo. Mi intención es venderla y volver a Madrid en cuanto me sea posible.

— ¿Te vas a marchar?, —le preguntó él. Parecía sentirlo sinceramente—. También podrías comprarte un piso en Murcia con el dinero que obtengas de la venta —le sugirió—. El clima es magnífico y los murcianos somos alegres y muy hospitalarios. ¿O es que has dejado a alguien en Madrid?

Laura se apresuró a negarlo.

—No, claro que no. Es que he vivido siempre allí y por eso creo que me costaría a adaptarme a otro lugar.

Se quedaron los dos callados mirando al mar, inmóvil dentro del puerto y al fin ella rompió aquel silencio, tan denso que parecía oírse.

—Oye, he pensado que... ¿no tendrás por casualidad el teléfono del chofer de mi abuelo? He pensado que debería hablar con él. Quizás pueda aclararme algo sobre ese testamento ológrafo que me has comentado y también podría concretarme todo lo referente a la última enfermedad de mi abuelo.

Roberto sonrió con sorna.

—Tengo su teléfono, pero no por casualidad, sino porque se lo pedí. ¿Sigues pensando que tu abuelo sigue vivo y que ha fingido su muerte? Tendría que haberle ayudado doña Eulalia y no la considero capaz.

—También quiero volver a hablar con ella, porque tengo la impresión de que sabe mucho más de lo que aparenta. ¿Tienes el teléfono del chofer a mano?

Él meneó afirmativamente la cabeza.

—Si, en mi despacho, pero te llamaré al móvil en cuanto lo localice. Y ahora me temo que debo regresar a Murcia. Tengo a algunos clientes citados esta tarde.

—De acuerdo. Pagaremos a medias y a continuación puedes hacerme el favor de llevarme al colegio donde trabajo, porque he dejado mi coche aparcado allí, en la calle.

— ¿Y por qué vamos a pagar a medias? Tenía intención de invitarte.

—No seas antiguo, —protestó ella—. Has perdido una mañana de trabajo. Lo menos que puedo hacer es invitarte yo.

—Ni hablar, —se opuso él.

—Pues entonces, a medias.

—Vale, —se resignó — pero la próxima vez…

Ya venía el camarero dispuesto a cobrarles y en cuanto liquidaron la cuenta se introdujeron en el coche de Roberto. La llevó él a recoger su vehículo y luego se despidieron bajo un sol abrasador

—No olvides llamarme para darme el teléfono del chofer, —le recordó ella.

—Ni tú en llamarme a mí si te acercas a Murcia para hablar con él. Podemos vernos allí y… y cuídate.

El acantilado de las gaviotas

CAPÍTULO XII

La casa estaba fresca y en penumbra cuando Laura entró en el vestíbulo poco después. Y qué vacía le pareció que se encontraba ésta sin la presencia de Jaime y los alegres ladridos de Sócrates. Vacía y desolada. La escalera a la que se dirigió a continuación para subir a su cuarto volvía a verse envuelta en una tenebrosa oscuridad, pese a que encendió la luz que proyectaban los apliques de la pared, y los peldaños crujían nuevamente bajo sus pies. Incluso las sombras movedizas del pasillo de la planta superior habían retornado a los rincones que habían abandonado esa mañana. Se agitaban a impulsos de una corriente de aire que provenía del fondo del corredor y lo recorría de extremo a extremo. La puerta de su dormitorio se encontraba entreabierta, por lo que introdujo la cabeza para comprobar si era del balcón de esa habitación de donde procedía aquel inoportuno vendaval que campaba a sus anchas por la galería. La puerta de cristales de éste estaba cerrada a cal y canto, por lo que tenía que provenir de algún otro balcón, probablemente del de la habitación del abuelo, que Jaime se hubiera olvidado de cerrar al marcharse esa mañana a su trabajo.

Continuó pasillo adelante dejando atrás su habitación. Rebasó el cuarto de baño y alcanzó la puerta del dormitorio de su abuelo que estaba entreabierta. No llegó a dar ni un paso dentro de la estancia. La cálida brisa que penetraba por el balcón le dio de lleno en el rostro y retiró maquinalmente de su rostro sus largos cabellos, mientras con los ojos desmesuradamente abiertos contemplaba el lecho que había sido de su abuelo. Sobre la colcha granate de la cama reposaba un traje de caballero, de color gris marengo, junto a una camisa blanca y una corbata negra, como si alguien los hubiera dispuesto así para vestirse con esa indumentaria dentro de unos instantes.

Asida al quicio de la puerta, Laura se quedó inmóvil, con el corazón latiéndole apresuradamente dentro del pecho Esa ropa no pertenecía a Jaime. Éste vestía siempre de sport, incluso para acudir a su consultorio. ¿Quién había entrado en la casa en su ausencia y la había extendido sobre la cama? Intentó mover las piernas sin conseguir que le obedecieran. Creyó percibir a lo lejos el timbrazo del portalón de entrada y se preguntó confusamente quien podría ser el visitante a esas tempranas horas de la tarde. Con extrema dificultad consiguió accionar un brazo y luego el otro. Finalmente recuperó el uso de sus extremidades inferiores, al tiempo que otro timbrazo retumbaba por todos los rincones de la casa despertando mil ecos que fueron esparciéndose por la galería y ascendieron luego por la escalera de los dormitorios de los criados.

A duras penas logró desasirse del quicio de la puerta y echar a correr hacia la escalera para descender al vestíbulo y mirar por la mirilla. Quizás fuese Roberto, que hubiese olvidado decirle algo, o Mario que no se resignara a perder la oportunidad de bañarse una vez más en la playa de las gaviotas o incluso el pesado de Jacobo. Cualquiera de los tres sería bienvenido. Cualquiera que compartiese con ella el sobresalto que acababa de experimentar al ver sobre la cama una ropa, similar a la que el abuelo acostumbraba a vestir, dispuesta para ser utilizada.

Otro timbrazo la sobresaltó, mientras remataba el último peldaño. Se aproximaba ya al portón para mirar por la mirilla, cuando oyó la voz de Jaime al otro lado de la hoja.

— ¿Me abres o qué? Tengo que marcharme cuanto antes.

Con un profundo suspiro de alivio giró ella la llave en la cerradura y se hizo a un lado para dejarle pasar. Traía a Sócrates sujeto por el collar y entró con él en el vestíbulo. Luego cerró el portalón con el hombro y se apoyó en él contemplando impasible el alborozo del perro al encontrarse con su dueña.

— ¿Vengo demasiado pronto?, —le preguntó irónico.

Estaba Laura tan aturdida que no consiguió encontrar las palabras oportunas.

—Sí…, digo no. ¿Por qué habría de ser demasiado pronto?

—Pues no sé. Puede que hubieras decidido marcharte de paseo con ese tipo con el que debes de haber comido o con el pesado del profesor de química. ¿Me olvido de alguno más?

Desconcertada, le escuchó sin entenderle. ¿De qué le estaba hablando? Aún espantada veía en su mente el traje de caballero sobre la colcha granate aguardando la llegada de… ¿de quién? ¿Y todo lo que se le ocurría a Jaime era preguntarle si iba a salir de paseo con alguno de esos dos hombres?

—Tienes que… tienes que subir conmigo al cuarto de mi abuelo, —balbuceó entrecortadamente advirtiendo que él hacía intención de volver a marcharse.

— ¿Al cuarto de tu abuelo?, ¿para qué? Ya te he dicho que tengo mucha prisa.

—Tienes que venir, —insistió ella obstinadamente—. Sobre la colcha hay un traje que…— Una duda se abrió paso entre los confusos pensamientos que se agolpaban en su mente —.Porque no será tuyo, ¿verdad?

— ¿Mío?, ¿de qué estás hablando?

—Del traje de caballero que acabo de ver sobre la cama en la que duermes ahora. Supongo que estaría guardado en el armario de ese cuarto, pero alguien lo ha descolgado de la barra y lo ha dejado preparado encima de la cama.

Jaime enarcó las cejas sin comprender.

—¿Preparado para qué?

—Preparado para ponérselo. Es idéntico al que usaba mi abuelo.

—¿Tu abuelo?

Hasta a ella misma le pareció absurda su respuesta.

—Sí.

Jaime se rascó la cabeza como si estuviera luchando por entenderla.

—No comprendo lo que dices. Tu abuelo se murió el mes pasado y no me parece posible que regrese del más allá para ponerse la ropa que tenía en el armario. ¿Por qué no tratas de razonar con un poco más de lógica? No es tan difícil.

Laura empezó a impacientarse.

—No es lógico, pero nada de lo que sucede en esta casa lo es. ¿Quieres subir conmigo a verlo de una vez? Creo que en esta ocasión tu trabajo puede esperar.

La suposición de que su trabajo fuera menos importante que lo que acababa de encontrar Laura en el dormitorio que ocupaba él en el presente le irritó desproporcionadamente. Intentó explicárselo con una chispita de indignación asomándole a los ojos.

—Es que se trata del parto de una vaca, que va a traer al mundo dos terneros —objetó como si lo que le explicaba fuera un argumento decisivo. Se resistía a seguirla, pese a que ella tiraba de su brazo—. Me han avisado esta mañana y su dueño ha quedado en recogerme dentro de unos minutos en el consultorio para llevarme a su granja, ¿entiendes? Por eso te he traído al perro más temprano de lo habitual, porque no sé cuando terminaré con el alumbramiento de los terneros.

Tozudamente consiguió Laura hacerle avanzar hacia la escalera a fuerza de empellones.

—Entenderlo lo entiendo, ¿pero es que esa vaca no sabe parir sola? Y en cualquier caso, que se espere. Lo que voy a enseñarte es mucho más trascendental.

Resignadamente la siguió él escaleras arriba y luego a lo largo del pasillo hasta que llegaron al dormitorio que había sido del abuelo. Sobre la colcha y cuidadosamente extendida vio Jaime la ropa que le había alarmado tanto a ella.

—Bueno, ¿y qué?, —masculló con total indiferencia —. Alguien habrá sacado esa ropa del armario y la habrá dejado sobre la cama. No hay ninguna razón para que supongas que ha sido tu abuelo.

Laura reprimió un exabrupto.

— ¿Alguien?, ¿quién? ¿Has sido tú?

— ¿Yo?, no, claro que no.

—Pues tampoco he sido yo y que yo sepa no hay nadie más en esta casa.

Lo que intentaba explicarle Laura fue penetrando lentamente en el cerebro de él que parpadeó desconcertado para luego clavar en el semblante de ella sus clarísimos ojos azules.

— ¿Quieres decir que en nuestra ausencia ha entrado un intruso en la casa y ha descolgado del armario la ropa de tu abuelo? ¿Y por qué o para qué iba a hacer alguien esa tontería? Comprendería que la hubiese asaltado para llevarse el microondas o el televisor, aunque es viejísimo, pero no tiene sentido que lo haya hecho para descolgar la ropa de tu abuelo del armario—. Pensativamente pasó una mano por su barbilla y luego se dejó caer sentado a los pies de la cama para repetir —: Porque no has sido tú, ¿verdad?

— ¿Yo?, —se defendió ella—. Ni siquiera he entrado esta mañana en esta habitación. Me he marchado corriendo al colegio porque, como de costumbre, llegaba tarde.

Jaime se levantó para abrir el armario de par en par. Estaba vacío.

—Hubiera asegurado que mi madre se llevó la ropa de tu abuelo antes de abandonar esta casa y que se la entregó a la parroquia,— murmuró confuso—. No comprendo cómo ha llegado hasta aquí ese traje con la camisa y la corbata ni el motivo de que la hayan colocado sobre la cama.

—¿Y qué hacemos?, —le preguntó Laura dirigiendo una asustada mirada a su espalda como si temiera ver aparecer al desconocido intruso de un momento a otro.

—Me la llevaré, —Decidió él, procediendo a doblarla en dos para reducir su tamaño y colgársela del brazo—. Estoy seguro de que al granjero le quedará muy bien y que me lo agradecerá.

—¿Al dueño de la vaca?

—Sí, es más bajo de lo que era tu abuelo, pero ya se la arreglará su mujer. Y ahora tengo que irme.

Se había puesto en pie para dirigirse hacia la puerta y ella le siguió asustada.

—¿Te marchas?

—Claro, ya te he dicho que tengo que asistir a un parto—. Se detuvo para girarse hacia la cama y clavar sus ojos en la colcha granate como si acabara de entender el motivo por el que estaba Laura tan asustada. —Me parece incomprensible que haya entrado alguien en la casa para dejar ahí encima esta ropa, — reconoció al fin señalando la que llevaba colgada del brazo—. ¿Te has fijado en si han forzado la cerradura?

—Sí, pero no la han forzado. Quienquiera que haya sido no ha utilizado ganzúas ni ninguna herramienta similar.

Él esbozó un gesto de impaciencia.

—Ahora no tengo tiempo, Laura. Ya hablaremos de este tema más despacio. De momento no abras la puerta a nadie y no te separes de Sócrates.

—Pero volverás esta noche, —apuntó ella temiendo una negativa por parte de él.

—Sí, pero no sé a qué hora. Cierra la puerta con llave cuando te vayas a la cama. Por esta vez, entraré con la mía.

Desde el pasillo oyó Laura el sonido del portón al cerrarse a espaldas de Jaime y después el ronco sonido del motor apagándose paulatinamente conforme bajaba la cuesta que le llevaría al pueblo. Luego el silencio se expandió en torno de la casa, tan solo truncado por el amortiguado sonido del mar. Sin saber qué hacer se dirigió a su dormitorio y se acercó al balcón para contemplarlo. Se agitaba parsimoniosamente hacia la playa para retroceder después y volver a avanzar sin prisas con su color azul de siempre, bajo un cielo sin una sola nube. Se dijo que podía bajar con Sócrates a la playa para darse un baño y no experimentar así aquella soledad tan sobrecogedora, aquella sensación tan aguda de estar aislada del mundo notando que algo que no entendía se cernía peligrosamente a su alrededor.

Acababa de ponerse su bikini rojo, cuando sonó su móvil y se lo llevó al oído. Reconoció la voz de Roberto.

—Laura, acabo de llegar el despacho y te llamo para darte el teléfono del chofer de tu abuelo. Se llama Ramón López y no sé si le recordarás, porque entró a su servicio poco antes de que tu padre se enfadara con el suyo por el asunto de… bueno, por un asunto que no hace al caso.

Sonrió ella al escucharle. Roberto era tan prudente… Empeñado siempre en salvaguardar unos secretos que todos conocían. Incluso los conocía ella, que cuando vivía en Madrid ignoraba todo lo que refiriera al rincón de la costa de Murcia donde se encontraba en ese momento.

—Sí, por el asunto de Julia y de su hijo,— replicó y volvió a sonreír socarronamente al captar el sobresalto en la voz de él.

— ¿Sabes lo de Julia?, —le preguntó, tras un lapso de tiempo en el que permaneció en silencio, sin duda buscando las palabras que había perdido a causa de la sorpresa.

—Sí, claro que lo sé.

— ¿Te lo comentó doña Eulalia?

—Sí, porque yo se lo pregunté.

—Pobre mujer, —se condolió él—. Me lo refirió mi padre. Estaba indignado con tu abuelo, pero ella se comportó también en esa ocasión con la nobleza que la caracterizaba.

No era esa la opinión que le merecía a Laura la actitud de doña Eulalia, al verse obligada a compartir con otra mujer la relación que mantenía con su abuelo, pero se abstuvo de darle su opinión.

— ¿Conociste a Julia?, —le preguntó tan solo.

—Sí, yo era un chiquillo entonces, pero era una mujer muy guapa y muy joven. Y muy interesada también.
— ¿Crees que se lió con mi abuelo exclusivamente por el dinero?
—Eso no lo sé, porque solo la vi solo en una ocasión en la que estaba yo echando una mano a mi padre en el despacho. Era estudiante de Derecho entonces y colaboraba con él de vez en cuando en los asuntos más sencillos que le encargaban sus clientes. Julia se había enfadado con él y había abandonado ya la casa del acantilado, donde había residido ese verano con su hijo y tu abuelo quería comprarle un piso en Murcia. Vino a pedirle a mi padre que se ocupara del tema,

Laura abrió desmesuradamente sus ojos oscuros, diciéndose que su abuelo debía haber sido más tonto de lo que imaginaba.

— ¿Y se lo compró?

Vaciló él pensando sin duda que había hablado de más.

—No lo sé. No tendría que haberte contado esto, aunque tu abuelo no fuera entonces mi cliente y no tuviera yo obligación de guardar el secreto profesional sobre sus asuntos. Pero en fin, te llamaba para darte el número de teléfono del chofer, así que apunta.

Tomó nota ella en un papel que extrajo de su bolso y luego se despidió del abogado.

Sin decidirse todavía a llamar a aquel desconocido bajó a la sala de estar con el móvil en una mano y el papelito en la otra, tomando asiento en su butaca preferida, junto a la apagada chimenea. Un rayo de sol rebosante de fino polvillo en suspensión se filtraba a través de los cristales de la ventana e iluminaba el tapete de crochet que adornaba la mesa camilla. Se preguntó qué habría sentido doña Eulalia en las innumerables ocasiones en las que habría ocupado la butaca en la que se hallaba sentada contemplando un rayito de sol similar al que ahora caldeaba la superficie de la mesa y con otra mujer en la casa usurpándole el papel que le había correspondido a ella con anterioridad. Solo una dama de otra época lo hubiera tolerado, se dijo convencida. Solo una dama sin medios de vida, obligada a consentir los caprichos y desatinos del hombre que la mantenía, por la razón de no tener a donde ir. ¿Habría conocido doña Eulalia el contenido del testamento ológrafo que redactó su abuelo?

Resueltamente marcó el número de teléfono que le había facilitado el abogado y que pertenecía al que había sido chofer de su abuelo y oyó una voz masculina a través del hilo.

— ¿Don Ramón López?

Hubo una pausa. Su invisible interlocutor parecía haberse quedado desconcertado al ser tratado con tanto formalismo.

—Sí, soy Ramón, —repuso con marcado acento murciano—. ¿Con quién hablo?

—Soy Laura Villamil, la nieta de…

—La nieta de don Andrés, —la interrumpió él—. Pues usted me dirá.

—Me gustaría… me gustaría hablar con usted si tiene un rato libre. Estoy en el acantilado de las gaviotas, pero puedo acercarme a Murcia cualquier tarde en la que le venga bien que quedemos.

La voz de él sonó ahora recelosa.

— ¿Quiere hablar conmigo?, ¿de qué quiere hablar conmigo?

—Pues…— ¿qué podría responderle para acallar su suspicacia? Como no se le ocurrió nada, decidió decirle la verdad —. De mi abuelo, —replicó al fin—. Usted le conoció bien y podría aclararme algunos asuntos que tengo que resolver. Sé que confiaba mucho en usted.

Esperaba halagarle con su último comentario y, en efecto, la voz de él sonó ahora más complaciente.

—Pues podemos quedar cuando usted quiera. Me viene mejor por las mañanas. Conduzco un autobús de alumnos de primaria para llevarles al colegio, pero a eso de las once…

—No, no, por las mañanas me es imposible. Tendría que ser a alguna hora de la tarde.

—Por la tarde recojo a esos niños a las cinco, pero pasado mañana, a las siete, podríamos vernos. ¿Dónde le parece que quedemos? ¿Conoce la calle de la Trapería?

Evocó Laura la céntrica vía peatonal que arrancaba de la plaza de la Cruz, hirviente de animación durante todo el día.

—Sí, si la conozco.

—Hay una cafetería al comienzo de la calle. ¿Le parece bien?

—Sí, pero oiga, no nos hemos visto nunca. ¿Cómo podremos reconocernos?

El chofer pareció vacilar.

—Pues... ¿se parece usted a don Andrés?

Laura se lo preguntó a sí misma sin acertar con la respuesta.

—No lo sé. Soy alta y delgada y... morena, muy morena, con el pelo largo y oscuro. Tengo veintiséis años. Llevaré un pantalón vaquero y una blusa de color azul turquesa. ¿Y usted?

—Yo llevaré una camisa roja que me ha regalado mi mujer por mi cumpleaños. Hemos quedado en vernos allí pasado mañana a las siete, ¿de acuerdo?

Laura le dio su conformidad y cortó satisfecha la llamada. Acababa de apoyar la cabeza en el respaldo de la butaca y empezaba a idear mentalmente el disimulado interrogatorio al que sometería al chofer dos días después, cuando sonó el timbre de la puerta y se incorporó de un salto. ¿Sería Jaime que había comprendido al fin que, más importante que el parto de la vaca, era descubrir quién había dejado sobre la cama del dormitorio de su abuelo la ropa de caballero que se había llevado? Apresuradamente salió al vestíbulo y atisbó por la mirilla. No vio a nadie en el porche, pero ya conocía la identidad del que acostumbraba a utilizar esa estratagema, por lo que le dio dos vueltas a la llave en la cerradura y abrió el portón. Jacobo estaba montado en su bicicleta con ésta apoyada contra el muro de la casa y le sonrió.

—¡Hola! Me alegro de verla.

No traía nada en las manos, por lo que Laura supuso que se había acercado a la casa exclusivamente con la intención de charlar un rato con ella. Le miró muy digna.

—Perdone, pero estoy ocupada. Veo que no me trae ninguna carta y como tampoco tengo ninguna que entregarle, pues...

El hombre se apresuró a interrumpirla.

—He venido antes, a la hora de comer, pero aún no había vuelto usted.

—No, no había vuelto, —replicó ella con gesto adusto—. ¿Y a qué ha venido, si puede saberse?

—A verla, —contestó Jacobo con toda frescura—. Había un coche en la puerta y, aunque no era el suyo, he pensado que la había traído él a su casa.

— ¿A mí?, no. He comido en el pueblo. ¿Pero de qué "él" me está hablando?

El cartero se la quedó mirando descaradamente sin que de su moreno semblante desapareciera la sonrisa.

—Ya sabe de quién. De ese hombre que vive con usted y que entra en la casa con su llave. Había subido yo hasta aquí con mi bici cuando he oído el motor de su coche por la cuesta. Él no ha advertido mi presencia, porque me he escondido detrás de una palmera, pero le he visto entrar.

Aturdida, Laura le escuchó sin acabar de entenderle.

— ¿Le ha visto entrar?

—Sí y no ha sido la primera vez. Hoy traía un traje de caballero colgando de una percha. Al poco se ha vuelto a marchar. Sabe de quién le hablo, ¿verdad?

¿Cómo lo iba a saber?, se preguntó desconcertada. La única persona que además de ella tenía llave de la casa era Jaime y éste le había asegurado que no había sido él quien extendiera encima de la cama del abuelo un traje similar a los que éste había usado en vida.

—No, no sé de quién me habla, —afirmó muy seria para que el chico comprendiera que no le hacía gracia el tono que empleaba con ella ni su desfachatez—. Y está equivocado.

Vivo sola y no hay ningún hombre que tenga llave de esta casa.

Jacobo se echó a reír, mientras intentaba peinarse con los dedos su ensortijado y negro cabello.

—Como usted diga, es muy dueña de hacer y de pensar lo que guste, pero conste que le he visto con toda claridad.

En ese momento la curiosidad que experimentaba Laura se antepuso a cualquier otra consideración, por lo que le preguntó:

— ¿Y cómo era ese hombre?, ¿le ha visto la cara?

—La cara, no, porque yo estaba escondido detrás de aquella palmera, —dijo señalándole una que se hallaba más allá de la placeta. —Le he visto de espaldas con la percha en la mano. Era un tipo alto.

— ¿Joven?

—Eso no lo sé con seguridad. No andaba encorvado si es eso lo que me pregunta. ¿No me invitaría a tomar una cerveza?

Su atrevimiento la irritó y meneó negativamente la cabeza.

—No, ya le he dicho que tengo mucho que hacer. Adiós.

Entró nuevamente en el vestíbulo cerrando el portón tras ella. Luego volvió a sentarse en la butaca de la sala de estar en la que había estado apoltronada antes y pasó una mano por su frente sintiéndose mortalmente cansada, mientras una incipiente sospecha iba tomando forma en su mente. ¿Sería posible que Jaime le hubiese mentido respecto al traje de caballero que había encontrado ella sobre la cama de su abuelo? Era el único que tenía llave de la casa y se había apresurado a llevarse ese traje sin detenerse a reflexionar sobre ello. ¿Lo necesitaría para...? ¿Para qué?

CAPÍTULO XIII

En cuanto llegó al colegio a la mañana siguiente, se le acercó Ginés, el ordenanza, con cara de circunstancias. Tenía ya Laura la mano en el picaporte del aula donde acostumbraba a dar clase y se detuvo para volverse hacia él, un hombre bajito y grueso que se le acercó para susurrarle al oído:

—El director quiere verla. Me ha dicho que no deje de presentarse en su despacho cuando termine la primera clase de la mañana.

El corazón le dio un vuelco. Lo que tanto había temido se había producido al fin. Desde que hiciera salir a Ismael Rodríguez del aula y Carmen le hiciera ver que no se consideraba ortodoxo tomar tales medidas con el hijo del médico del pueblo, había estado esperando el recado que Ginés acababa de comunicarle. ¿Se limitaría el director a recriminarla por su comportamiento o le enseñaría directamente la puerta del colegio dando por finalizado su contrato? Y si sucedía esto último, ¿qué podría hacer ella? En el pueblo no había otro colegio privado y en uno público no la admitirían porque se requería para ello haber aprobado la correspondiente oposición.

Ginés la observaba interesado, sin traslucir lo que sin duda estaba imaginando. Era un buen hombre, pero también bastante cotilla. Tal vez supiera lo que el director tenía previsto hacer al respecto.

— ¿Le ha dicho algo más? ¿Le ha comentado el motivo por el que quiere verme?, — le preguntó simulando indiferencia.

—No, señorita Laura. Lo que sí puedo decirle es que no parecía contento. Tabaleaba con un lápiz sobre la mesa de su despacho y de vez en cuando le propinaba un golpe más fuerte al tablero como si necesitara desahogarse, ¿me entiende?

—Ya, — musitó escuetamente ella, experimentando la desagradable sensación de que algo le oprimía dentro del pecho—. Pues muchas gracias por avisarme, Ginés.

Consiguió esbozar una sonrisa al entrar en el aula y dirigirse sin prisas hacia su mesa como si sintiera relajada y tranquila. Solo cuando hubo tomado asiento tras ella, con la pizarra a su espalda, se atrevió a mirar de frente a sus alumnos, que, como de costumbre, correteaban por el pasillo central del aula, formado por las dos alas de pupitres, y hablaban unos con otros riéndose a carcajadas sin el menor respeto hacia la profesora que acababa de presentarse para comenzar la clase. Ismael no se encontraba en ninguno de los grupos que charlaban embromándose. Al inspeccionar el aula con la mirada, le localizó sentado en su pupitre, en la tercera fila de la derecha, observándola con una sonrisa irónica en los labios. Sin duda estaba disfrutando de antemano imaginando la bronca que iba a recibir ella por haberse atrevido a llamarle al orden, siendo como era el hijo de una de las personalidades del pueblo.

Pese a que sintió que el corazón se le desbocaba dentro del pecho, logró mantener su expresión imperturbable sin que le aflorara al rostro la sensación que estaba padeciendo en ese momento, la de que las costillas le oprimían un espacio interior que no supo ubicar. No obstante, consiguió volver a sonreír y extraer de su garganta unas palabras que pronunció con voz clara:

—Buenos días a todos. ¿Hay algún voluntario que quiera explicarnos en qué circunstancias se produjo el sitio de Numancia?

Solo un brazo se levantó, indicando así que su dueña se sabía la lección que Laura había señalado para esa mañana. El de Juanita González, la empollona de la clase, que recibió de su auditorio los correspondientes pitidos y abucheos por serlo y por manifestarlo además públicamente. Laura los cortó en seco y sin pensar en las posibles quejas de los padres de esos chicos por reprimir lo que sin duda considerarían naturales expansiones de éstos, tronó:

— ¡Silencio! Si alguno de ustedes tiene algo que decir, que se levante, que salga a la pizarra y que lo exponga en voz alta para que todos podamos oírle. El que moleste a los demás, saldrá inmediatamente al pasillo ¿Me han entendido?

Como ninguno tenía el menor deseo de aceptar lo que debían considerar una espantosa sugerencia y temían además ser expulsados del aula, se produjo un silencio denso. Ninguno interrumpió a Juanita mientras recitaba la lección con su vocecilla aflautada ni se atrevió a arrojarle aviones de papel. Aparentemente intimidados, permanecían inmóviles en sus pupitres con la barbilla apoyada en su mano y el semblante sin expresión. Únicamente Ismael continuaba sonriendo sarcásticamente, como un gato que se relamiera anticipadamente ante la perspectiva de comerse el ratón que ya había cazado.

La clase se le hizo a Laura interminable. Se desgranó en una eterna sucesión de segundos que no acababan de transcurrir e incluso a ratos le pareció que el reloj que regía el universo se había detenido con su maquinaria rota, aunque no alcanzó a saber si deseaba que finalizaran de inmediato los tres cuartos de hora que debía durar la clase o si por el contrario prefería que ese lapso de tiempo se prolongara indefinidamente.

Al fin sonó el timbre que indicaba que esos lentísimos minutos habían transcurrido ya y los chicos se levantaron todos a la vez para abalanzarse corriendo hacia el pasillo. Únicamente Ismael Rodríguez permaneció sentado en su mesa y solo cuando el último de sus compañeros había salido ya del aula se levantó y caminó lentamente por el pasillo central con la mirada fija en el rostro de Laura, sonriendo irónicamente. Pasó por delante de la mesa de ella y luego salió al pasillo, perdiéndose de su vista.

Cuando se quedó sola inspiró aire, como si en esos momentos necesitara llenar sus pulmones con todo el oxígeno existente dentro de la sala. Luego se puso en pie y se dirigió calmosamente hacia la puerta para salir al pasillo y caminar en dirección al despacho del director. Inspiró aire nuevamente antes de llamar a la puerta con los nudillos y al oír la voz de éste invitándola a pasar, la abrió cuidadosamente y entró en la habitación con aire decidido. No iba a permitir que la achantase, aunque la despidiera y se viese obligada después a sobrevivir el resto del mes a base de bocadillos de mortadela. Sabía que había obrado correctamente al no permitir que Ismael Rodríguez le faltase al respeto, por lo que tomó asiento frente al director al otro lado de la mesa y levantó los ojos hacia él.

—Quería hablar con usted, — empezó éste, que no parecía sentirse nada cómodo. Vestía un traje claro de alpaca y llevaba la corbata torcida, pero su figura emanaba dignidad, pese a que su expresión era tímida. Mantenía la vista fija en el cerro de papeles que tenía sobre la mesa y se rebullía inquieto en su butaca. Carraspeó y sin mirarla le comentó en tono neutro: — Es preciso que intercambiemos nuestros respectivos puntos de vista. Al parecer, mantiene una actitud excesivamente rígida y exigente con uno de los alumnos de este centro, hasta el extremo de que su padre ha venido a quejárseme.

Laura permaneció silenciosa con gesto interrogante y el director continuó:

—Su padre es una persona de enorme prestigio en este pueblo y por el que siento un gran respeto. Hasta la fecha había demostrado aprobar nuestros métodos de enseñanza y el trato que dábamos a nuestros escolares.

— ¿Y ya no está satisfecho con ese trato?, — inquirió Laura sin poder evitar que el sarcasmo aflorara a su voz.

Por primera vez clavó el director su mirada en ella y nuevamente carraspeó inseguro.

—Verá. Ya le dije el día en que la conocí que los alumnos a los que usted iba a dar clase son insoportables, pero no quiero tener problemas con sus progenitores. Miman a sus hijos en exceso y consecuentemente los chicos se creen los reyes de la creación con derecho a imponer sus caprichos y sus excentricidades por donde pisan. ¿Me comprende?

Laura se apresuró a mostrarse conforme.

—Sí, perfectamente. Los ha definido a la perfección, ¿pero que considera entonces que debería hacer yo en lugar de castigarles? ¿Convertir la hora de clase en un campeonato de aviones de papel o darle un premio al que emitiera una carcajada más sonora? Lo único que he pretendido es que aprendan algo, lo que a mi entender no es una exigencia excesiva.

Había levantado la voz al pronunciar sus últimas palabras y él levantó una mano recomendándole calma.

—Bueno, bueno, no se altere. Lo que quiero pedirle es que procure tranquilizar al padre de ese alumno. Me ha solicitado una entrevista con usted y le he contestado que seguramente estaría encantada de recibirle esta tarde, a eso de las cinco. Tengo que darle una contestación. ¿Le viene bien a esa hora?

Con un suspiro de alivio al comprobar que todavía le daba una oportunidad, aceptó ella inmediatamente.

—Por supuesto que sí. ¿Dónde le parece que me reúna con él?, ¿en el aula de profesores?

—Sí, es lo acostumbrado. Nadie les molestará esta tarde, ya que no tenemos programada ninguna clase y podrán disponer de ese aula con entera libertad. Ginés les abrirá la puerta a los dos cuando lleguen, porque, como sabe, por las tardes no deja pasar a nadie sin una cita previa.

Parecía que el director daba la entrevista por finalizada, por lo que hizo ella ademán de levantarse de su butaca, pero lo pensó mejor y tomó asiento nuevamente para preguntarle:

—¿Puede decirme qué clase de persona es el padre de ese chico? Sé que es médico y que Ismael es hijo único. Me gustaría saber cuál es su punto flaco, si es que lo tiene, para planificar mi estrategia.

—Pues...— el hombre se interrumpió vacilante, ya que al parecer no tenía formada una opinión exacta. Se acarició luego el cogote y finalmente se encogió de hombros con vaguedad—. Pues no sé qué decirle. Le conozco hace muchos años y le considero un buen médico. Quizás sea un poco engreído, pero es natural porque se le considera una de las fuerzas vivas de este pueblo. Se quedó viudo hace años y... procure darle la impresión de que no es una chica progre y, sobre todo, no alardee de feminismo, porque supongo que debe ser un tipo conservador. Imagino que pertenece al gremio de los hombres que piensan que las mujeres deben ocuparse exclusivamente del hogar, dado que ese es el papel que en el mundo les ha encomendado Dios.

Al oírle sintió Laura una irritación tan sorda que olvidó que hasta unos minutos antes había temido que la pusieran de patitas en la calle y levantó desafiante la barbilla.

—¿Y cómo sabe él lo que ha decidido Dios a ese respecto? Esa opinión en el siglo en el que vivimos resulta bastante anacrónica. ¿No le parece?

Presintiendo una arenga sobre el derecho de igualdad de las mujeres en los tiempos actuales, el director se apresuró a contemporizar.

—Vale, vale, estamos totalmente de acuerdo, pero recuerde que estamos tratando de resolver la reclamación del padre de Ismael Rodríguez. Procure...— se interrumpió azarado para luego sonreírle tímidamente. — procure parecer esta tarde una chica modosita y alábele al chico. Dígale algo así como que tiene un futuro prometedor por delante a poco que se esfuerce y que en este colegio estamos para ayudarle a conseguirlo. ¿Le parece bien?

No compartía Laura su punto de vista. Pretender que Ismael alcanzara un futuro prometedor gracias a las clases de geografía e historia que impartía ella, le pareció una utopía inalcanzable, pero hizo un gesto de asentimiento. Lo importante era aplacar las iras del médico para conservar el único puesto de trabajo al que de momento podía aspirar. Le sonrió al director al ponerse en pie y éste le devolvió la sonrisa.

—Ya me contará mañana cómo le ha ido, — le propuso a modo de despedida—. Y recuerde que no queremos tener problemas con los padres de nuestros alumnos.

Salió del despacho más animada y le sonrió a Ginés que, aunque a esas horas debería encontrarse en el vestíbulo, vigilando a los que entraban y salían del colegio, vagaba por el pasillo, sin duda a la espera de noticias.

— ¿Ha ido todo bien, señorita Laura?, — le preguntó en cuanto la vio abandonar el despacho del director, sin poder disimular su curiosidad.

—Estupendamente, gracias Ginés. Y por cierto, — dijo retrocediendo sobre sus pasos— esta tarde tengo una visita, así que espero que nos abra la puerta a los dos. Mi visitante es el doctor Rodríguez.

Sí, ya me lo ha advertido don Hilario, — replicó él refiriéndose al director—. Descuide que estaré pendiente.

Además de ordenanza realizaba el hombre también las funciones de vigilante y, según le había contado Carmen, por las tardes, aprovechando que el colegio permanecía desierto, daba cabezadas tras el mostrador de recepción del vestíbulo hasta que se hacía la hora de cerrar el portalón del edificio.

Al terminar la última clase regresó Laura a su casa para comer y procuró después acicalarse convenientemente. Ya en su dormitorio, pasó revista a su ropa con ojo crítico. Descartó inmediatamente el vestido estampado, al que sin duda el médico no aprobaría y que colgaba en el armario entre uno blanco que había sido de su madre y que se había arreglado ella estrechándoselo, y otro verde sin mangas. Optó sin dudarlo por el blanco, que con su falda plisada y el cuello redondo, bajo el que se anudaba una cinta azul marino, le daba un aire de colegiala algo ñoña. Seguramente sería el adecuado para mantener una entrevista con un pueblerino anticuado que se creía el rey del mundo.

No resultó ser tan pueblerino ni tan anticuado. Se presentó puntualmente en el aula de profesores acompañado por Ginés y no comenzó recriminándola por el mal trato al que había sometido a su cachorro, como había temido, sino más bien al contrario. Tras un comentario banal sobre lo difíciles que estaban los tiempos, se lamentó de la ardua tares que suponía educar a un adolescente que se había criado sin madre, lo que Laura se apresuró a corroborar. Elogió después la profesión que ella había elegido y la paciencia que se vería obligada a derrochar con sus alumnos más pendencieros y finalmente le preguntó si consideraba pedagógico expulsar a un muchacho del aula en la que se estaba dando clase.

—¿No cree que es humillante para un chico?, —insistió, aprestándose a escuchar su respuesta con interés.

Laura se dijo que el médico que tenía sentado enfrente no parecía tener punto de contacto con el tipo machista que el director le había descrito. De mediana edad y con algo de sobrepeso, su rostro denotaba inteligencia. Destacaban en él sus ojos castaños tras las gafas sin montura. Parecía afable y campechano, pero, por si la impresión que le producía era equivocada, bajó modestamente los párpados y esbozó una sonrisa pálida.

—Creo que no. Es importante que los jóvenes aprendan a respetar la autoridad, en este caso la de los profesores. Hay unas normas que todos debemos cumplir, entre la que se encuentra la de no molestar a los demás. Si un chico impide con sus risas y con sus bromas que sus compañeros puedan escuchar lo que el profesor trata de enseñarles, lo mejor es que salga al pasillo un ratito para que recapacite sobre si su comportamiento es el correcto. ¿No cree? No se trata de ponerle de cara a la pared ni de sacudirle en la mano con una regla, como antaño, ¿comprende?

—Claro, claro, — convino inmediatamente él—. Yo solo quería tener una charla con usted para que acordáramos cómo enfocar la indisciplina de Ismael. Sé que le he mimado mucho, pero comprenda que es lo único que tengo.

Compungido, había bajado la mirada hacia sus manos y Laura no supo qué decir. Se había preparado para una entrevista tan distinta que se sintió descolocada y tardó en reaccionar. Al fin optó por propinarle unas palmaditas en el hombro.

—Estoy segura de que el chico vale mucho— murmuró cruzando los dedos a la espalda— y que conseguiremos entre los dos que se interese por el estudio. Lo único que necesito es que apoye usted las decisiones que adopte yo cuando se muestra ingobernable. Comprenda que solo me mueve el deseo de ayudar a Ismael y de que en mi clase reine el orden. ¿Comprende?

El médico se deshizo nuevamente en elogios por la paciencia que estaba demostrando y poco después le acompañaba ella hasta la puerta del colegio, donde se despidieron. Luego regresó Laura al aula de profesores para recoger la chaqueta de punto que había llevado por si refrescaba y que había colgado del respaldo de su butaca.

Una ráfaga de viento cerró la puerta a su espalda, pero no lo advirtió. Sin volverse, continuó caminando hacia la butaca y cuando iba a comenzar a ponerse la chaqueta oyó algo en el pasillo y se giró sobresaltada en esa dirección. Había sonado como si unos pasos cautelosos se encaminaran hacia al aula en la que se hallaba. ¿Sería Ginés? Sabía que no había nadie más en el colegio esa tarde. La persiana del ventanal que tenía a su espalda, medio echada para impedir que los ardores del sol de la tarde caldeasen en demasía la estancia, la teñían de rayas oscuras y luminosas, que se extendían hasta la puerta de cristales por la que se salía al pasillo. Al dirigir hacia allí la mirada creyó ver una sombra en el corredor que la observaba desde la oscuridad que envolvía éste.

Se quedó inmóvil, con los ojos fijos en la puerta, sintiendo que el corazón se le desbocaba dentro del pecho. No podía tratarse de Ginés. El ordenanza aprovechaba la menor oportunidad para pegar la hebra y era incapaz de mantenerse a distancia, pudiendo optar por aproximarse a cualquiera que se cruzase en su camino para charlar con él.

¿Se trataría de Ismael que hubiese seguido a su padre hasta el colegio para escuchar la conversación que habían mantenido, escuchando detrás de la puerta? Pero Ginés no le hubiera dejado entrar en el colegio, se dijo convencida, no podía ser él.

Notó que la frente se le perlaba de sudor al hacerse a sí misma la última pregunta. ¿Cabía la posibilidad de que fuese su abuelo quién, abandonando el caserón en el que había veraneado en vida, la hubiese perseguido hasta su lugar de trabajo? Tampoco podía ser. Todos le habían dicho que había muerto y los espectros no se paseaban a plena luz del día.

Con los ojos agrandados por el miedo vio como la manilla de la puerta se movía, accionada por la mano de alguien que se encontraba en el pasillo. Se parapetó tras la mesa buscando con la mirada algo que le permitiera defenderse del intruso, sin hallar ningún objeto que pudiera servirle para esa finalidad y en ese instante percibió el sonido recio de otras pisadas que se aproximaban también por el pasillo. La manilla de la puerta volvió a su primitiva posición y segundos más tarde, jadeante, trasponía el umbral Ginés.

— ¿No ha oído pasos, señorita Laura? Me ha parecido que había entrado alguien en el colegio en un instante en el que me he distraído.

Sin duda habría dado una cabezada en su butaca, tras el mostrador de recepción del vestíbulo, se dijo ella aliviadísima, sin que tan siquiera le pasara por la cabeza reprocharle por ello. Al contrario, en esos momentos le identificó con el ángel de la guarda y echó a correr a su encuentro.

—No... sí. También yo he creído notar la presencia de alguien en el pasillo después de que se marchara el señor Rodríguez. ¿No sabe quién ha podido ser?

—No, pero... pero no le diga nada a don Hilario. Podría encontrarme en un aprieto si se enterase de que...

En su rubicundo semblante se pintaba una expresión de profunda inquietud y ella se apresuró a tranquilizarle.

—Descuide, Ginés, descuide. No le diré nada.

El acantilado de las gaviotas

CAPÍTULO XIV

A la mañana siguiente notó que Ismael mantenía una actitud distinta a la que acostumbraba. Ni fanfarroneaba con sus compañeros ni dirigía el coro de risotadas con las que éstos creían amenizar el sopor de las clases de historia. Parecía abatido y no despegó los labios ni una sola vez mientras Juanita González recitaba la lección, después de ofrecerse voluntaria. Laura pensó que su padre le habría reñido al llegar a casa por el comportamiento que había mantenido en el colegio y que se sentía frustrado por no haber conseguido obtener una ventaja sobre ella.

Inconscientemente le desechó enseguida de su mente, sin preguntarse siquiera si habría sido el chico quien la había espiado desde el pasillo, introduciéndose subrepticiamente en el colegio el día anterior. Esa tarde tenía previsto reunirse con el chofer de su abuelo en una calle céntrica de Murcia y debía planear el medio más sutil de encauzar la conversación al punto que le interesaba, sin despertar su recelo.

Horas más tarde, tras dejar el coche en el aparcamiento de la glorieta, ya que no sabía de otro más cercano a la calle de la Trapería, Laura atravesó la plaza del Cardenal Belluga admirando una vez más la grandiosa fachada barroca de la catedral y por una calle con soportales accedió a la plaza de la Cruz. Comenzaba allí la calle de la Trapería que, como sabía por haber realizado un trabajo monográfico en sus años de estudiante sobre la ciudad de la que era oriunda su familia, debía su existencia a Jaime I de Aragón. Éste, tras conquistar la ciudad, ordenó abrir una calle ancha y recta a través del zoco árabe, que conectara la mezquita, reconvertida posteriormente en catedral cristiana, con la llamada "plaza del mercado", típico enclave medieval donde se llevaba a cabo el comercio de la ciudad, y que en el presente recibía el nombre de Plaza de Santo Domingo.

Esa calle ancha y recta se llamaba ahora " Trapería" y Laura la analizó con ojo crítico, diciéndose que sí era recta, pero sus dimensiones no permitían calificarla de ancha. En esa vía se apiñaban en el medievo los talleres y negocios de los malteses, genoveses, catalanes, etc., oficios de los que no quedaba el menor vestigio. Por el contrario, lo que a su paso había podido contemplar unos días antes fue una multitud de edificios destinados a entidades bancarias, así como el casino, con sus dos salas acristaladas a ambos lados de la puerta principal, conocidas como "peceras" donde su abuelo solía consumir ociosamente durante el invierno la mayor parte de las mañanas.

Próximo al casino vio la cafetería donde se había citado con el chofer y buscó con los ojos a algún hombre que vistiera una camisa roja, entre los que estaban sentados al aire libre, en las mesas de la terraza. No tardó en localizarle y se dirigió en línea recta hacia él, que al oírla acercarse levantó la vista. Era bajito y algo rechoncho, con el rostro curtido por el sol, surcado por multitud de profundas arrugas.

— ¿Es usted la nieta de don Andrés?, —le preguntó poniéndose en pie.

Laura hizo un ademán afirmativo y le indicó con una mano que volviera a tomar asiento.

—Sí, me alegro de conocerle.

—Y yo a usted. No solía venir a visitar a su abuelo, ¿verdad? Yo al menos no recuerdo haberla visto antes.

Pidió él una cerveza al camarero y Laura un refresco de naranja mientras buceaba en su mente para dirigir la conversación al punto que le interesaba.

—En los últimos quince años mis padres y mi abuelo se distanciaron un tanto, —empezó con precaución—. A mí no me explicaron el motivo, porque entonces era una niña, pero luego he sabido la causa y... bueno, por esa razón dejamos de venir a visitarle.

Ramón hizo un gesto de asentimiento.

—Claro, claro, ya lo entiendo.

Pero no añadió nada más. La observaba disimuladamente con recelo y ella empezó a ponerse nerviosa.

—Conocí poco a mi abuelo, —continuó aparentando una tranquilidad que estaba muy lejos de sentir—. A él no le gustaban los niños y me prestaba poca atención. En realidad, durante la quincena que pasé durante un verano en la casa del acantilado, cuando mis padres me dejaron con él para marcharse de viaje, casi no me dirigió la palabra. Solo doña Eulalia fue amable conmigo. Bueno, y por supuesto, Jaime. Entonces era un niño canijo y esmirriado. Yo le sacaba la cabeza, pese a que es mayor que yo. Ahora en cambio...

Hacía calor y Ramón debía de tener sed, porque se bebió la cerveza de un trago, limpiándose la boca con el dorso de la mano, y luego le pidió otra al camarero

— ¿Y qué es lo que quería preguntarme?, —inquirió más relajado por los efectos del alcohol.

—Bueno... doña Eulalia me ha contado que firmó usted como testigo al pie de un testamento ológrafo que otorgó mi abuelo de su puño y letra. Creo que lo suscribieron usted y ella y yo quería saber si llegó a leer las cláusulas que estipulaba.

La miró de frente él con unos ojillos que empezaban a acusar los efectos de la segunda cerveza.

— ¿Si las leí?, claro que las leí, aunque el abuelo de usted intentó tapármelas con un pisapapeles, pero yo le tiré al suelo una pluma que estaba sobre la mesa y a la que tenía en mucha estima y mientras se agachaba a recogerla me lo leí todo de un tirón. Lo hice a propósito, ¿sabe? —. Y se rió sonoramente, encantado de lo listo que había demostrado ser.

Laura intentó disimular la inquietud que las palabras de él le habían producido. Junto a la mesa en la que se encontraban circulaba una multitud de transeúntes que parecía pasear sin un rumbo definido, por lo que se inclinó hacia el chofer y bajó la voz para preguntarle:

— ¿Y qué disponía mi abuelo en ese testamento?

El hombre se rascó pensativamente la cabeza.

—Pues un montón de tonterías. Es que ella le tenía sorbido el seso, ¿sabe? Y eso que no era más que una pelandusca.

— ¿Se está refiriendo a Julia Rueda?, —le preguntó Laura cautelosamente.

—A la señora Julia, sí, —asintió él que había pedido una tercera cerveza y empezaba a tener la lengua algo estropajosa—. Por lo visto la conocía de antaño y creía que el hijo de ella era también suyo.

Con un esfuerzo, Laura luchó porque la sorpresa no aflorase a su semblante.

— ¿Y no lo era?

—Vaya usted a saber, —repuso él riéndose a carcajadas—. Por lo que la señora Julia le dijo a su abuelo, ese hijo había nacido a resultas de una aventura que habían mantenido en Murcia tiempo atrás. Ella era una actriz maleja y vino con una compañía de teatro en una gira que hizo ésta por provincias. Fui a ver la obra con mi mujer y la señora Julia únicamente salía en el último acto para decir—: "¡Jesús, qué frío hace!"

Laura parpadeó perpleja.

— ¿Sólo decía eso?

—Nada más —ese era todo su papel, pero su abuelo que había ido al teatro con un amigo suyo, tan faldero como él, se quedó encandilado, porque la verdad es que era muy guapa. Cuando acabaron las representaciones aquí en Murcia, en el teatro Romea, ella le escribió desde Pamplona diciéndole que se había quedado embarazada y creo que él no le contestó.

— ¿No le contestó?, —se extrañó Laura, diciéndose que además de faldero su abuelo había sido un irresponsable.

—No. El abuelo de usted no quería problemas y además por aquel entonces se veía con otra.

— Ya, —musitó apenas ella—. ¿Y qué pasó después?

—Que la señora Julia regresó al cabo de los años con la misma compañía de teatro y con un papelito algo más largo. Seguía siendo muy guapa y su abuelo decidió retirarla del teatro y llevársela a vivir con él.

— ¿Y con doña Eulalia?

—Sí, sí, claro. Su abuelo era así, muy particular.

Laura se reprimió para no calificar la conducta de su abuelo con un adjetivo más sonoro. Luego le preguntó:

— ¿Y cuando murió mi padre, decidió mi abuelo otorgar un testamento de su puño y letra, en lugar de elevarlo a escritura pública en una notaría?

Ramón asintió con la cabeza y volvió a limpiarse la boca con el dorso de la mano.

—Sí. Para algunas cosas era un infeliz. Se creyó el cuento de que aquel muchacho era hijo suyo y le reconoció como tal en ese testamento. Además desheredó a doña Eulalia y se lo dejó todo a ese chico.

— ¿Todo?

—Todo no, porque, según me dijo, usted era hija de su hijo y no la podía desheredar del todo, aunque le hubiera gustado. Le dejó una cosa que se llama…—Frunció sus gruesas cejas, vacilando sin encontrar la palabra justa.

Recordando lo que le había explicado el abogado, Laura intentó ayudarle:

— ¿La legítima estricta?

—Sí, algo así. Creo que suele ser una miseria, ¿sabe?

— ¿Y por qué cree que ese muchacho no era su hijo?

El hombre se echó a reír.

—Porque ella tenía también otra hija, vaya usted a saber de quién. En los últimos tiempos llevaba yo a su abuelo con el coche a visitarla todas las tardes a "Cala flores", ya sabe, esa urbanización de la costa que está cerca de Cabo de

Palos y donde veranea tanta gente. Le había alquilado un apartamento en primera línea de playa y esos otros tipos, con los que también se veía ella, salían de pira cuando oían aproximarse el motor del coche que conducía yo. La señora Julia era una golfa de mucho cuidado.

Un viandante que caminaba sin prisas tropezó con la silla en la que estaba sentada Laura y se excusó reanudando luego su paseo hacia la plaza de la Cruz. Laura giró la cabeza hacia él cuando ya le daba la espalda y, aunque no pudo distinguir su rostro, le pareció una persona conocida por su forma de andar. Se dijo que la terraza donde se habían sentado el chofer y ella estaba ubicada en una calle excesivamente concurrida y que quizás hubiera sido más conveniente quedar en un lugar más solitario. Pero lo importante era que Ramón López se había olvidado ya del recelo con el que había acudido a la cita y parecía sentirse cómodo explayándose sobre las andanzas de su abuelo. Por ello volvió a inclinarse hacia él.

—¿Y qué pasó con el testamento? ¿Llegó a saber doña Eulalia que la habían desheredado?

Él pestañeó, mientras la miraba de hito en hito.

—Supongo que sí, aunque yo no se lo dije. Ella es una mujer admirable a la que su abuelo nunca le llegó a la suela de los zapatos. En su juventud se enamoró de él como una loca y pasó toda su vida ocupándose de sus caprichos y soportando sus gritos sin una queja. Como premio, cuando ya los dos eran mayores, decidió su abuelo sustituirla por otra y quitarla de su testamento. Así que ya ve usted, al final de su existencia estuvo su abuelo a punto de dejarla en la miseria por culpa de una buscona.

—Bueno, doña Eulalia tiene un hijo que se hubiera ocupado de que no le faltara nada,— alegó Laura imaginando el dramón que le hubiera supuesto a la pobre mujer—. Pero, dígame, ¿qué fue de ese testamento?

Ramón volvió a reírse estentóreamente.

—Su abuelo lo guardó en la caja fuerte de su despacho, en la casa del acantilado, con los otros documentos y escrituras de sus propiedades, pero cuando, después de haber fallecido, el abogado se personó para ocuparse de la testamentaría y doña Eulalia le abrió esa caja, ya no estaba allí.

— ¿Había desaparecido?

—Eso es.

— ¿Y… y quién pudo ser…?

Él volvió a reír. Era evidente que no toleraba bien el alcohol y que la bebida exacerbaba su locuacidad.

— ¿Quién?, pudo ser cualquiera. Cualquiera al que perjudicara. Incluso su propio abuelo. La última tarde en la que le llevé a visitar a la señora Julia tuvo con ella una bronca monumental. No entendí lo que hablaban, porque me quedé fuera de la casa paseando. El caso es que cuando salió estaba rojo por la furia que sentía y le dedicó toda clase de palabras malsonantes. Me perdonará si no se las repito –. Masculló mirándola de refilón.

—No, no hace falta que me las repita, —decidió ella bajando modosamente los ojos al suelo —. ¿Eran epítetos dirigidos a esa Julia?

—Sí, por lo visto se enfadaron y en plena trifulca ella le aseguró que el hijo de ella no era de él.

— ¿Y no lo era?

—No lo sé. El caso es que, cuando llegamos al acantilado, a su abuelo le dio un patatús. Doña Eulalia le encontró en el suelo de su dormitorio sin conocimiento y ella y yo le llevamos al hospital, donde ya no se recuperó. Murió quince días más tarde.

—Entonces… ¿Cabe en lo posible que fuera mi propio abuelo quien rompiera el testamento?

Ramón se encogió de hombros.

—Sí, podría ser, aunque perjudicaba a otras personas

— ¿A doña Eulalia, por ejemplo?

El hombre lo sopesó para acabar meneando negativamente la cabeza.

—Sí, pero no creo que ella lo hiciera desaparecer. Es la persona más decente y más recta que conozco. Hubiera hecho una buena monja de clausura.

Evocó Laura a sus padres y pensó que no sería con esas palabras con las que la hubieran conceptuado. Luego desvió la mirada hacia el fondo de la calle. A lo lejos y cuando se lo permitía el trasiego de los paseantes, podía atisbar la plaza de Santo Domingo bajo un sol que empezaba a decaer. Las campanas de la catedral dejaron oír en ese momento el tañido de ocho campanadas y, pensando que ya era muy tarde, se levantó de su silla metálica haciéndole una seña al camarero.

—Permítame que le invite, —le dijo al chofer que se lo agradeció con una amplia sonrisa. Después de pagar la consumición de ambos, permaneció unos instantes indecisa.

—Yo… quería preguntarle una última cosa. Ese muchacho, el hijo de Julia, ¿sabe usted qué ha sido de él?

El hombre hizo un gesto de asentimiento.

—La otra tarde le vi en la Platería, ya sabe, la calle que se cruza con ésta. Está muy cambiado Pepico y quizás lo esté también yo, porque no me reconoció.

— ¿Pepico?, —le preguntó interesada —. ¿Se llama Pepico?

Ramón volvió a reír.

—Se llama José, pero, como es natural, le hubiéramos llamado Pepe de haberse tratado de un hombre, pero, como era un chiquillo, le llamábamos Pepico. Aquí en Murcia todo termina en "ico", ¿no se ha dado cuenta?

Ella hizo un gesto de asentimiento.

—Sí, sí, claro.

—Y ahora perdone, pero tengo que marcharme porque llego tarde para ver en la televisión el partido del Murcia. Juega a las ocho y media en "La Condomina" contra el Sevilla.

Laura no era aficionada al fútbol e ignoraba todo lo que se refiriera a ese deporte, por lo que se limitó a sonreírle.

—Claro, claro, márchese. Ya nos veremos en otra ocasión.

—Cuando usted quiera. Ya sabe que si necesita que le cuente algo más…

Se perdió de su vista segundos más tarde entre la muchedumbre que deambulaba hacia la plaza de la Cruz y

Laura consultó su reloj de pulsera, aunque acababa de enterarse de la hora por el tañido de las campanas de la catedral. Aún tenía tiempo de visitar durante unos minutos a doña Eulalia para que ésta le aclarara algún detalle más sobre el hijo que su abuelo había reconocido en su testamento, por lo que se encaminó hacia las denominadas "Cuatro esquinas", punto de la calle Trapería en la que se producía su intersección con la perpendicular calle Platería. Ambas vías peatonales formaban una encrucijada que recorría el casco viejo de la ciudad de un extremo a otro y una vez que alcanzó ese punto, giró hacia su izquierda para enfilar la calle de Platería mirando a su paso los escaparates de las tiendas.

Cuando llegó al portalón de la casa que había sido de su abuelo, comenzaban a encenderse ya las farolas fernandinas de la calle. Se le había hecho tarde. Se había entretenido demasiado con el chofer, pero no quería regresar a la costa sin saludar a doña Eulalia, aunque invirtiera en ello solo unos minutos y sin preguntarle las cuestiones que aún no tenía claras. Subió apresuradamente la escalera y en cuanto alcanzó la primera planta tocó el timbre. No respondió nadie a su llamada e insistió de nuevo sin obtener el menor resultado. Sin duda doña Eulalia había salido, se dijo. Debería haberla llamado previamente por el móvil para preguntarle si se iba a encontrar en casa y si le venía bien que ella se acercara a visitarla.

Resignadamente se encogió de hombros y volvió a bajar la escalera para desandar el camino andado. Cuando llegó a la calle le sorprendió su oscuridad. Parecía haberse hecho de noche de repente y empezó a caminar en dirección a "las cuatro esquinas" preguntándose por el motivo por el que de improviso aquella vía, tan transitada, aparecía tan desierta. El alegre bullicio que imperaba minutos antes se había desvanecido dejando paso a un silencio inusual en una calle tan frecuentada y tan ruidosa. Las farolas que la iluminaban relucían en el pavimento de terrazo de color gris, en el que sus zapatos de medio tacón resonaban rítmicamente. Era el único sonido que podía percibirse y, sobrecogida, volvió a preguntarse por el motivo de que no se cruzara con ningún transeúnte ni avistara tampoco ninguno a lo lejos.

    Se acercaba ya a la intersección de la calle con la Trapería cuando percibió algo a su espalda. Era el ruido de unos pasos, acompasados a los suyos propios, por lo que volvió la cabeza en esa dirección. No llegó a identificar a la sombra que, tras ella, se fundió en la oscuridad del retranqueo de una casa, por lo que, cada vez más inquieta, reanudó la marcha apretando el paso. Segundos más tarde la imprecisa sombra, cuyos contornos no había llegado a deslindar, se puso también en movimiento. Podía percibir el sonido de sus pasos cada vez más próximos. Un solitario transeúnte dobló en ese instante las "cuatro esquinas", encaminándose en su dirección y Laura echó a correr a su encuentro, con gran sorpresa del hombre de mediana edad que venía hacia ella y con el que se tropezó. Debía dirigirse despreocupadamente hacia su casa y se detuvo para mirarla con gesto interrogante.

    —Perdone, le he confundido con otra persona, —balbuceó Laura, apartándose de él para enfilar apresuradamente la calle Trapería, notando que los pasos de la persona que aparentemente la estaba siguiendo se habían detenido también. Nuevamente se habían puesto en movimiento, emulando el mismo ritmo, como si pretendiera mantener la distancia que les separaba y asustada echó a correr hacia la plaza de la Cruz que ya veía próxima, con los naranjos que la circundaban, cargados de fruta. Entre esos árboles se agolpaba una multitud, que sin duda acababa de salir de la catedral al finalizar la misa de ocho, y se precipitó a su encuentro, abriéndose después paso a codazos entre unas señoras muy bien trajeadas que comentaban algo sobre la última boda a la que habían asistido.

    Con el corazón en la garganta saltó sobre una de las cadenas que encuadraban la cruz que daba su nombre a la plaza. Unían unos pilares bajos, colgando de éstos a modo de guirnaldas y consiguió ocultarse tras el pedestal del monumento. Se hallaba ubicado precisamente en el lugar donde estuvo el altar mayor de la nueva capilla consagrada tras la reconquista, y que en la actualidad, el día 1 de mayo, se engalanaba de flores en los tradicionales "Mayos". Laura no había asistido nunca a esa fiesta popular, pero agradeció desde el fondo de su alma que el escultor hubiera tallado una cruz de mármol de tan gran tamaño. Segundos más tarde se atrevió a asomar cautelosamente la cabeza de su escondite para atisbar a su alrededor. El grupo de fieles se iba disgregando. Oyó a unos hombres comentar que en esos momentos estaría jugando el equipo de fútbol murciano en la "Condomina" y que todavía llegarían a tiempo de ver el partido en la televisión. Esa debía ser la causa de que las arterias más concurridas de la ciudad se hubieran quedado desiertas poco antes, se dijo, aún oculta tras la cruz. Sin mirarla los hombres pasaron por su lado y se marcharon, seguidos del grupo de señoras que hablaban de la boda. La plaza empezaba a quedarse desierta y ella tenía que salir de su escondrijo y correr hacia el estacionamiento subterráneo de La Glorieta, atravesando la plaza del Cardenal Belluga. ¿Dónde estaría su perseguidor? ¿La alcanzaría mientras realizaba ese recorrido?

Sudando de pura inquietud dirigió su mirada en derredor. Ya no quedaba nadie en la plaza. Tan solo unos chiquillos que jugaban al "pillao" pasaron por su lado persiguiéndose y desaparecieron luego al bordear el monumento de la catedral. Recelosamente abandonó su escondite tras la cruz mirando en todas direcciones. Un silencio opresivo se cernía ahora a su alrededor. El corazón le latía como una máquina descompuesta mientras saltaba ágilmente la cadena y echaba a correr hacia la cercana calle de los soportales, que recorrió como una exhalación. Se detuvo tras una de sus columnas para mirar a su espalda y recuperar el aliento. El pavimento brillaba en la oscuridad reluciendo a la luz de las farolas, pero no vio a nadie por las inmediaciones, por lo que echó a correr nuevamente. Atravesó en diagonal la plaza del Cardenal Belluga y sin aminorar el paso la dejó atrás minutos más tarde para enfilar la calle San Patricio y desembocar finalmente en La Glorieta.

No se detuvo ni un segundo a aspirar el olor de los jardines ni para contemplar el cansino deslizamiento del río por la ciudad unos metros más allá. Como una exhalación se precipitó hacia la entrada del aparcamiento subterráneo, saltando los peldaños de la escalera de dos en dos y luego recorrió la nave vertiginosamente hasta que dio con su viejo Ford, al que en ese momento identificó como una tabla de salvación.

Al salir del aparcamiento oyó el repique de las nueve campanadas que dejaron escapar las campanas de la catedral. Su eco se expandió sonoro por La Glorieta y la persiguió cuando cruzó el Puente Nuevo sobre el Segura para atravesar el Barrio del Carmen y enfilar finalmente la carretera.

CAPÍTULO XV

La luz de la cocina estaba encendida cuando Laura ascendió la cuesta del acantilado con su coche. Esa fachada lateral de su casa era la que podía divisarse desde el camino que remontaba la falda del abrupto promontorio y por un segundo se sintió sobrecogida. No había reparado en que ningún coche la siguiera por la carretera, pero allí, en la oscuridad que envolvía el entorno del edificio, creyó vislumbrar confusamente la silueta de un automóvil ¿La habría adelantado su perseguidor y la estaría aguardando dentro de la casa?

Detuvo el suyo frente al portón sin decidirse a meterlo en el garaje, por si pudiera verse obligada a salir huyendo dentro de unos instantes. Luego, con el corazón martilleándole desacompasadamente dentro del pecho, avanzó silenciosamente hacia el edificio, que se recortaba en negro sobre un cielo tachonado de estrellas, dispuesta a atisbar el interior por la ventana de la cocina. No llegó a doblar la esquina de la casa como tenía proyectado. El portón se abrió de golpe y por él salió Sócrates que bajó como un ciclón la escalera del porche y se abalanzó jubilosamente sobre ella.

Estuvo a punto de tirarla al suelo de espaldas. Por fortuna, el poyete que circundaba la pequeña placeta enlosada lo impidió, ya que, tras dar un traspié y pisotear los geranios que crecían en el arriate más próximo, fue a caerse sentada en la cerca con el perro encima.

A la par que luchaba con el mastín por incorporarse, vio salir por el portón a una alta figura y aunque no alcanzó a distinguir su rostro, reconoció su voz.

—Laura, ¿cómo llegas tan tarde?, ¿de dónde vienes a estas horas?

Era Jaime. Intentó exhalar un suspiro de alivio, pero sentía los nervios tan atirantados que no llegó a localizarlo en su garganta.

—De Murcia, vengo de Murcia.

Y en ese instante, cuando ya no la perseguía la invisible sombra que la había obligado a correr delante de él por toda la ciudad, cuando había llegado a su casa y ya no tenía nada que temer, incomprensiblemente se echó a llorar.

En la oscuridad que les envolvía, él, que bajaba los escalones del porche, se quedó como paralizado por la sorpresa.

—¿Qué... qué te sucede? ¿Te ha hecho daño Sócrates?

Reaccionó de improviso y echando a correr hacia ellos le quitó de encima al perro, que refunfuñó con un corto ladrido.

—¿Pero qué te pasa?, —insistió apartando al mastín con el pie y sentándose a su lado en el poyete—. ¿Te has asustado o...?

Laura hipaba e hipaba inconteniblemente, por lo que terminó Jaime por atraer la cabeza de ella hacia su hombro y rodearla con un brazo.

—Bueno, bueno, no será tan terrible, —murmuró con ternura acariciándole su larga y oscura melena—. ¿Me cuentas lo que te pasa o...?

Lo intentó Laura e incoherentemente, entre hipido e hipido, trató de referirle su frustrada visita a doña Eulalia y la desenfrenada carrera por el casco histórico de la ciudad huyendo de un hombre, cuyo semblante no había llegado a distinguir. Su relato debió resultarle a él absolutamente ininteligible, por más esfuerzos que hizo por entenderlo, porque repitió desconcertado:

—Vale, vale, mi madre no te ha abierto la puerta de su casa y has echado a correr por la calle de la Platería. ¿Y por qué has echado a correr?

—Porque… porque me perseguían.

— ¿Quién te perseguía?, ¿mi madre?

Dejó ella de sollozar para enfadarse con él.

— ¿Cómo me iba a perseguir tu madre? Dices unas tonterías…

—Ya me extrañaba, —masculló Jaime por lo bajo —. Si dejas de llorar, a lo mejor consigo entenderte. ¿Por qué no vamos dentro de la casa y me lo cuentas de nuevo en cuanto acabemos de cenar? He terminado la consulta más temprano que de costumbre y Sócrates y yo llevamos horas esperándote.

—No tengo ganas de cenar, —gruñó enfadada por su incomprensión.

—Entonces tendrás que cenar sin ganas—, decidió él con guasa, poniéndose en pie y ayudándola a hacer lo mismo. Con un brazo sobre sus hombros la empujó hacia el porche mientras le explicaba—: Sócrates y yo habíamos decidido darte una sorpresa para cuando regresases esta noche y hemos preparado una cena sensacional. Ya pensábamos que no ibas a volver y estábamos a punto de darnos el gran festín nosotros dos solos, cuando hemos oído el motor del coche.

Se lo comentaba en broma, pero Laura no se rió. Ni siquiera sonrió.

—No tiene gracia.

— ¿Qué es lo que no tiene gracia?, ¿que hayamos preparado la cena?

—Que te tomes a broma lo que me ha sucedido en Murcia. Ha sido horrible.

Ya en el vestíbulo, bajo la lámpara que pendía del techo y que iluminaba tranquilizadoramente la estancia, Jaime examinó atentamente su alterada expresión.

—De acuerdo. Vamos a sentarnos en la sala de estar y me lo vas a contar coherentemente y sin hipidos. Después, cuando te hayas tranquilizado, cenaremos.

La precedió hacia la estancia indicada y la hizo tomar asiento en un sillón junto a la chimenea. Él hizo lo mismo en la butaca de enfrente y con su gesto la animó a que comenzara a explicarle lo que le había sucedido. En esa ocasión consiguió Laura hilar un relato comprensible, que fue ensombreciendo el semblante de él conforme avanzaba en su exposición.

— ¿Y no pudiste verle la cara a ese hombre?

—No, se escondía cuando volvía la cabeza para mirarle y además estaba muy oscuro.

—Ya.

Levantó Laura sus ojos hacia él.

—Dime. Jaime, ¿recuerdas a un niño que vivió durante aproximadamente un mes en esta casa y que se llamaba Pepico?

Él frunció ligeramente las cejas que sombreaban sus ojos clarísimos.

— ¿Pepico?, sí claro que sí. Era un par de años mayor que yo y me sacaba más de la cabeza. Era muy moreno, con el pelo muy rizado, como el de un gitano. Ya te he contado que cuando apareció en la casa con su madre, le asignaron a él mi dormitorio y a mí me mandaron arriba, al de la gotera.

— ¿Ya entonces tenía una gotera en el techo?

—Tenía la mancha, pero afortunadamente en esta costa no llueve casi nunca. Pero por si las moscas, en cuanto cumplí la mayoría de edad me largué a estudiar a Murcia y me fui a vivir a una pensión, donde disponía de una habitación mucho más saludable, sin pizca de humedad. No puedes imaginarte lo feliz que me sentía las pocas veces que veía llover desde la ventana de ese cuarto, porque la lluvia en esta región es casi un acontecimiento. Me acordaba de la gotera del que había sido mi cuarto y me alegraba muchísimo de haberme hecho mayor, por fin y haberme podido largar de la casa de tu abuelo.

Lo comentaba con ironía, sin que su tono trasluciese el menor asomo de resentimiento, pero Laura se dijo que no era posible que no se hubiese sentido menospreciado por culpa del tal Pepico.

— ¿Y te llevabas bien con ese niño durante el tiempo que conviviste con él?

Se encogió él displicentemente de hombros.

—Ni bien ni mal. Ya te he dicho que era dos años mayor que yo y mucho más alto. Simplemente me ignoraba. ¿Pero por qué te interesas tanto por ese chico? Debe de andar ahora por los treinta años, aunque no he vuelto a saber de él. ¿Es que le has conocido?

Negó Laura con la cabeza a la par que desviaba la vista hacia un punto indefinido.

—No, es que antes de acercarme a visitar a tu madre he estado hablando con el que fue chofer de esta casa. Con un tal Ramón que debes conocer y que me ha dicho que mi abuelo dejó un testamento ológrafo en el que le reconocía como hijo suyo y le dejaba en herencia todos los bienes que le permitía la ley. Un testamento ológrafo es…

—Ya sé lo que es un testamento ológrafo, —la interrumpió Jaime—. Y también conocía su existencia. Pero cuando falleció tu abuelo, ese testamento no apareció ni en la caja fuerte de su despacho ni en ningún otro lugar de esta casa, aunque el abogado de tu abuelo, Roberto Velarde, al que había nombrado albacea, permaneció aquí durante varios días y lo estuvo buscando. ¿Por qué te interesas tanto por Pepico si no le conoces?

Laura apartó maquinalmente su larga melena del rostro como si ese ademán le sirviera para ordenar sus ideas.

—Porque pienso que ese hombre debe de guardar relación con las cosas raras que están ocurriendo en esta casa. Parece como si alguien entrara en ella, cuando me ausento yo, para buscar algo. Ese algo puede ser el último testamento de mi abuelo, que, de ser validado por el juez, anularía el anterior. Los terrenos de la playa de las Caracolas o esta casa ya no me pertenecerían, ¿comprendes? Por lo que me ha explicado Roberto, tendríamos que repartir la herencia de mi abuelo por mitades entre Pepico y yo.

Jaime se la quedó mirando con el semblante totalmente inexpresivo. Aunque no guardaba el menor parecido con su madre, a Laura se la recordó en ese momento, precisamente por ese aire imperturbable que tanto le caracterizaba a ella. Luego hizo un comentario que no parecía venir a cuento y que la desconcertó.

— ¿Ya le llamas Roberto a secas? ¿Tan amigos os habéis hecho?

Ella pestañeó sin comprender.

—Vino ayer al pueblo para que nos entrevistáramos los dos con el director del Banco donde mi abuelo tenía una cuenta corriente y unos valores mobiliarios y luego comimos en el puerto, ya te lo conté. ¿Cómo te parecería natural que le llamase siendo tan joven como es?, ¿señor Velarde? ¿Cómo le llamas tú?

No pareció encontrar él la respuesta y se encogió de hombros.

—No le llamo de ninguna manera, apenas le conozco. Tú en cambio pareces tener una enorme facilidad para hacer amistades.

No lo comentaba como un halago, sino el contrario. Su voz traslucía un velado reproche y Laura experimentó una ligera irritación por lo que consideró una reprimenda inmerecida.

— ¿Por qué te molesta que tenga amigos? La gente de esta región es muy abierta y me gusta su manera de ser y relacionarme con ella. No creo que sea un defecto ¿O es que a ti te lo parece?

Sin contestarle volvió él a encogerse de hombros.

—No me hagas caso. Es que a veces siento nostalgia de aquellos años en los que éramos niños. Entonces yo era un chiquillo canijo y tú, gracias a lo que cuchicheaban tus padres por lo bajo, te considerabas una niña demasiado morena, demasiado peluda y demasiado feúcha. Ninguno de los dos teníamos por esas circunstancias otros amigos y por esa razón éramos muy importantes el uno para el otro.

Se quedó callado y Laura no supo qué añadir para romper el silencio. En ese instante se dio cuenta de que también ella añoraba al chiquillo escuálido de entonces, su compañía, su admiración. Pese al poco agraciado aspecto que padecía de niña, la miraba como no la había mirado nadie antes, con arrobamiento, como si fuera una princesa. Le estaban entrando de nuevo unas ganas enormes de llorar y se puso en pie dispuesta a evitarlo a toda costa.

—Vamos a cenar. ¿Qué habéis preparado Sócrates y tú?

El perro, ofendido, se había quedado gruñendo en el vestíbulo y al oírse nombrar entró en el cuarto de estar moviendo alegremente el rabo.

—Almejas a la marinera, —repuso pomposamente Jaime—. No soy un gran cocinero, pero hace unas semanas me dio Carmen la receta y he decidido dejarte esta noche deslumbrada—. Y con guasa añadió:— ¿Estás dispuesta a dejarte deslumbrar?

—Por supuesto, —replicó ella siguiéndole la broma, aunque le molestó oírle nombrar a la otra —. Vamos a la cocina.

Se dirigieron los tres a la estancia indicada y Laura sacó de la despensa una botella de vino para acompañar lo que, según Jaime, habían guisado entre el perro y él. Ella no solía beber, pero después del episodio que había padecido en Murcia huyendo de su desconocido perseguidor, necesitaba algo que la animara. En la terraza, mientras el faro de Cabo de Palos giraba incesantemente trazando un surco plateado sobre el mar, entre los dos se bebieron la botella y Laura se sintió eufórica de repente. Ya no recordaba el miedo que había experimentado corriendo por la Trapería ni como le latía desacompasadamente el corazón cuando se ocultó tras un pilar de la calle de los soportales por la que se accedía a la plaza del Cardenal Belluga. Al contrario. Le pareció que había vuelto atrás con él, a aquellos tiempos lejanos en los que bajaban a la playa a perseguir a las gaviotas y metían luego los pies en el agua del mar al atardecer. Sus padres le riñeron aquella tarde en la que regresaron a recogerla al comprobar que se había manchado de arena la ropa, pero ese retazo del recuerdo lo borró de su mente. Se sentía tan ingrávida, tan feliz…

Era ya muy tarde y los dos tenían que madrugar al día siguiente, por lo que dejaron los platos de la cena sin recoger y, como antaño, subieron la escalera riéndose a carcajadas sin saber de qué. De niños, por su mayor estatura, era ella la que pasaba un brazo sobre los hombros de él, pero ahora la talla de los dos se había invertido y por esa circunstancia, también la posición que mantenían mientras ascendían los peldaños. Se detuvieron al llegar a la puerta entreabierta del dormitorio de Laura. En lo alto del oscuro firmamento la luna brillaba con una luz azulada que se filtraba por los cristales del balcón e iluminaba tenuemente el semblante de él. Sus ojos azules, tan claros, le hicieron evocar a Laura las innumerables ocasiones en las que se vio reflejada en ellos como la más preciosa de las niñas y musitó muy bajo:

— ¿Sabes Jaime?, yo también siento nostalgia de aquellos años. Aunque no levantabas dos palmos del suelo yo te veía como el más valiente, como un chiquillo capaz de enfrentarse a las gaviotas que a mí me aterrorizaban. Siempre te recordé cuando me marché, no te he olvidado nunca.

Sin saber cómo se encontró en sus brazos y en ese instante sintió que lo había deseado desde siempre. Desde que había regresado al acantilado y le había encontrado tan distinto y tan idéntico. Jaime la introdujo suavemente en su dormitorio al tiempo que empujaba a Sócrates al pasillo y cerraba la puerta a espaldas de los dos.

CAPÍTULO XVI

Cuando se despertó a la mañana siguiente, palpó en el lecho el hueco que había dejado él y se dio perezosamente la vuelta. De haber podido optar entre varias alternativas, se hubiera quedado en la cama disfrutando de aquella sensación de laxitud, de indolencia absoluta, pero el sol radiante que penetraba por los cristales del balcón la obligó a incorporarse de un salto y a consultar la hora en su reloj. Era tardísimo. Apenas si dispondría de tiempo para arreglarse si quería llegar puntualmente al colegio para impartir la primera clase.

Comprendió que se había llevado él ya a Sócrates por el silencio que reinaba a su alrededor. Únicamente el monótono sonido del mar, amortiguado tras la cerrada puerta de cristales del balcón, llegaba hasta sus oídos como una música de fondo que no terminaba de romper ese silencio. Con un esfuerzo salió de su dormitorio y se dirigió al cuarto de baño con la mente tan embotada como si la hubiera invadido una nube de algodón. Confusamente recordó los sucesos de la noche anterior y se detuvo un instante en el pasillo para apoyarse en la pared y preguntarse si realmente habían ocurrido y si no los habría provocado ella. Sabía que toleraba mal el alcohol y había podido comprobar la víspera que bajo sus efectos todo le parecía distinto. Se había sentido flotar en el aire, libre de toda represión y de toda inquietud que enturbiara el presente del que estaba disfrutando. Había conseguido desterrar de su memoria lo que le había acaecido en Murcia unas horas antes. Incluso la persecución de la que había sido objeto, corriendo por las calles del centro de la ciudad, se había desvanecido en su mente para reconvertirse en una nebulosa vaga e inconcreta, como si se tratase de la desagradable anécdota que le hubiera referido otra persona.

Aún adormilada entró en el cuarto de baño dispuesta a darse una ducha que la despejase y abrió el grifo de la tina. El agua salía fría y se sentó sobre algo blando en la banqueta blanca y desportillada que estaba junto al lavabo. Se incorporó a medias para averiguar qué podía ser ese algo y desenrolló una venda usada que alguien había dejado olvidada allí. Sin duda había sido Jaime, antes de ducharse. Él mismo les había referido la noche que cenaron en la terraza que un gato le había arañado en su consultorio en la muñeca izquierda y que la herida se le había infectado, razón por la cual había tenido que cambiarse el reloj de muñeca.

Visualizó su imagen en esos momentos, mientras les refería el percance, con la oscuridad del mar a su espalda, iluminado a trechos por el faro de Cabo de Palos y con una luna pálida ascendiendo por el firmamento. Con su atractivo semblante y su aire circunspecto, les relataba a los presentes las circunstancias en las que se había producido ese molesto incidente y casi al mismo tiempo, sin solución de continuidad, creyó ver el pecoso rostro del chico pelirrojo del Banco, el muchacho que sustituía en agosto al cajero, respondiéndole a Roberto. Éste le había preguntado por algún detalle significativo que pudiera servir para identificar al tipo que había retirado el dinero de la cuenta de la que su abuelo era titular, del dinero que debería haber heredado ella. Con toda claridad le pareció ver al chico respondiéndole:

— "Un viejo muy alto con una venda en la muñeca izquierda y el reloj en la derecha."

Abrió desmesuradamente los ojos sin querer creer lo que estaba pensando y volvió a dejarse caer sentada en la banqueta, a la que se aferró para no caerse.

Había sido Jaime.

Había sido él quien falsificara la firma de su abuelo y retirara los fondos de la cuenta corriente de éste, el mismo día de su fallecimiento, en cuanto abrieron el Banco horas más tarde.

Anonadada pasó una mano por su frente, como si pretendiera con ese ademán ir colocando en su lugar sus embarulladas ideas. ¿Jaime?, no podía ser. Tenía que haber otra explicación.

Era fácil caracterizarse de viejo, se dijo, cuando empezó a tranquilizarse. Y su estatura era muy similar. Sin duda le habría resultado muy sencillo. Mientras su abuelo permaneció ingresado en el hospital, había podido disponer de la casa del acantilado con entera libertad, puesto que tanto doña Eulalia como el chofer y la cocinera se habían trasladado a Murcia, los dos últimos a sus propias casas y la primera a la de la calle Platería, aunque pasaba el día entero al lado de su abuelo y a veces incluso de noche, sentada junto a él en una butaca.

Sabía que únicamente doña Eulalia conocía la combinación de la caja fuerte y el lugar donde su abuelo guardaba la llave de ésta, por lo que no debió tener dificultad alguna en hacerse con ambas, sonsacando a su madre, que en la situación en la que se encontraba su abuelo no estaría en condiciones de razonar con claridad. Y eso suponiendo que no estuviese confabulada con él.

Y luego… Se detuvo al llegar a ese punto, con la sensación de que algo que había creído muy sólido se desmoronaba a su alrededor. Luego… se había adueñado de los documentos que su abuelo guardaba en la caja fuerte y había ordenado la venta de los valores mobiliarios imitando en la carta que dirigió al Banco la firma de su abuelo. Y después, el mismo día del fallecimiento de éste había falsificado también su firma en un talón y retirado todo el dinero depositado en la cuenta corriente, que incluía asimismo el obtenido con la venta de los valores. Hasta era posible que hubiese sido él también el que hubiera hecho desparecer el testamento ológrafo de su abuelo, ya que perjudicaba a su madre.

¿Pero cómo podía haber sido tan estúpida?, se preguntó notando que algo húmedo que escocía le ascendía hasta los ojos. La noche anterior se había dejado llevar por la atracción que Jaime le inspiraba y de la que probablemente se había servido él para acabar de rematar la finalidad que perseguía, se dijo enrojeciendo. Hasta era posible también que aprovechara él las noches en que había dormido en la casa, fingiendo interesarse por la seguridad de ella, con otro objetivo que en ese momento no se le alcanzaba. Y en cuanto a lo sucedido la noche anterior... Quizás hubiera sido ella quien lo había provocado.

Intentó disculparse a sí misma diciéndose que Jaime había sido desde que le conoció como una parte de sí misma, que sin saberlo le había añorado siempre y que la noche anterior habían concurrido todos los factores para que se olvidara ella de que habían transcurrido quince años desde que se marchó siendo niña y que cuando había regresado no sabía si era el mismo que dejó en el caserón del acantilado o si se había convertido en un extraño.

Sintiendo que le ardían las mejillas se metió en la tina bajo la ducha, que le despejó un tanto las ideas. Ya sabía lo que debía hacer. Pasaría por su consultorio al término de las clases para recoger a Sócrates y le pediría a Jaime que olvidara lo ocurrido, sin explicarle los motivos y sin pedirle cuentas por haberse adueñado de un dinero que le pertenecía. Por ella no lo sabría nadie.

Ya envuelta en la toalla, se sentó de nuevo en la banqueta e intentó reflexionar, sin conseguir otra cosa que acopiar un cúmulo de justificaciones para las acciones de las que era responsable él. Evocó su menuda figurilla y sus ojos tan azules, tan transparentes cuando ambos eran niños. Cómo se encogían los dos, asustados, cuando creían notar cercana la presencia de su abuelo. Éste se había comportado tan mal con el chiquillo, pese a que éste contaba solo tres años cuando su madre se había ido a vivir con él, que no encontraba adjetivo con el que calificarle. También había sometido a doña Eulalia a toda clase de humillaciones. No sería extraño, por tanto, que Jaime hubiera considerado que, al apropiarse de su dinero una vez muerto, obtenía una especie de revancha sobre él, que ese dinero le pertenecía por todo lo que había tenido que soportar.

Pensativa empezó a vestirse. Claro que, a quien realmente se lo había sustraído había sido a ella, se dijo secándose un lagrimón con el dorso de la mano, pero probablemente esto último ni tan siquiera se le hubiera ocurrido. Y, en cualquier caso, lo entendía. No solo no se lo iba a reclamar sino que le encubriría también si era necesario.

Y luego estaba Carmen, recordó enrojeciendo de nuevo. Mantenía con Jaime una relación que duraba cuando menos un año y la había recibido a su llegada al colegio con los brazos abiertos. ¿Qué pensaría de ella si llegara a enterarse de lo sucedido la noche anterior? Inexplicablemente se había olvidado por completo de su existencia. Pero no le diría nada. Lo mejor sería que no llegara a saberlo nunca y con el tiempo las aguas volverían a su cauce.

Más conforme consigo misma, se arregló apresuradamente y en cuanto se vistió con los pantalones blancos y la blusa roja, que sabía que le favorecían y que le ayudarían por tanto a pasar por el mal trago que la esperaba cuando se encontrara con Carmen y más tarde con Jaime, salió corriendo de la casa y sacó el coche del garaje enfilando seguidamente la cuesta que desde lo alto del acantilado la llevaría al pueblo.

Durante la primera clase de la mañana se sintió incapaz de explicar nada coherente sus alumnos y para no verse obligada a realizar un esfuerzo tan abrumador, les ocupó en realizar un examen tipo test sobre la lección del día anterior. Tenía impresas las hojas con el cuestionario que versaba sobre esa lección en su mesa, en el aula de profesores, y las repartió entre los chicos sin compadecerse de ellos ante su expresión de pavor. Mientras éstos intentaban acertar la respuesta correcta con la cabeza inclinada sobre el papel, Laura siguió dándole vueltas a lo mismo, deseando y temiendo al mismo tiempo los quince minutos de tiempo libre que se avecinaban, en los que tendría que disimular durante ese interminable lapso de tiempo su sentimiento de culpabilidad ante una amiga que desde el primer momento se había comportado con ella como si la conociera de de toda la vida.

Cuando sonó el timbre que indicaba que la clase había finalizado, Laura recogió los ejercicios y con ellos en la mano se dirigió hacia el aula de profesores con una irreprimible desazón. Carmen se encontraba ya en el aula en un grupo formado por Mario, por Ana y por Samuel, el profesor de matemáticas, y la acogió con una sonrisa a la que trató de corresponder, aunque lo más que consiguió esbozar fue una forzada mueca.

—Al fin apareces, — la saludó, abriendo el círculo que formaba con los otros para que pudiera incorporarse Laura —. ¿Has examinado a tus chicos?, —le preguntó bajando la vista hacia los cuestionarios que ella llevaba en la mano —.Te estábamos esperando.

Ana la interrumpió riéndose.

—Para hacerte una proposición…

—… completamente inmoral —. Terminó Samuel, un hombre de cuarenta y tantos años, rechoncho y con unas enormes entradas—. Queremos que nos invites a tu casa esta tarde para bañarnos en tu playa. ¿Qué te parece?

Laura imaginó la reunión con los presentes, entre los que se encontraría Carmen, y a la que sin duda asistiría Jaime en cuanto terminara la consulta, y pensó que no sería capaz de resistirlo. Buscó una excusa en su aturdida mente, pero, antes de que se le ocurriera algo que oponer, sonó su móvil, por lo que se apartó del grupo, saliendo al silencioso pasillo, donde apenas si llegaba la algarabía de los chiquillos jugando en el patio ni las conversaciones de los profesores dentro del aula en la que éstos se encontraban.

—Doña Laura, ¿es usted?, —oyó decir a una voz masculina al otro lado del hilo.

—Sí, sí, dígame.

—Tengo que darle una buena noticia. Creo que tenemos a la vista a un comprador.

Reconoció la voz del hombre que la había atendido en la agencia inmobiliaria y por un segundo se quedó en suspenso. ¿Se trataría de alguien que quería comprarle la casa? Pensó que debería alegrarse, pero lo que experimentó fue como una especie de desagradable aldabonazo dentro del pecho. Como un relámpago pasó por su mente la idea de lo que supondría decirle adiós a la playa con su arena dorada que se deshacía al pisarla en la caleta, a su dormitorio, con la balaustrada del balcón sobre un mar intensamente azul, recoger sus cosas y marcharse a un piso en Madrid o en otra parte, donde no oiría el sonido del mar por las mañanas ni el graznido de las gaviotas picoteando los cristales. Escucharía, por el contrario, el ruidoso estruendo de los motores de los automóviles contaminando el ambiente con el humo grisáceo de sus tubos de escape. ¿Pero no era eso lo que había deseado tanto?

—Sí, le oigo, —consiguió articular—. ¿Qué es lo que esa persona quiere comprar?, ¿la casa?

Oyó la risa de él.

— ¿Su casa?, no. Ya le dije que eso era muy difícil. Se trata de una empresa alemana a la que le interesan los terrenos de la playa de Las Caracolas. ¿Podría acercarse a la agencia cuanto antes?

Le costó a Laura reaccionar. Estaba tan confusa… Esa mañana no conseguía dar pie con bola y hasta le costaba entender lo que le proponían los demás.

—Sí, claro. Estoy trabajando en este momento, pero podría ir a verle esta tarde.

—Abrimos a las cinco y media, —precisó él. — ¿Le vendría bien a esa hora?

Le vendría estupendamente, pensó ella. Esa cita le serviría además como excusa para no aceptar la auto invitación que acababan de formularle sus compañeros del colegio.

—Por supuesto que sí. Allí estaré a esa hora. ¿Cree que es una oferta interesante?

—Inmejorable, diría yo. Los alemanes son gente seria y les entusiasman nuestro sol y nuestras costas. Podemos hacer un magnífico negocio—. Dejó escapar una risita. —Hasta luego entonces. La espero a las cinco y media.

Cortó Laura la comunicación y se quedó mirando incrédulamente su móvil. La noticia que acababa de recibir era magnífica. Al fin dispondría de un dinero más que suficiente para replantearse su vida en el sentido que más le conviniera y aunque decidiera trasladarse a Madrid para trabajar en esa ciudad, podría volver en vacaciones a la casa del acantilado y disfrutar de la visión del mar y del clima primaveral de la región. No recordaba en ese momento el miedo que había sentido en ocasiones dentro de sus muros por los sucesos extraños que había tenido que padecer y a los que aún no les había encontrado explicación. La relacionaba tan solo con el mar y con Jaime. Sí, sobre todo con Jaime.

Con el aparato en la mano entró nuevamente en el aula y se unió al grupo que la esperaba.

— ¿Qué?, ¿buenas noticias?, —le preguntó Mario sonriente.

—Para mí sí, para vosotros no tan buenas. No vamos a poder reunirnos esta tarde en mi casa como me habéis propuesto, porque me acaban de llamar de la agencia inmobiliaria a la que le encargué la venta de unos terrenos. Los de la playa de las Caracolas. Al parecer hay una empresa interesada en comprarlos.

Al oírla, Carmen se precipitó hacia ella para felicitarla con un efusivo abrazo, que le dolió en lo más profundo y le hizo sentirse baja y rastrera.

—Enhorabuena, chica. ¿Te dignarás dirigirnos la palabra cuando seas una ricachona? Esos terrenos deben de valer un dineral. ¿Tienes también a la vista un comprador de tu casa? Puedes hacer lo que quieras, porque para eso es tuya, pero yo no la vendería por nada del mundo.

—Ni yo tampoco, —corroboró Mario—. Aunque necesita arreglos, diría que es única, con una ubicación única. Con un par de cuartos de baño más y unos cuantos parches, te quedaría perfecta.

Parecían lamentar tanto el no poder acudir esa tarde a su casa para bañarse en la caleta, que Laura se vio obligada a proponerles posponer esa reunión para otro día.

—Podemos dejarlo para el sábado que viene, —ofreció, simulando que le apetecía recibir la visita de todos los presentes, incluyendo a Samuel y a su mujer, pues aquél se encontraba en el grupo en ese momento y estaba casado—. Así podríamos cenar en la terraza y prolongar la sobremesa sin preocuparnos por el madrugón del día siguiente.

Ana meneó negativamente la cabeza.

—No creo que durante el fin de semana nos sea posible. Se avecina un fuerte viento de levante, según ha informado la televisión, de modo que tendremos que conformarnos con ir al cine o a cualquier otro lugar que se encuentre bajo techado durante esos días. De reunirnos en tu casa, nos veríamos obligados a cenar dentro y sería una lástima no poder salir a la terraza.

Recordaba Laura que Roberto se había referido también al temporal que se originaba en la región cuando el viento soplaba desde el mar y se interesó inmediatamente por las características de lo que parecía ser un vendaval proveniente del mediterráneo, ya que le permitía encauzar la conversación hacia un tema que no le afectaba a nivel personal.

— ¿Y qué es lo que sucede cuando sopla viento de levante?— les preguntó con esa finalidad.

Ana entrecerró sus ojillos castaños y almendrados para concentrarse mejor y darle una respuesta adecuada.

—Pues que el tiempo cambia por completo. Por regla general, llueve a mares y el vendaval asola todo lo que encuentra a su paso levantando unas olas impresionantes. En los tres días que suele durar es peligroso bañarse en el mar.

Imagino que en lo alto del acantilado se asemejará mucho a un huracán y probablemente en tu casa, que es tan antigua, se producirá más de una gotera.

Al oírla le vino a Laura a la mente la que aún rezumaba en el techo del dormitorio que en la tercera planta había ocupado Jaime en los últimos tiempos en los que había vivido en la casa. Sería la primera reparación que efectuaría si formalizaba la venta que le había anunciado la agencia. Arreglaría el tejado, pintaría la habitación y la decoraría de otra forma. También haría obra en el único cuarto de baño de la casa y sustituiría la anacrónica tina del abuelo por una bañera o quizás por una ducha. Hasta era posible que por las exageradas dimensiones de esa habitación la dividiera en dos para reconvertirla en otros tantos cuartos de baño más pequeños.

De improviso le asaltó una duda. ¿Podría legalmente proceder a la venta de unos bienes que había heredado, conociendo la existencia de un testamento posterior? Roberto no había encontrado ese testamento, pero podría aparecer en cualquier momento en algún lugar recóndito de aquel enorme edificio. Necesitaba conocer su opinión antes de acudir a la agencia esa la tarde.

—Me vais a perdonar, pero tengo que salir de nuevo al pasillo para llamar por el móvil a…

— ¿A quién vas a llamar?, —la interrumpió traviesamente Ana—. ¿A ese muchacho con el que te vi el otro día comiendo en el puerto?

Por lo visto en el pueblo era imposible mover un dedo sin que se enteraran todos los lugareños, se dijo fastidiada, aunque lo disimuló girándose sonriente hacia la chica.

.

—Pues sí, —reconoció—. Era el abogado de mi abuelo y necesito conocer su opinión sobre la venta de esos terrenos.

—Pues además es un hombre muy estético, —continuó Ana con un guiño picaresco —. Si no te interesa, preséntamelo.

Todos rieron la gracia, menos Carmen que la corrigió con suficiencia.

—No, no es ese el que le interesa a Laura. Es otro que ha dejado en Madrid—. Se volvió entonces hacia ella. — ¿A que sí?, ¿a que he acertado?

Enrojeció Laura hasta la raíz del pelo sintiéndose culpable, sintiéndose fatal. ¿Trasluciría su rostro las emociones que experimentaba en ese momento?

—No, no, tampoco has acertado. Y ahora perdonad. Ya os he dicho que tengo que hablar con ese abogado.

Salió nuevamente al pasillo y marcó en la agenda de su móvil el número de Roberto que respondió a los tres timbrazos.

—Laura, ¿eres tú? ¿Hay algo nuevo?

Apresuradamente le refirió ella la noticia que le había dado la agencia y le preguntó si había algún inconveniente en que procediera a vender los terrenos que le interesaban a la promotora alemana.

—Pues yo creo que es una oportunidad que no debes desaprovechar— replicó alegremente él—. Y no te preocupes por ese testamento ológrafo que dicen que otorgó tu abuelo. Yo creo que, si existió alguna vez, no existe ya.

— ¿Qué no existe ya?, no lo sabemos. ¿Pero y si aparece ese hijo natural que por lo visto tuvo mi abuelo con una tal Julia Rueda?, —insistió Laura preocupada—. Creo que se llama Pepe y el chofer me dijo ayer que le había visto hace poco paseando por la Platería. ¿Qué sucedería si, por ser hijo de mi abuelo, reclamase su parte de la herencia y yo hubiese vendido los terrenos de la playa de Las Caracolas?

Se hizo un silencio al otro lado de la línea.

—Tendría que demostrar primero él que es hijo de tu abuelo y eso es complicado, —repuso parsimoniosamente Roberto, que parecía estar más que acostumbrado a que le formulasen preguntas de ese tipo —. Le supondría iniciar un procedimiento de filiación, o sea, presentar una demanda reclamando que se reconociese la paternidad de tu abuelo y demostrarlo por medio de una prueba de ADN. Para ello sería necesario que el juez ordenase la exhumación del cadáver de aquél.

— ¿Y la suelen conceder?

—No siempre.

Se hizo un silencio al otro lado de la línea.

— ¡Qué curioso!, —continuó Roberto al cabo de unos segundos que a Laura le parecieron siglos—. Me preguntó lo mismo ayer un visitante que recibí a última hora.

Laura respingó sobresaltada.

— ¿Te preguntó lo que tendría que hacer para ser reconocido como hijo de una persona que había muerto?

—Sí. Y cómo debería proceder en el caso de que la persona que hubiera heredado los bienes que pertenecían a su padre los hubiera vendido mientras se tramitaba su reclamación.

— ¿Se refería a la venta de los terrenos de la playa de Las Caracolas?, —se alarmó ella.

—No, no, no se refirió en concreto a unos terrenos determinados. Tampoco me dijo que fuese él la persona directamente afectada por la venta ni la que pretendía que le fuese reconocida su filiación.

La respuesta de él no la tranquilizó, sino al contrario.

—Bueno, sí, pero supón que por las pruebas del ADN se demostrase que era hijo de mi abuelo. ¿Cómo me afectaría a mí ese reconocimiento?

Él no dudó en darle la respuesta.

—Tendrías que partir con él los bienes que has heredado.

— ¿Y si ya los hubiese vendido ya?

—Entonces deberías compensarle con la mitad del importe que obtengas ahora, actualizado.

El nerviosismo que experimentaba ella se acrecentó.

—A eso era a lo que yo quería llegar. Está claro que debería reservar la parte que pudiera corresponderle a él, para el caso de que ese muchacho, que se llama Pepe, realizase todos esos trámites y el juez le diese la razón. Al menos hasta que transcurra un tiempo prudencial para que ese chico reaparezca. ¿Durante cuanto tiempo podría él reclamarme el dinero?

La voz de Roberto sonó ahora más apagada.

—La acción de reconocimiento de la filiación no prescribe. Él podría reclamártela durante toda su vida. Y si hubiera fallecido, tendrían ese derecho sus herederos.

Sintió Laura que el optimismo que había experimentado poco antes, cuando el encargado de la agencia le había dado la noticia, se esfumaba como si le hubieran arrojado un cubo de agua fría sobre la cabeza.

— ¿Tendré que estar toda mi vida pendiente de la posible reclamación de ese hombre?

Roberto se echó a reír.

—Bueno, peor sería que no hubieses heredado nada, ¿no crees? Y tampoco es necesario que ingreses el dinero que recibas en una cuenta bancaria y lo mantengas inmovilizado criando malvas. Podrías invertir la parte que, en su caso, te pudiera reclamar en algo seguro que te proporcionase una renta. En pisos, por ejemplo, para destinarlos al alquiler. ¿Quieres que vaya contigo a la agencia inmobiliaria?

Ella lo consideró en silencio.

—Sí, si me cobras la minuta por tus servicios, que te pagaré en cuanto formalice la venta. Ahora estoy sin blanca.

—No te preocupes por la minuta, —replicó él —. Esta tarde me es imposible dejar el despacho, pero podría acercarme el lunes por la tarde, si la oferta que te hacen merece la pena. Llámame cuando termine la reunión.

—De acuerdo y gracias.

Cortó Laura la comunicación y en ese momento sonó el timbre que indicaba el comienzo de la segunda clase, lo que agradeció en su fuero interno, ya que implicaba perder de vista durante al menos una hora a Carmen y acallar durante ese lapso de tiempo la desazonante sensación de remordimiento que su presencia le inspiraba.

También la ayudó Mario a mantenerse apartada de la chica. Se empeñó en monopolizarla más tarde en la sala de profesores, en invitarla a comer y en acompañarla a la agencia por la tarde, después de dirigirle a Carmen una aviesa mirada, cuando se empeñó en entrometerse entre los dos, que ésta en esa ocasión interpretó acertadamente. Y en la agencia, además, le sirvió a Laura de gran ayuda. Aunque su aspecto respondía al de un intelectual despistado, sabía manejarse en el mundo de los negocios y debió causar una buena impresión en el alemán que actuaba en nombre de la empresa. Ella apenas dijo nada. El encargado de la agencia se deshizo en alabanzas sobre la ubicación de los terrenos en cuestión y la animó a aceptar la oferta. Por el contrario, Mario opuso algunas objeciones y pospuso la decisión de Laura, alegando que ésta tendría que reflexionar durante unos días sobre su oferta. Al llegar a ese punto fue cuando ella le interrumpió, para dirigirse al alemán.

—No necesito mucho tiempo. Quiero que el próximo día esté presente mi abogado y he quedado con él el lunes. ¿Le vendría a usted bien que volviésemos a reunirnos a esta hora?

El hombre, alto, muy grandón y con la piel enrojecida por el sol levantino, se apresuró a aceptar, por lo que se despidieron de él y del encargado de la agencia y salieron a la calle, Laura pletórica y Mario ofendido.

—Podías haberme dicho que no me necesitabas para nada—protestó éste cuando se alejaron lo suficiente para que los otros dos no pudieran oírles—. Me has hecho quedar fatal, ¿no te das cuenta?

Aunque distaba mucho de tener la cabeza despejada ese día, Laura pestañeó perpleja.

— ¿Cómo que te he hecho quedar fatal? Has sido tú el que te has ofrecido a acompañarme y creo que la opinión de un abogado es trascendental en un asunto como éste para que tome yo una decisión. Sé mucho de historia y tú mucho de química, pero ninguno de los dos tenemos idea de leyes.

—Tú desde luego, no — masculló él mordaz.

— ¿Y tú sí? — replicó Laura en el mismo tono.

Mario se encogió de hombros.

— ¿Y quién es ese abogado tan listo que va a decidir si vendes o no los terrenos de la playa?, — le preguntó desdeñosamente él—. ¿Es ese tipo con el que comiste y del que dice Ana que es tan guapo?

Le molestó muchísimo a ella su gesto y su tono despectivo, por lo que le dirigió una mirada asesina.

—Pues sí. Es un magnífico abogado y una bellísima persona que se ha ocupado de los asuntos de mi familia durante muchos años y ahora se está ocupando de los míos.

Por la edad de Roberto no era posible que le hubiera llevado a su familia sus cuestiones jurídicas durante muchos años, pero a Laura le dio igual que no lo fuera. Le pareció indignante que Mario se hubiese referido al abogado en esos términos. Además, necesitaba librarse de él para acercarse al consultorio de Jaime a recoger a Sócrates y a decirle... Solo de pensar en lo que tenía que decirle se le embarullaban las ideas.

—Está bien, —rezongó Mario en tono hiriente —. Perdona si te he molestado y espero que ese abogado que te interesa tanto te resuelva satisfactoriamente la venta. Que te vaya bien.

Le dio dignamente la espalda y se marchó calle abajo sin volver la cabeza. Laura le vio ir sin conseguir reaccionar. ¿Por qué se habría enfadado ahora? Desde que se había levantado esa mañana tenía la impresión de que no conseguía razonar con claridad y de que iba equivocándose en todas las decisiones que tomaba. Y aún le quedaba lo peor. Fue ensayando lo que le diría a Jaime mientras caminaba hacia el colegio con la intención de recoger su coche para acercarse en él a la clínica veterinaria. Tampoco lograba acertar con las palabras que debería pronunciar por más que se estrujaba la mente y, cuando aparcó y se bajó del coche en una calle céntrica, frente a un edificio de dos plantas con grandes ventanales en el bajo, inspiró hondo para darse ánimos antes de encaminarse hacia la puerta.

La recibió una joven muy sonriente que la hizo pasar a una salita y que se extrañó al ver que no llevaba en brazos a ningún animalito.

—Vengo a recoger a mi perro. Me llamo Laura Villamil y mi perro es un mastín, —le dijo a la chica, contestando a su pregunta—. Quisiera ver antes a don Jaime Valero.

—Lo siento, pero no está, —replicó la otra—. Creo que a primera hora de esta tarde no tenía prevista ninguna visita. ¿Quiere dejarle algún recado para que se lo comunique yo, cuando venga dentro de un rato?

Sintió Laura un alivio inconmensurable al enterarse de que él no se encontraba en la clínica y que podría posponer ella por un tiempo el mal rato que se vería obligada a soportar cuando se encontrara con él.

—Sí, dígale que en adelante no voy a necesitar que se ocupe del perro. Que no hace falta ya que vaya a mi casa a recogerlo. Y ahora, si me trae a Sócrates…

Con otra sonrisa se alejó la chica. La oyó abrir una puerta y salir a lo que debería ser un patio y regresar poco después llevando al perro sujeto por la correa del collar.

—No se olvide de repetirle a don Jaime lo que le he dicho y que me lo he llevado, —le recomendó ella.

—Sí, sí, descuide.

Salió Laura nuevamente a la calle con el mastín y lo introdujo en el coche tomando asiento después frente al volante para arrancar a continuación. Fue en ese instante cuando vio a Jaime caminando por la calle en dirección a su consulta. Venía con Carmen en animada conversación y no pareció fijarse en el viejo y polvoriento Ford Fiesta que se alejaba en ese momento en dirección a la carretera.

CAPÍTULO XVII

Inquietísima, pasó Laura el resto de la tarde vaciando atolondradamente su maleta y recorriendo la casa de arriba abajo, seguida de Sócrates que parecía encantado de hacer tanto ejercicio. Ella, por el contrario, no conseguía concentrarse en ninguno de los cometidos que emprendía. Continuamente consultaba su reloj deseando y temiendo al mismo tiempo que llegara Jaime a pedirle una explicación. Ahora que le había visto con Carmen, con la que seguramente habría comido, le resultaría más fácil decirle lo que tenía que decirle, aunque le doliera. Le pareció que con ello renunciaba a una parte muy importante de su vida, pero que le iba a ayudar a tomar una decisión sobre su futuro. En cuanto vendiera los terrenos de la playa se marcharía de allí. Volvería a Madrid, donde adquiriría una casa con jardín en las afueras para poder llevarse a Sócrates consigo, y reanudaría su antigua vida. Vendería también la casa del acantilado si aparecía algún comprador y se olvidaría de Jaime o al menos lo intentaría.

Se sentó en la sala de estar y a los pocos segundos se volvió a levantar como si la butaca le pinchara con alfileres. Subió al cuarto de baño y se contempló nuevamente en el espejo para asegurarse de que los pantalones blancos y la blusa roja le sentaban bien y de que a su rostro no afloraba el aturdimiento que experimentaba. Bajó nuevamente a la sala de estar, donde volvió a sentarse, para levantarse inmediatamente. Iba ya a dirigirse a la cocina a preparar la cena que debería ahora tomar en solitario dentro de unas horas, cuando sonó el timbre de la puerta y dio un respingo sobresaltada. Atisbó el exterior por la mirilla para asegurarse, pero sí, era Jaime. Venía con las manos en los bolsillos de su pantalón vaquero y con una camisa de un color azul intenso. Se la quedó mirando desde el umbral cuando abrió la puerta.

—Me ha dicho Mercedes que has recogido tú a Sócrates.

Asida al quicio y sin hacerse a un lado para dejarle pasar, hizo ella un gesto de asentimiento.

—Sí, he ido a buscarlo.

— ¿Y puedo preguntarte por qué?

Buceó Laura en su mente para escoger una de las respuestas que había estado ensayando, pero no la encontró.

—Porque sí, porque es mejor así.

Él seguía mirándola impasible.

— ¿Y por qué es mejor así? Y en cualquier caso, ¿puedo pasar?

Sin moverse, esbozó Laura un gesto negativo.

—No, creo que no.

Se hizo un silencio denso. Una ráfaga de viento agitó las palmeras con un rumor sordo y una gaviota revoloteó frente a la fachada de la casa para doblar la esquina y perderse más allá. Laura intentó recobrar las palabras que se le habían perdido en la garganta.

—Es mejor así, Jaime. Anoche nos equivocamos.

Él seguía mirándola sin pestañear.

— ¿Quieres decir que es mejor que lo olvidemos?

—Sí. Y ya… ya no es necesario que te quedes por las noches. He encontrado además un comprador de los terrenos que he heredado y en cuanto formalicemos la venta me marcharé.

Levantó los ojos hacia él y algo se le removió dentro. La observaba impasible, pero creyó leer en sus ojos el mismo sentimiento que traslucía cuando años atrás se marchó ella con sus padres a Madrid y le dejó subido al poyete despidiéndola. Ya no era un niño rubio y canijo, pero en su mirada pudo adivinar lo que estaba experimentando, la sensación de que se había desplomado todo a su alrededor, de que se le había hundido el mundo.

—¿Y cuando te marchas?

—No, no. Aún tenemos Roberto y yo que llegar a un acuerdo con la empresa alemana que los quiere comprar.

—¿Roberto y tú?

Había una velada acusación en su voz y Laura balbuceó:

—Sí, ya sabes, el abogado de mi abuelo. Me está ayudando mucho.

—Ya, —murmuró escuetamente.

Se dio la vuelta para bajar los tres escalones del porche y al pie de éstos se volvió hacia ella.

—¿Te despedirás de mí antes de irte?

Algo semejante a una bola de algodón se le atravesó a ella en la garganta.

—Sí, claro.

Se dirigió Jaime hacia su coche. No era el de siempre y aunque no era entendida en marcas de automóviles, supo que aquel era un modelo caro. Lo arrancó él segundos más tarde y Laura se quedó en la puerta viendo como se perdía cuesta abajo hasta que desapareció entre una nube de polvo. Entonces entró nuevamente en el vestíbulo y cerró el portón con dos vueltas de llave como si con ese gesto quisiera cerrar también esa etapa de su vida. Pero no era tan fácil. Algo le dolía dentro con la misma intensidad que si hubiese perdido a un ser querido, como si se hubiese quedado sola de repente. Sócrates acudió a restregarse contra su pierna intuyendo quizás lo que sentía y con ese gesto quisiera expresarle que podía contar con él. Le acarició la enorme cabeza y pasó con él a la sala de estar donde se dejó caer en su butaca. Frente a ésta se erguía la que en vida ocupaba su abuelo y de improviso notó algo. Algo como una ráfaga de viento que recorrió la estancia y se perdió después por el pasillo. Creyó oír después un rumor casi imperceptible al tiempo que el perro levantaba las orejas y enseñaba los dientes con un gruñido amenazador. Parecía escuchar atentamente como si no acabara de localizar la procedencia de ese algo que ella notaba cerca. De improviso profirió un ladrido más sonoro y echó a correr por el pasillo en dirección a la cocina.

Notó Laura que se le erizaba el vello de los brazos y como en sueños recordó las palabras de sus padres, repitiéndole que era mayor ya, no tenía derecho a sentir miedo ni a asustarse. Debía por consiguiente afrontar que había una presencia extraña en la casa sin amilanarse, aunque se encontrase sola en un caserón antiguo en la cima de un acantilado, donde nadie podría oírla aunque gritara. ¿Por qué le habría dicho a Jaime que se marchase y que ya no le necesitaba por las noches? En ese momento le daba lo mismo que él se prestara a pernoctar en la casa exclusivamente en su propio interés. Probablemente aprovecharía las horas en las que ella dormía para revolver los papeles que el abuelo guardaba en su despacho o para buscar algo de valor que se encontrara en cualquiera de las habitaciones. Probablemente le tenía sin cuidado la seguridad de ella, pero le daba igual. Lo importante era contar con su ayuda, aunque fuera interesada.

Todavía podía llamarle al móvil y pedirle que regresara, pero no se atrevió. Volvió a repetirse que ya era mayor y se puso en pie. Instintivamente cogió de la chimenea el atizador de la lumbre y salió al pasillo echando a correr hacia la cocina en pos del perro, orientándose por los estentóreos ladridos que profería.

Desembocó a oscuras en esa habitación y tropezó con el lateral del lavaplatos, pero no se detuvo a comprobar si su pantalón blanco había sufrido algún desperfecto. El aire fresco del atardecer le dio de lleno en el rostro y advirtió que la puerta de cristales por la que se salía al patio estaba abierta de par en par. De allí provenían los ladridos de Sócrates y lo encontró frente al cobertizo, con la cabeza levantada hacia lo alto de la tapia emitiendo amenazadores gruñidos. Al oírla acercarse corriendo, se volvió hacia ella con algo colgándole del hocico. Era un trozo de tela de color azul, que el perro debía haberle arrancado al intruso, y que por el remate efectuado en uno de sus extremos por una máquina de coser, podía haber pertenecido al faldón de una camisa o al bajo de un vestido.

Cuando Laura se lo quitó del hocico, el animal se giró nuevamente hacia lo alto de la tapia, ladrando enfurecido, de lo que pudo ella deducir que alguien acababa de saltarla, encaramándose previamente al techo del cobertizo que le había servido como un escalón. Y supuso también que ahora esa persona estaría bordeando la fachada posterior de la casa para llegar hasta el camino que en cuesta descendía del promontorio. Regresó corriendo a la cocina para atisbar el exterior por la ventana. Estaba oscuro ya y solo logró distinguir la estilizada silueta de las palmeras agitándose suavemente a impulsos del viento. Permaneció inmóvil en su observatorio con Sócrates, que había entrado en la cocina tras ella y se restregaba contra su pierna, y al cabo de unos instantes percibió distintamente el ronco sonido del motor de un coche que se alejaba en dirección al pueblo.

—Así que hemos tenido una visita, —le explicó al perro que la miraba con la lengua fuera y jadeando—. Una visita que ha escapado por el patio al oírte, saltando la tapia, aprovechando para ello que el techo del cobertizo queda a media altura. Y luego se ha largado en su coche, que habrá dejado aparcado lejos de esta casa para que no pudiéramos darnos cuenta de su presencia. Tú le has visto la cara. ¿Sabes quién es?

Sócrates continuó impasible, jadeando y Laura, tras cerrar la puerta de cristales del patio y afianzar los postigos de madera sobre ella, regresó con el perro a la sala de estar, donde devolvió el atizador de la lumbre a su soporte de hierro. Luego encendió la lámpara de pie y tomó asiento en su butaca preferida acercando a la luz el trozo de tela que Sócrates le había arrancado al intruso de la ropa que vestía. Había visto una camisa de ese color y de esa textura anteriormente, ¿pero a quien? Se estrujó inútilmente la mente luchando por concretar un recuerdo que se le escapaba, lo mismo que si se tratase de un soplo de humo que intentase aprehender con las manos.

El sonido de su móvil la sobresaltó y lo extrajo del bolsillo de su pantalón para llevárselo al oído, reconociendo la voz de Roberto.

—Laura, ¿te has olvidado de que habías quedado en llamarme para contarme cómo había ido la reunión en la agencia inmobiliaria?

Sí, se le había olvidado. No conseguía concentrarse en nada desde que se despertara esa mañana y los acontecimientos que se habían ido produciendo a lo largo del día no habían hecho sino acrecentar su aturdimiento. Y lo peor había sido el verse obligada a despedirse de Jaime. Esa despedida le había dejado dentro un hueco profundo y doloroso. Había sido como romper las fotografías que conservaba de su infancia y dejar en blanco esa etapa de su vida. Notó que un lagrimón le rodaba por la mejilla y se lo secó con el dorso de la mano, al tiempo que respondía:

—Perdona, Roberto, pero es que he tenido un día horrible. Mi perro acaba de ahuyentar a un intruso que ha entrado en la casa y que acaba de escaparse por el patio.

Se hizo un silencio al otro lado de la línea.

— ¿A un intruso?, ¿has llamado a la policía?

—No, no, aún no.

—Pues llámala ahora mismo. Puede que haya dejado huellas y que la policía pueda identificarle.

Laura hizo un gesto de asentimiento que tradujo en palabras, al caer en la cuenta de que él no podía verla.

—Ahora la llamaré. Creo que se trata de la misma persona que he oído por las noches en el dormitorio de mi abuelo. Ha venido también en varias ocasiones más y en una de ellas envenenó a mi perro, probablemente porque le molestaban sus ladridos. He llegado a la conclusión de que viene a buscar el testamento ológrafo de mi abuelo.

Se hizo un silencio al otro lado de la línea.

— ¿Crees que se trata entonces de ese hijo extramatrimonial que podría reclamar la paternidad del que fue tu abuelo y consiguientemente su parte de la herencia?, —le preguntó al fin en un tono que denotaba su preocupación.

—Sí. Llegué a pensar que mi abuelo seguía vivo y que era él el que venía a esta casa por las noches para buscar algo que había olvidado llevarse. Pero ahora creo que no. Creo que es ese hijo el que asalta esta casa cuando le viene en gana, aprovechando casi siempre los ratos en los que he salido.

—Podría ser entonces también él la persona que falsificó la firma de tu abuelo para vender sus valores mobiliarios y quien retiró después los fondos de su cuenta corriente, ¿no crees?

Se quedó Laura sin habla. Veía el bronceado semblante de Jaime en el porche y su expresión de absoluta desolación al comunicarle ella que pensaba marcharse de allí en cuanto vendiera los inmuebles que había heredado.

—Sí, seguro que ha sido él, —musitó con un esfuerzo.

Por parte de su interlocutor se produjo otro silencio, más largo si cabe que el anterior. Su voz reveló luego una manifiesta discrepancia.

— ¿Y cómo ese desconocido hijo tuvo acceso a los documentos necesarios para efectuar la transacción? No, rectifico lo que acabo de decir. Pienso que quien la efectuó es alguien de tu entorno. Alguien que podía entrar y salir de la casa sin que su presencia llamara la atención mientras tu abuelo estuvo hospitalizado.

— ¿Doña Eulalia?

—No, ella se marchó de esa casa con tu abuelo, cuando sufrió el ictus y permaneció a su lado en el hospital hasta que se produjo su fallecimiento. No regresó a la costa hasta después del entierro.

—Pero entonces…

— ¿Quién más tenía llave de la casa?

Buscó ella la voz que parecía haber perdido en la garganta.

—Pues... el chofer, que en verano vivía aquí con su mujer, tenía llave de la puerta de la cocina y... supongo que también la cocinera.

— Todos ellos regresaron a Murcia cuando ingresaron a tu abuelo y tu casa se quedó vacía. ¿Nadie más?

Tardó ella en contestar. Sin saber por qué le vino a la memoria la expresión de Jaime aquella noche en la que les encontró a Sócrates y a ella en la planta de los dormitorios de los criados y le aclaró que el cuarto de la gotera había sido el suyo, porque su abuelo lo había decidido así y que por su gusto le hubiera mandado a un orfanato. Su semblante no denotaba lo que sentía en su interior, pero Laura le conocía demasiado bien para no intuir que experimentaba un resentimiento hondo contra aquél déspota. No era extraño que hubiese decidido él resarcirse económicamente del maltrato de que había sido objeto apropiándose de los documentos que guardaba su abuelo en la caja fuerte. Y probablemente no se habría planteado que poco podría importarle a su abuelo desde el más allá lo que hiciera él en este mundo con el dinero que tenía depositado en el Banco ni que a quien perjudicaba realmente era a ella.

La voz de Roberto la devolvió al presente.

— ¿Qué ibas a decir?

—Nada, no iba a decir nada. No sé quien ha podido ser.

Sin imaginar ni por lo más remoto lo que ella estaba elucubrando, Roberto continuó fluidamente:

—Ese tipo de delincuente suele descubrirse a sí mismo por gastarse imprudentemente y antes de tiempo el dinero sustraído. Por regla general, adquieren bienes ostentosos de improviso, tales como coches o casas, que requieren una inversión considerable y que no podrían justificar con los ingresos que perciben. Tienes que fijarte en si alguna de las personas que te rodean se encuentra en ese caso.

Como con un fogonazo de fuegos de artificio creyó ver Laura el coche con el que Jaime acababa de acercarse a verla al acantilado para pedirle explicaciones. Era nuevo y caro. Pocos días antes le había dicho también que se había comprado recientemente el edificio de dos plantas donde vivía y donde tenía la consulta. No cabía duda que había aprovechado bien la estancia del abuelo y de su madre en el hospital.

Le recordó de niño en aquella casa inmensa en la que nadie se ocupaba de él. Su madre lo intentaba a veces, pero con escasos logros, porque su abuelo era una especie de cacique que no permitía más decisiones que las suyas propias y al que sin duda doña Eulalia tenía miedo. Ni siquiera fue capaz ella de impedir que le desterraran al dormitorio de la gotera para asignar el que el chiquillo había ocupado siempre a otro chico del que suponía sin prueba alguna que era su hijo.

Y después, cuando regresó al pueblo él con la carrera terminada y abrió su consulta, aprovechaba también las ausencias de su abuelo, cuando éste se trasladaba a su casa de Murcia, para bañarse en la playa de las Gaviotas y ducharse después en la sagrada tina que aquél se reservaba en exclusiva, en venganza por los años en los que no se la había dejado utilizar. Incluso la resolución que había adoptado de dormir en el cuarto del abuelo durante las últimas noches podía obedecer también al mismo deseo de desquite.

—Laura, ¿estás ahí?, —le oyó decir a Roberto—. Te has quedado callada de repente. Aún no me has dicho cómo te ha ido en la agencia inmobiliaria ni si quieres que te acompañe el próximo día.

Con un esfuerzo regresó ella a la sala de estar donde se hallaba.

—La reunión ha ido muy bien y hemos quedado el lunes a las cinco y media. ¿Te viene bien esa hora o quieres que llame al de la agencia para retrasarla?

—No, me viene bien. ¿Vas a llamar ahora a la policía o prefieres que lo haga yo?

Contempló Laura el trozo de tela azul que Sócrates había arrancado de la indumentaria del asaltante y que aún tenía en la mano. Le parecía recordar que esa tarde, cuando había acudido a la casa poco antes, llevaba Jaime una camisa de ese color, por lo que meneó negativamente la cabeza.

—No, no, ya lo haré yo, no te preocupes. ¿Dónde quedamos el lunes? La agencia está en la calle mayor, enfrente de una heladería.

—Pues allí estaré a la hora que me has dicho antes y no te olvides de llamar a la policía ahora mismo, ¿me oyes?

No llegó a escuchar sus últimas palabras. Estaba tan agotada, tan dolorida…

—Vale, vale, hasta mañana.

Cortó la comunicación y se quedó mirando fijamente el aparato con la vaga sensación de que no le quedaba nada que le importara ya. Cansadamente bajó la mirada para fijarla nuevamente en el trozo de tela azul que sostenía entre sus dedos y de improviso le vino a la mente una imagen. La de Carmen corriendo por la playa de las Gaviotas con un blusón de ese color sobre su bañador, también azul. Por un instante se quedó perpleja, con los ojos muy abiertos y expresión de profunda sorpresa. Sócrates se había echado en el suelo a su lado y había levantado la cabeza para mirarla con la lengua fuera, como si se estuviera preguntando por el motivo por el que su dueña se mantenía tan quieta y tan desconcertada. Ésta acabó por reaccionar y se rió en silencio de sí misma. ¡Qué tonterías estaba pensando! Carmen no podía haber saltado la tapia, huyendo del perro. Estaba demasiado rellenita para esa proeza y su estatura era además relativamente reducida. Y en cualquier caso, ¿qué tenía que ver la chica con su abuelo y con lo que le había dejado a ella en herencia? ¿Estaría confabulada con Jaime para… para qué?

Se lo repitió varias veces y seguía repitiéndoselo cuando se levantó de la butaca como un autómata para salir al pasillo. Sócrates la imitó y en su compañía subió ella la escalera que, como siempre, crujió lúgubremente bajo sus pies. También el pasillo chirrió bajo sus pasos cuando alcanzaron la planta superior, pero ni siquiera lo advirtió. El perro jadeaba como siempre y su enorme corpachón le obstruyó el paso cuando hizo intención Laura de penetrar en el dormitorio que había sido el de Jaime, el que después ocupara aquel otro chiquillo al que llamaban Pepico.

Directamente se dirigió hacia la mesilla para tomar en sus manos el retrato con marco plateado en el que una joven morena y con el pelo rizado abrazaba a un chiquillo que se le asemejaba mucho. El chofer le había dicho que esa mujer, Julia, tenía también una hija. Se sentó en la cama y encendió la luz de la lámpara de la mesilla de noche para aproximar la fotografía a la claridad que proyectaba y estudiar las facciones de ella. Carmen también era muy morena, con ojos grandes y muy oscuros, de pestañas largas. Y también poseía una rizada melena negra que le llegaba al hombro. Las dos, como otras muchas del sur de la península, pertenecían al mismo tipo de mujer española y mediterránea, pero eso no significaba nada, se dijo. Estaba claro que sin ningún fundamento empezaba a ver fantasmas por todas partes.

CAPÍTULO XVIII

Pasó el fin de semana en compañía de Ana y de Carmen, deseosas de enseñarle los rincones más agrestes y pintorescos de la costa. El sábado recorrieron a pie el Monte de las Cenizas y la Peña del Águila y el domingo recalaron en el coche de Laura en la bahía de Portman, circundada por montañas que rodeaban la llanura costera.

En contra de lo que en ella era habitual, Carmen estaba taciturna y apenas si contestaba con monosílabos a las bromas de Ana que parecía estar disfrutando con el paseo. Laura se preguntó si no obedecería el mutismo de la muchacha a la circunstancia de no estar aprovechando esos días de fiesta para salir con Jaime en lugar de compartirlo con ellas. Le hubiera gustado preguntárselo, pero no se atrevió. Ana sí hizo intención de averiguarlo, pero solo obtuvo como respuesta un evasivo encogimiento de hombros.

Al atardecer regresaron al pueblo en el coche de Laura y en el de Carmen, que habían dejado aparcado junto a la casa de aquélla, y, al igual que el resto de los lugareños, pasearon incansablemente por el paseo marítimo, donde se cruzaron con Mario que iba con una chica y que se hizo el distraído para no saludarlas.

Tampoco el lunes le dirigió la palabra a Laura durante los descansos entre clases. Le sorprendió ésta varias veces mirándola de lejos y con aire ofendido, pero consideró que tenía asuntos más importantes de los que preocuparse. Carmen, por el contrario, intentó un aparte con ella en varias ocasiones, aunque solo logró cuchichear a su oído unas palabras aprovechando un instante en el que Ana se separó de las dos para replicar con gracia a una broma de Samuel.

—Necesito hablar contigo ¿Te vendría bien que subiera a verte a tu casa esta tarde?

La expresión de la chica era seria, pero no parecía estar molesta con ella, sino al contrario.

—Esta tarde he quedado en la agencia con los alemanes por el asunto de la venta de esos terrenos y con el abogado y no estoy segura de que éste último no se quede a cenar. Podríamos vernos mañana que es martes a la hora que prefieras. Mañana no tengo nada que hacer.

—Yo sí, pero podría acercarme a tu casa a última hora de la tarde. ¿Te parece bien?

—Sí, sí, claro.

—Pues subiré a eso de las siete.

Ana había vuelto a unirse al grupo y también Samuel. Mario, en cambio, se había alejado al extremo más alejado del aula para contemplar a través de los cristales de la ventana como se iban agolpando en el cielo los negros nubarrones que amenazaban con descargar de un momento a otro.

Ana le señaló, riendo a continuación.

—Ya tenemos aquí el inicio de los tres días de viento de levante. Me parece que a Mario le preocupa mucho el cambio de tiempo.

Sin moverse del lugar donde se encontraba, al oírse nombrar, éste giró la cabeza hacia ellos, cuidando de no cruzar su mirada con Laura, y sonrió forzadamente.

—Me preocupa, porque me temo que vamos a tener unos días pasados por agua, lo cual no resulta apetecible y menos en esta época en la que todavía se puede disfrutar de la playa.

Se volvió nuevamente hacia la ventana, dándole la espalda a Laura como si quisiera dejar muy claro que era ésta la causante de su enfado. Ella ni se inmutó. Riéndose de algo que había dicho Ana, aunque no lo había llegado a entender, se dirigió hacia la máquina de café y se sirvió la oscura infusión en un vasito de plástico. Mientras lo veía caer, se le aproximó Ana para preguntarle en un susurro:

— ¿Qué le has hecho a Mario?, está como una hiena.

Ella se encogió de hombros. En ese momento ni lo sabía ni le importaba.

—Creo que se ha molestado porque va a acompañarme esta tarde un abogado a la agencia inmobiliaria para negociar la venta de los terrenos. Dice que al prescindir de él, le he dejado en mal lugar.

—Pero Mario es químico, no abogado— arguyó la chica observándola con curiosidad.

—Ya lo sé. Se pone a veces un poco pesado,

La mañana transcurrió lenta y se le hizo a Laura interminable. Sus alumnos apenas si atendieron sus explicaciones durante las clases y sus compañeros parecían estar tan alterados como el tiempo. El viento que silbaba alrededor del colegio parecía haber excitado los ánimos y durante los cortos lapsos de descanso entre clase y clase Ana y Carmen discutieron en un tono que terminó siendo agrio y poco habitual en dos amigas que se llevaban tan bien.

Cuando horas más tarde Laura salió del colegio y, ya en su coche dejó el pueblo atrás, un vendaval parecía recorrer la carretera arrastrando las hojas de los árboles que la bordeaban y zarandeando las palmeras que se doblaban sobre sí mismas a su paso. El temporal pareció arreciar cuando llegó a su casa dispuesta a prepararse algo rápido para comer. Cuando salió al patio con la intención de recoger a Sócrates, el viento huracanado dispersó su melena en todas direcciones, a la par que agitaba las boungavillias que trepaban por la tapia y cubrían también la fachada de la casa. Flores de todos los colores flotaban por el aire arrancadas de cuajo de las enredaderas por el viento, que se agitaba en remolinos para escapar luego hacia el pueblo como si pretendiera llevarle un mensaje de destrucción.

    El perro se había guarecido dentro del cobertizo y le costó trabajo a Laura sacarle de allí. Tirando del collar le obligó a atravesar el patio cuando las primeras gotas comenzaban a caer. Los nubarrones cada vez más negros, dejaron escapar de golpe su pesada carga sobre la tierra como si no pudieran soportar su peso y en el escaso espacio que tuvieron que recorrer desde el cobertizo a la cocina, la lluvia racheada le empapó la cara. Estornudando y luchando contra el viento, consiguió Laura cerrar tras el perro y ella la puerta de cristales, apoyándose con todo su peso contra la hoja de madera. El aire silbaba por los intersticios de ésta y cuando al fin éste le ganó la batalla y se filtró dentro de la cocina, salió al pasillo para recorrerlo y ascender luego por la escalera con su olor a humedad y a otoño.

    Durante la reunión que por la tarde mantuvo en la agencia inmobiliaria, el viento no aminoró su ímpetu, sino al contrario. Las ventanas del local trepidaban bajo sus acometidas y las ráfagas que recorrían libremente la calle, se colaban por los resquicios de las maderas de las ventanas con un sonido agudo, como si pretendieran augurar un mal inminente.

    Pese a ello la reunión fue muy satisfactoria. Acordaron que Roberto redactaría el contrato de compraventa y que volverían a verse en la agencia a la semana siguiente, en cuanto lo tuviese preparado. Cuando aquél y Laura se despidieron de los asistentes y salieron nuevamente a la calle, intercambiaron una mirada de optimismo. Las negociaciones iban por buen camino y pronto podría ella disponer del dinero que tanto necesitaba para encauzar su futuro y marcharse de allí para olvidarse de Jaime.

    Apenas si tuvieron tiempo de intercambiar unas palabras en la puerta de la agencia. El vendaval estuvo a punto de arrancarle a él el maletín de las manos y a Laura la zarandeó como si fuera una hoja, esparciendo su melena en todas direcciones.

—Tengo que regresar pronto al despacho, para preparar unos escritos que me urgen —le dijo él levantando la voz para hacerse oír sobre el bronco sonido del viento—. Pero podríamos tomarnos antes un café para celebrar los prolegómenos de la transacción que vamos a formalizar. El día de la firma lo festejaremos con una botella de cava. ¿Qué te parece?

—Me parece bien —aprobó ella, sujetándose el cabello con ambas manos—. Aunque no me gusta el cava. Prefiero la sidra que también tiene burbujas. Pero vamos a buscar una cafetería antes de que nos volemos los dos con este vendaval tan horroroso.

Corriendo por la acera en fila india, no tardaron en encontrar un local en la misma calle mayor y tomaron asiento en una mesa algo apartada de las que ocupaban unos lugareños que jugaban a gritos al dominó.

— ¿Qué vas a hacer con el dinero?— le preguntó él cuando el camarero les trajo los cafés que le habían solicitado—. ¿Lo has pensado ya?

Laura hizo un gesto de asentimiento mientras removía con la cucharilla el azúcar dentro de la taza.

—Sí, sí lo he pensado. Lo primero, arreglar la gotera que hay en el techo de uno de los dormitorios. No sé cómo, en vida de mi abuelo, dejó éste que fuera extendiéndose más y más, con el consiguiente riesgo de que terminara desplomándose el tejado sobre la cama. Me parece incomprensible, sobre todo, porque mi abuelo no tenía problemas económicos, sino al contrario.

Roberto se echó a reír.

—No, no los tenía, pero después de morir tu abuela amasó una pequeña fortuna, precisamente porque era bastante agarrado. Jamás gastaba un euro sin habérselo pensado antes varias veces. Tendrás que efectuar bastantes reparaciones y modernizar la casa—. Levantó la mirada del café para clavar en ella sus ojos castaños—. ¿Piensas quedarte o por el contrario tienes intención de regresar a Madrid?

Rememoró Laura la mirada que le había dirigido Jaime al despedirse de ella el día anterior y experimentó la misma sensación de abatimiento que se reflejaba en el semblante de él cuando se lo comunicó.

—Me voy a marchar. Nunca pensé que lo sentiría tanto—. Ante el gesto interrogante de él, continuó:— Es que esta tierra tiene algo especial. No sé si es la luminosidad que derrocha el sol desde que amanece o la alegría de la gente o el color del mar tan intensamente azul—. Bajó nuevamente la cabeza hacia su taza de café para que Roberto no pudiese adivinar el verdadero motivo—. No sé. Lo que sé es que me va a costar trabajo adaptarme a vivir lejos de aquí.

La expresión de él traslucía incomprensión ante lo que consideraba falta de lógica de ella.

—Pero entonces, ¿por qué te quieres ir? ¿O es que hay alguien en Madrid que te está esperando?

Hizo un esfuerzo Laura por recordar los rostros de los amigos que dejara allí. De unos amigos que fueron desertando uno tras otro cuando murieron sus padres y se encontró sin medios económicos que le permitieran mantener el nivel de vida que llevaba hasta ese momento y continuar residiendo en la casa en la que había crecido y que consideraba suya. Solo le quedaba Emilia que se había casado recientemente y con la que ya no podría contar tanto como antes.

—No— murmuró— no he dejado a nadie importante. Es solo que…

No podía decirle el verdadero motivo, por lo que procuró dirigir la conversación hacia otros derroteros y se inclinó hacia Roberto sobre la mesa.

—Aparte del coste que me suponga reparar el techo de ese dormitorio, tendremos que pensar en qué invertir el dinero de la venta— comentó en tono deliberadamente ligero—. Ese hijo de mi abuelo… — se interrumpió como si acabara de caer en la cuenta—. ¿Si existe sería tío mío, no?

—Sí, claro. Si es un hijo extramatrimonial de tu abuelo, sería un hermano de tu padre y, por tanto, un tío tuyo.

— ¿Ahora se llaman extramatrimoniales?— le preguntó con cierta sorna— ¿No se llamaban antes hijos naturales?

Roberto hizo un gesto de sesudo asentimiento.

—Sí, pero el cambio de calificativo de esos hijos obedece a una modificación del código civil, que les ha equiparado a los hijos matrimoniales, que antes se denominaban legítimos.

Laura se acodó pensativamente en la mesa apoyando la barbilla en una mano.

—No sé. Me pregunto qué pensaría mi abuela, a la que no he conocido, si pudiera enterarse de que su marido era un pendón y que la mitad de los bienes que adquirieron juntos mientras ella vivió, podrían llegar a pertenecer a un hijo que él había tenido por ahí no se sabe con quién.

Roberto meneó negativamente la cabeza, como si quisiera expresar que la conclusión a que había llegado ella no era la acertada y que la cuestión era bastante más complicada.

—No es tan sencillo, Laura. Los bienes que has heredado tú no eran gananciales de tus abuelos, porque en ese caso, ese chico que al parecer se llama Pepico, no heredaría la parte que le hubiera correspondido a tu abuela a la liquidación de la sociedad. Esa parte la heredarías exclusivamente tú, aunque Pepico pudiera demostrar mediante las pruebas de ADN que era hijo de tu abuelo, ¿lo entiendes?

Ella meneó negativamente la cabeza.

—No, es demasiado complicado.

Roberto hizo un gesto de impaciencia.

—A mí no me parece tan complicado, aunque es posible que lo sea, porque el visitante que recibí ayer a última hora de la tarde tampoco lo entendió. Al final, todo lo que se le ocurrió preguntarme fue que si en el caso de que el descendiente legítimo falleciera sin testamento y sin familiares próximos, ese hijo extramatrimonial heredaría todos los bienes,

Laura dio un respingo en la silla.

— ¿Estaba hablando de mí?

Roberto parpadeó desconcertado, como si hasta ese momento no se le hubiera ocurrido, y de improviso su semblante traslució cierta alarma.

—¿De ti?, no, no, hablaba en hipótesis, no mencionó a nadie en concreto.

—No mencionó a nadie, pero planteó un supuesto similar, por no decir idéntico, ¿no?

Frunció él el ceño intentando rememorar hasta en sus menores detalles la conversación que habían mantenido.

—Pues ahora que lo dices... sí. El supuesto era muy parecido y... recuerdo que... recuerdo que hubo algo que me chocó.

—¿Qué es lo que te chocó?— trató de puntualizar ella.

—Es que no consigo traerlo a la memoria. Era algo importante.

—¿Cómo qué?— insistió Laura, impacientándose ante la parsimonia que parecía derrochar él. Se había acodado también en la mesa y reflexionaba con el rostro entre las manos.

—No consigo acordarme.

—Pero te preguntó si heredaría él todos los bienes si el descendiente legítimo fallecía. ¿No es eso lo que me has dicho?

—Sí, sí.

—Y le contestaste que sí, que lo heredaría todo él, ¿verdad?— rezongó ella sarcásticamente—. Solo te faltó aconsejarle la clase de veneno que debería utilizar para mandarme al otro barrio.

Levantó Roberto la cabeza para clavar en ella una mirada en la que podía leerse lo injusto que le parecía su comentario.

—¿Por qué dices eso?

—Porque probablemente ese visitante que recibiste era Pepico, que ahora será un hombre y se llamará Pepe. ¿Qué aspecto tenía?

Él parpadeó confuso.

— ¿Qué aspecto?, pues... pues un aspecto corriente. Pero sí, sé que, como ya te he dicho, había algo en él que me chocó.

Inspiró aire Laura para acumular paciencia

— ¿Y no sabes qué fue lo que te chocó?

Se acarició él la barbilla como si ese ademán pudiera ayudarle a puntualizar el detalle que se negaba a acudir a su memoria.

—Me acordaré en el momento más insospechado y te llamaré al móvil para comunicártelo. Y ahora me tengo que marchar, porque se me está haciendo tarde. Te acompañaré hasta tu coche para asegurarme de que no se te lleva el viento.

El vendaval efectivamente arreciaba por momentos y cuando salieron a la calle se vieron obligados a luchar contra el ímpetu con el que se abatía contra ellos dificultándoles avanzar por la calle. Al llegar al lugar donde ella había aparcado el coche se despidieron.

—Te llamaré en cuanto me acuerde de ese detalle que me intrigó— le aseguró él—. Y no te preocupes, porque seguramente sería alguna tontería.

Arrancó Laura el motor y después de decirle adiós con la mano enfiló la calle para, sorteando las adyacentes, salir finalmente a la carretera bajo un cielo tormentoso que auguraba un nuevo e inminente chaparrón. Las primeras gotas de agua las recibió en la nariz, cuando después de meter el coche en el garaje de su casa, cruzó la placeta y metió la llave en la cerradura. El olor a humedad que el vestíbulo solía irradiar se había acrecentado expandiéndose por el pasillo y por la cocina, donde se dirigió inmediatamente para saludar a Sócrates, al que había dejado en esa estancia, cerrando la puerta tras ella al marcharse hacia el pueblo. El perro la recibió con grandes muestras de satisfacción que en ese momento estaban más que justificadas, pues el cielo parecía haber decidido desplomarse sobre el caserón convertido en agua. Luego, seguida del perro, volvió a salir al pasillo, camino del vestíbulo para subir a su dormitorio a cambiarse la ropa que llevaba por otra más cómoda.

Cuando, con Sócrates tras ella, llegó a su cuarto, le sobrecogió el rugido del mar, pese a que había dejado cerrada al marcharse la puerta de cristales del balcón. Aullaba como un gigante enfurecido y en cuanto se enfundó en un pantalón vaquero y en una camiseta blanca, se aproximó a contemplarlo apoyando la frente contra el vidrio. En nada recordaba a la calmosa extensión de agua azul que divisaba desde ese mismo observatorio los días anteriores y que se mecía suavemente hacia la playa. Ni tan siquiera su color era azul ya, sino verde oscuro y se alzaba tempestuosamente sobre sí mismo, arremetiendo contra los riscos que desaparecían bajo la rugiente espuma que les sepultaba, como si el recipiente en el que se debatía se le hubiera quedado pequeño de repente. Laura no lo había visto nunca así. Ni tampoco desde que llegara a la costa había tenido ocasión de contemplar un cielo tan oscuro, tan amenazador. Parecía dispuesto a unir sus negros nubarrones con las olas gigantescas que se levantaban imponentes para enroscarse furiosas sobre sí mismas y desplomarse después hirviendo en plena efervescencia. Era un espectáculo grandioso que asustaba. También el viento silbaba al introducirse por los intersticios de las viejas maderas de los balcones. Atravesaba luego su dormitorio para salir al pasillo y recorrerlo de extremo a extremo con un gemido que le erizó el vello de los brazos.

Laura levantó la cabeza hacia el techo. La lluvia repicaba en el tejado con un rumor sordo y constante y recordó de improviso la gotera del cuarto que de niño había ocupado Jaime.

—Tendremos que subir con un cubo por si estuviera cayendo agua del techo— le comentó a Sócrates que observaba impasible la furia desatada de la naturaleza con la cabeza ladeada—. En cuanto cobre algo, arreglaremos esa gotera, ¿verdad? Pero ahora bajaremos a buscar un cubo a la cocina. Vamos.

Seguida del perro bajó a la habitación indicada, cerrando los postigos de las ventanas a su paso para impedir la entrada del agua y del vendaval por las rendijas de las maderas. Luego, con el cubo colgando de su mano por el asa, alcanzó la vieja escalera que comenzaba en un ensanche del pasillo, junto a la cocina. Los peldaños, de madera desgastada por el uso, atestiguaban que había sido utilizada durante muchos lustros por los criados que tiempo atrás trabajaran en la casa para los antepasados de su abuelo. ¿A cuántos años se remontaría la construcción del edificio?, se preguntó mientras comenzaba a ascender los estrechos escalones que llevaban a la planta superior y, rebasando ésta, continuaba hasta la última. Aún era de día, pero esa planta estaba a oscuras. El corredor carecía de ventanas y las puertas de los dormitorios estaban cerradas, lo mismo que las ventanas de esas habitaciones, por lo que Laura accionó el conmutador de la luz eléctrica que iluminó el fondo del pasillo con la polvorienta bombilla que pendía por un cable del techo. Se balanceaba a impulsos de una ráfaga de aire de la que no consiguió averiguar su procedencia, pero que se paseaba libremente por el corredor.

Con Sócrates en pos de ella llegó hasta la puerta que cerraba el fondo del pasillo y la abrió encendiendo inmediatamente la luz de esa habitación. Un chorro de agua caía sobre el pavimento desde la gotera del techo y se apresuró a colocar el cubo bajo aquél para recogerla. La lluvia repiqueteaba allí sobre el tejado con un sonido constante, conforme arreciaba de intensidad. Dentro de unos instantes tendría que vaciar el cubo. ¿Dónde podría encontrar otro que le sirviera de repuesto mientras cargaba con el primero hasta el aseo para arrojar su contenido en el inodoro?

En ese momento sonó el timbre de la puerta y respingó sobresaltada. ¿Quién podría venir a visitarla en una tarde tan desapacible? ¿Sería Jaime?

Con el corazón golpeteándole dentro del pecho, como si llevara en su interior una maquinaria descompuesta, se dio media vuelta y bajó de dos en dos los peldaños de la escalera, seguida de Sócrates. Desembocaba esa escalera en un ensanche del pasillo más allá de la cocina y cuando ambos llegaron a la planta baja se encaminaron sin pérdida de tiempo hacia el vestíbulo, donde Laura, sin atisbar el exterior por la mirilla, abrió seguidamente el portón.

Era Carmen. Laura vio que había dejado su coche al otro lado del poyete de la placeta y que, aunque se protegía bajo un paraguas, su oscura y rizada melena estaba empapada. Pendía sobre sus hombros dejando escapar de cuando en cuando unas gotas de agua y sus grandes ojos negros aparecían circundados por unas oscuras ojeras.

Reprimió Laura su decepción y debió manifestar su extrañeza al verla, porque Carmen esbozó una sonrisa de disculpa.

—Perdona, ya sé que habíamos quedado en vernos mañana, pero necesitaba desahogarme con alguien y por eso estoy aquí. ¿No te importa, verdad?

—Claro que no— la tranquilizó ella, haciéndose a un lado para dejarla pasar—. Hemos terminado la reunión más pronto de lo que pensaba y mi abogado ha regresado a su despacho porque había quedado con un cliente, así que has venido oportunamente. Estoy sola. Pasa.

La precedió hacia la sala de estar y comprobó consternada que a la otra le chorreaba su melena, rizadísima ya. Carmen aceptó el secador que Laura le ofrecía y después de utilizarlo en el cuarto de baño, volvió a bajar con ella a la sala de estar. Allí se dejó caer en la butaca del abuelo como si estuviera mortalmente cansada. Se filtraba una luz grisácea a través de los cristales de la puerta de la terraza que apenas si le permitía a Laura distinguir el rostro de la chica. Se levantó para encender la lámpara de pie y la que descansaba sobre la mesita cercana al sofá y luego se dirigió a la otra. Ahora que podía ver con claridad sus facciones, la encontró pálida, pese a lo tostado de su piel, y con una expresión amarga, inusual en su risueño semblante.

— ¿Quieres tomar algo?— le preguntó.

Carmen levantó la cabeza hacia ella y sonrió con algo de timidez, lo que en ella no era habitual.

—Sí, algo alcohólico, si no te importa. Necesito entonarme.

No solía beber Laura y no sabía lo que podía haber en la despensa, por lo que insistió.

—¿Algo alcohólico?, ¿cómo qué?

—Da lo mismo, lo que tengas. Ginebra, whisky, cognac, lo que tengas.

Salió Laura de la habitación seguida de Sócrates que, al parecer, no estaba dispuesto a separarse de su lado y ya en la despensa olisqueó el perro todo lo que quedaba a su alcance, mientras ella, de puntillas, intentaba identificar las botellas que se encontraban en lo alto de la alacena. Escogió una de ginebra y regresó a la sala de estar con un vaso en el que había echado unos cubitos de hielo. Carmen estaba secándose los ojos con un pañuelo cuando ella entró en la habitación y se sentó a su lado arrimando una butaca.

—¿Me vas a decir qué es lo que te pasa?

Su visitante asintió con un sorbetón, mientras se servía ginebra en el vaso que Laura le había entregado.

—Sí, claro que sí. No me gusta molestar a nadie con mis quejumbreos, pero esta mañana he discutido con Ana y... bueno, tú eres mi mejor amiga.

Su mejor amiga después de Ana, se dijo Laura. Probablemente se había decidido a subir a verla, porque ese momento no podía recurrir a la otra, después del enfrentamiento que habían tenido las dos esa mañana. Pero no le importaba convertirse momentáneamente en el paño de lágrimas de la chica, sino al contrario. Su sola presencia la hacía sentirse culpable y escucharla era lo menos que podía hacer para descargar ese sentimiento.

—Anda, cuéntame. ¿Qué es lo que te ocurre?

Carmen dio un nuevo sorbetón y se secó un lagrimón con el dorso de la mano.

—Es Jaime.

Reprimió Laura un respingo de sobresalto. ¿Se habría enterado la otra de lo que había sucedido unas noches antes? Procuró no dejar traslucir sus emociones al preguntarle.

—Sí, ¿qué le pasa?

La otra agitó negativamente su oscura melena, cada vez más rizada por las puntas por la humedad del ambiente.

—No le pasa nada. Me pasa a mí. Llevábamos saliendo cerca de un año y yo pensaba... pensaba que él me diría algo sobre los dos y sobre nuestro futuro. Y hoy, al terminar las clases...

—Sí, ¿qué ha pasado?

Carmen clavó en ella sus grandes ojazos, bordeados de largas pestañas.

—Que he ido a buscarle a su clínica para comer con él. He sido yo la que se lo he propuesto, porque últimamente se mostraba un tanto esquivo conmigo. Como me estaba cansando de esperar y esperar durante tantos meses sin que él se decidiera a insinuar siquiera lo que sentía por mí, he tomado yo la iniciativa y...

—¿Y qué?

La chica esbozó un gesto tímido.

—Que me ha contestado que me consideraba una magnífica persona y una gran amiga en la que podía confiar, pero... pero nada más.

Durante una décima de segundo Laura estuvo a punto de saltar de alegría, pero se contuvo a tiempo, diciéndose que Carmen era solo una parte del problema y ni siquiera era la más importante de éste. Lo realmente trascendente era que él había falsificado unos documentos para apropiarse de un dinero que no le pertenecía. Claro que jugaban tantas circunstancias atenuantes a su favor...

Con el semblante tan impasible como la propia doña Eulalia, le preguntó:

—¿Te ha dicho que para nada más?

Carmen tomó un sorbo de ginebra y meneó negativamente la cabeza.

—No, claro que no, hubiera sido una grosería. Lo he entendido yo que no soy tonta. Ya había notado que en las últimas semanas me evitaba siempre que podía, aunque yo me plantaba en su consulta todas las tardes. Buscaba siempre una excusa para no salir a pasear o a cenar conmigo. Unas veces porque, según me decía, tenía mucho trabajo y otras porque estaba cansado o le dolía la cabeza.

Tomó otro sorbo de ginebra y sus grandes ojos oscuros comenzaron a brillar de una forma diferente como si el alcohol que se le deslizaba por las venas hubiera ascendido ya hasta sus pupilas.

—Cualquiera en mi caso se hubiera dado cuenta de que él se había cansado de mí —continuó en otro tono—. Incluso Ana me lo insinuó un par de veces, pero, como es natural, yo no lo quería creer.

Laura le dio unas afectuosas palmaditas en la mano que la otra había dejado caer en el brazo del sillón.

—Claro, es una reacción muy natural la de no querer ver lo que a una no le conviene, pero tú vales mucho Carmen y encontrarás a otro que te merezca.

Con un nuevo sorbo terminó con el contenido del vaso y se lo tendió a Laura.

—Ponme un poco más. Esta ginebra está buenísima.

Ella empezó a preocuparse.

—Oye, ¿no te estarás amonando, verdad?

—¿Yo?, qué va— replicó la chica con voz pastosa—. Me encuentro mucho mejor—. ¿Qué es eso que silba alrededor de la casa?

Se refería al gemido del viento que giraba en torno del edificio. Una ráfaga se había filtrado por la puerta de cristales por la que se accedía a la terraza aventando los visillos de encaje y los tapetitos de crochet de las butacas, para expandirse después por el pasillo, como si hubiera logrado escaparse de su encierro y vagara ahora, libre. Carmen se había puesto torpemente en pie e intentó dar unos pasos, vacilante.

—¿No te parece… no te parece que el suelo se está moviendo?— inquirió con voz aguardentosa.

—No bebas más— le ordenó Laura quitándole el vaso de la mano.

—Es que ahora me encuentro mucho mejor— alegó tambaleándose—. Fíjate que… hasta tengo ganas de reír.

Laura la empujó suavemente para hacerla sentar de nuevo en la butaca y en ese momento sonó el timbre de la puerta. Sócrates levantó las orejas y ella la cabeza preguntándose quien podría ser a esas horas de la tarde en las que ya empezaba a oscurecer y en las que el temporal arreciaba.

Carmen se incorporó ligeramente para preguntarle:

— ¿Tienes… tienes visita? ¿Esperabas… esperabas a alguien?

—No, claro que no. Voy a ver quien es.

Seguida de Sócrates, salió al pasillo para encaminarse en dirección al vestíbulo y mirar por la mirilla. Reconoció a Mario con el rostro grotescamente distorsionado por la curvatura del cristal y le abrió. Había dejado también él el coche aparcado al otro lado del poyete, y había tenido asimismo la precaución de coger un paraguas que sostenía en una mano, por lo que no se había mojado al atravesar la placeta. En la otra mano llevaba una botella de cava que le mostró.

—Vengo a disculparme y a hacer las paces contigo.

El viento arremolinado zarandeaba los geranios de los arriates y las palmeras que crecían más allá del poyete y despeinó su melena que tuvo que apartar de su rostro para que no le ocultara la visión. Una húmeda ráfaga se introdujo en el vestíbulo y agitó todo lo que encontró a su paso con un rumor sordo que se entremezclaba con el fragor del mar enfurecido.

—Pasa — le animó ella haciéndose a un lado—. Hace una tarde de perros.

—Debería haberte llamado antes de venir— se disculpó él sin atreverse a penetrar en el vestíbulo, mirando desconfiadamente a Sócrates, que, impasible, jadeaba tras ella con la lengua fuera.

Laura apartó al perro sujetándole por el collar.

—Pasa— repitió.— No te va a hacer nada.

—Es que aún me acuerdo de aquella tarde en que tu abuelo lo azuzó contra mí. No creas que se me ha olvidado.

Le precedió ella hasta la sala de estar, donde él se detuvo en la puerta, sorprendido al ver a Carmen.

— ¡Hola!— le saludó ella sin moverse de la butaca—. ¿Has tenido la misma idea que yo? Hace una tarde ideal para venir al acantilado a visitar a Laura. ¿No crees que hace una tarde ideal?— y se echó a reír a continuación como si hubiera dicho una cosa graciosísima.

A Mario no pareció alegrarle la presencia de la chica ni tampoco la cercanía de Sócrates, porque permaneció indeciso en el umbral. Con la mirada fija en éste último le preguntó a Laura:

— ¿No podrías... no podrías encerrar a ese perro en algún sitio para que podamos tener una reunión agradable? He traído esta botella para celebrar la recuperación de nuestra amistad, pero...

—Está bien, no te preocupes— replicó Laura—. No puedo sacarlo al patio porque está lloviendo a mares, así que lo subiré arriba. Ponte cómodo mientras tanto y siéntate.

Tirando del collar de Sócrates se dirigió con él hacia la escalera y comenzó a subir los peldaños. El vendaval aullaba alrededor de la casa y cuando alcanzó ella la planta superior oyó también como zarandeaba las puertas del balcón de su cuarto conforme se aproximaba a éste. Tenía previsto dejar al perro en su dormitorio, pero antes de bajar de nuevo para reunirse con sus visitantes se aproximó para mirar el exterior. La lluvia se deslizaba contra los cristales enturbiándolos, pero pudo atisbar el oleaje de un mar embravecido que se agitaba a sus pies. La playa había desaparecido ya, invadida por el agua que ahora luchaba por socavar la base del acantilado sobre el que se alzaba su balcón. Era un espectáculo inmenso y terrorífico en el que las fuerzas de la naturaleza parecían haberse desatado, libres de toda atadura.

Sócrates se había dejado caer sobre la alfombra de pie de cama, que era su lugar predilecto para dormir y ella le amonestó con un dedo.

—No te muevas de aquí, ¿eh? Sé buen chico y échate una siesta hasta que los dos que han venido y que están abajo se marchen.

El perro pareció entenderla, porque, con la cabeza apoyada en sus patas delanteras, cerró los ojos, dispuesto a obedecerla. Ella tomó una chaqueta de punto del armario y se la echó sobre los hombros antes de salir de la habitación cerrando la puerta tras de ella. El temporal que estaban padeciendo se había llevado el verano entre sus ráfagas y la casa estaba demasiado fresca y demasiado húmeda, como si la lluvia que arreciaba en el exterior se hubiera filtrado ya en el interior de sus paredes.

Ahogando un estornudo se dirigió a la escalera y empezó a bajar por ella, preguntándose en qué estado se encontraría Carmen después de los dos vasos de ginebra que se había tomado. Probablemente no estaría en condiciones de conducir cuando se le hiciera la hora de marcharse y ella deseaba imperiosamente quedarse sola para llamar a Jaime. Tenía que decirle que todo había sido un malentendido. Que se había equivocado al conceptuar la relación que mantenía con la otra, pero que necesitaba que le explicara el motivo por el que había pensado que el dinero de la cuenta bancaria de la que su abuelo era titular le pertenecía. Por ella, podía quedárselo. Solo necesitaba entenderlo y si conseguía justificarle, no se marcharía ya de esa casa ni de aquella costa tan soleada siempre, aunque cuando soplaba viento de levante se transformase en otra muy distinta. Por fortuna el temporal que originaba ese viento solía durar tres días tan solo, según le habían comentado todos, y tres días pasaban de cualquier manera.

Oyó las voces de sus dos visitantes cuando llegó al pie de la escalera, Le pareció que cuchicheaban algo y le extrañó que Carmen, con dos vasos de ginebra encima, fuese capaz de controlar el tono de su voz. Al alcanzar el umbral de la sala de estar la distinguió medio derrengada en su butaca, con el vaso vacío en la mano y una sonrisa estúpida en su bonito semblante. La ensortijada melena le ocultaba medio rostro y de improviso la sospecha que le había acometido unos días antes volvió a asaltarla. La chica se parecía muchísimo a... ¿a quién?

Mario había arrimado una butaca y estaba sentado a su lado susurrándole algo de lo que tan solo podía percibir el sonido de su voz, pero sin entender sus palabras. Él volvió la cabeza al oírla entrar y se puso en pie.

— ¿Dónde tienes unas copas para el cava? Lo he enfriado en la nevera de mi casa y está a punto.

Laura meneó dubitativamente la cabeza. Ni siquiera había tenido tiempo de averiguar si había copas en el caserón que había heredado.

—Pues... la verdad es que no lo sé.

Carmen se echó a reír estrepitosamente.

— ¿No sabes donde tienes las copas? — le preguntó arrastrando mucho las palabras. Se incorporó luego con dificultad para recorrer la estancia con los ojos—. Mira... mira... en los armaritos bajos... de la librería— le recomendó—. Probablemente... estén guardadas... estén guardadas ahí.

La obedeció Laura, seguida de Mario que permaneció a su espalda, mientras ella se agachaba para abrir uno de los armarios ubicados bajo los estantes de libros que enmarcaban la chimenea. Efectivamente las copas estaban allí, lo mismo que media docena de vasos tallados. Cogió tres copas y se enderezó, dándole una a él y llevándole otra a Carmen, aunque pensó que le haría un favor a ésta última impidiéndole que bebiera más. Mario abrió la botella y el corcho fue a estrellarse contra el techo, yendo a caer después en el asiento de la butaca que había dejado ella libre, lo que provocó otra carcajada de la chica, que alargó su copa hacia él.

—Creo que Carmen no debería beber más— opinó Laura, intentando evitar que Mario se la llenase.

— ¿Y por qué no?, — protestó Mario—. Eres demasiado seria y demasiado formal, Laura. ¿No ves que se está divirtiendo?

—Lo que veo es que está enganchando una mona de mucho cuidado— replicó secamente.

Como si no la hubiera oído, llenó él las copas de las dos y luego hizo lo mismo con la suya propia. La dejó sobre la mesita que tenía al lado de su butaca y después le sonrió a ella que había ido a dejarse caer en el sillón que ocupara poco antes.

—Bueno, ¿amigos otra vez? Ayer me comporté como un estúpido. Reconozco que lo natural es que quisieras que te acompañara un abogado para negociar la venta de los terrenos con los alemanes. Y por cierto, ¿llegasteis a un acuerdo?

—Sí, — replicó Laura—. Roberto va a redactar el contrato y en cuanto lo tenga listo nos reuniremos nuevamente con los alemanes, que en esa ocasión irán también acompañados por un abogado.

—Así que probablemente estará todo resuelto la próxima semana, ¿no es así?

Le extrañó a Laura su tono. Parecía como si estuviera calculando algo.

—Pero vamos a brindar— les propuso tomando nuevamente la copa en sus manos y poniéndose en pie para aproximarse a ellas. Chocó la suya con las de las dos y luego se la llevó a los labios.

Carmen se bebió la suya de un trago y Laura fingió probarla, aunque no llegó a beberse el ambarino líquido. El alcohol le sentaba mal y el cava, además de no gustarle, le producía dolor de cabeza. En ese momento sonó el móvil de él y lo extrajo del bolsillo de su pantalón.

—Perdonad, —les dijo saliendo al pasillo para encaminarse hacia el vestíbulo con la intención de mantener una conversación con su invisible interlocutor sin ser molestado por las voces de ellas. Cuando se quedaron solas, Carmen le señaló a Laura su copa.

— ¿No te la bebes?,— le preguntó con voz pastosa.

—Es que el cava no me sienta bien,— repuso Laura—. Pero no quiero hacerle un feo a Mario. Es muy suspicaz y se enfada por todo.

Sin decir palabra, le quitó Carmen la copa de la mano y se la bebió de un trago. Luego se la devolvió. Ya regresaba Mario con el móvil en la mano y al ver que las copas de las chicas estaban vacías se las llenó de nuevo, aproximándose luego a la puerta de la terraza. Había cesado momentáneamente de llover y a través de los cristales podía verse la tumultuosa agitación del mar bajo unos nubarrones negros como el carbón que iban confundiéndose con la oscuridad del crepúsculo. Comenzaba a anochecer y un viento huracanado barría las hojas de los árboles cercanos, que el vendaval había arrojado sobre el rojo pavimento de la terraza. Las levantaba luego en círculos para hacerlas girar sobre sí mismas, antes de llevárselas lejos flotando por el aire. Mario volvió la cabeza para indicarle a Laura que se le aproximase.

—Ven, ¿crees que podremos ver con este temporal el faro de Cabo de Palos? En una noche como ésta la luz de ese faro es imprescindible para que se orienten los barcos que hayan salido a navegar.

—Dudo que haya salido a navegar ninguno,— repuso ella acercándosele con la copa en la mano, para atisbar el exterior tras los cristales.

—De todas formas me gustaría comprobarlo,— insistió Mario—. ¿Te importa si abro la puerta y salimos fuera?

—Nos vamos a volar,— objetó Laura, girando la cabeza hacia Carmen, esperando que ésta la apoyara. La chica se había quedado dormida como un tronco, con la cabeza apoyada en el respaldo de la butaca y la copa vacía en la mano que le colgaba del brazo de aquella. Se le acercó para quitársela y depositarla sobre la mesita donde poco antes había dejado él la suya y en ese momento sonó su móvil. Lo extrajo del bolsillo de su pantalón vaquero y se lo llevó al oído, al tiempo que salía al pasillo y reconocía la voz de Roberto.

—Laura, ¿te cojo en buen momento?,— le oyó decir.

—Sí, claro que sí. Estoy en casa con unos amigos que han venido a tomar una copa de cava conmigo. ¿Pasa algo?

La voz de él le sonó alterada.

—Sí, pasa que he caído en la cuenta de lo que me chocó el otro día cuando vino a visitarme ese chico del que te he hablado.

— ¿De qué chico?, —inquirió ella sin comprender.

—Del chico que me preguntó por la demanda de reconocimiento de paternidad. ¿No recuerdas? Sabía que me había extrañado algo en él y acabo de caer en la cuenta.

— ¿Sí?, ¿y qué fue lo que te extrañó?

—Me extrañó que se tratara de uno de los profesores de tu colegio, aunque me ha costado recordar su rostro, ¿entiendes?

No, no entendía nada y le estaba poniendo nerviosa la pachorra de él.

— ¿De qué profesor me hablas?

—Del que te acompañaba la otra tarde al Banco y parecía empeñado en asistir a la reunión que íbamos a tener en la agencia con los alemanes. ¿No te acuerdas que te lo comenté?

Incrédulamente Laura apartó el móvil de su oído como si el aparato pudiera darle una respuesta a su muda pregunta.

— ¿Me estás hablando de Mario?,— le preguntó casi sin voz volviendo a aplicarlo a su oído.

—No sé como se llama, pero el hombre que me visitó fue precisamente el que te acompañaba esa tarde. En mi despacho me dijo que se llamaba... que se llamaba José Sandoval.

—José Sandoval,— repitió ella casi sin voz—. En el colegio figura con el nombre de Mario, como Mario Sandoval. ¿Es él al que de niño le llamaban Pepico?

—Me temo que sí. Te lo digo para que lleves cuidado. No sé lo que pretenderá, pero por si acaso no vuelvas a quedarte a solas con él hasta que aclare yo si se trata de ese Pepico, ¿has comprendido?

¿Que no volviera a quedarse a solas con él?, se preguntó aterrada. Mario, José o Pepico estaba en la sala de estar, a tan solo a unos pasos de ella, y en una noche tempestuosa en la que se encontraban solos en lo alto del acantilado con la única compañía de una chica que se había quedado dormida a consecuencia de una borrachera monumental. Sintió que un sudor frío le resbalaba por la espalda, al tiempo que sonaba destemplada en su oído la voz de él.

—Laura, ¿por qué no me contestas? ¿Estás bien?

El acantilado de las gaviotas

CAPÍTULO XIX

Maquinalmente cortó la llamada sin contestarle ¿Cómo iba a estar bien con el hombre que pretendía ser hijo de su abuelo a pocos pasos y desconociendo sus intenciones? ¿Qué podía hacer? Podía salir de la casa, abrir la puerta del garaje y con el coche ir en busca de Jaime para... ¿para qué? Mario o José, como se llamara, no había dado muestras de tener intención de agredirla. Al contrario, se había presentado con una botella de cava para hacer las paces con ella o... La lucecita que se encendió en su mente la obligó a abrir desmesuradamente los ojos. ¿Contendría algo la botella? Él era químico y conocería las sustancias que podría añadirle valiéndose de una jeringuilla con la que atravesar el tapón de corcho. Se dio cuenta ahora con toda claridad de que él no había llegado a beberse su copa y que la que le había entregado a ella se la había tomado Carmen, que en ese momento dormía el mejor de los sueños. ¿Contendría un somnífero? Y si la respuesta era afirmativa, ¿qué pretendía con ello?

Notó que el sudor le llegaba ahora hasta la cintura mientras reflexionaba. Pero no podía salir huyendo con el coche. ¿Qué pensarían los dos si en realidad Mario o José no pretendiera hacerle daño y hubiera subido hasta su casa con la única intención de reconciliarse y reanudar su amistad? No, lo mejor sería que procurase aparentar normalidad, pero sin bajar la guardia. Quizás aspirara tan solo él a llegar a un acuerdo sobre el reparto de la herencia de su abuelo y por esa razón hubiera acudido a visitarla esa tarde con la botella de cava. Para crear un ambiente más amigable. Respiró hondo sin saber qué decisión tomar y finalmente pensó en Jaime. Le llamaría con cualquier excusa. Podía decirle que Carmen había enganchado una borrachera monumental y que convenía que la llevara a la casa de ella en su coche animando a Mario a despedirse también. O… daba igual la excusa que utilizara. Lo importante era conseguir que se llevara a Mario consigo.

Apresuradamente marcó en la agenda de su móvil el número de Jaime y oyó la voz de la operadora repitiendo como una autómata que el aparato de él estaba apagado o fuera de cobertura. Estuvo a punto de dedicarle un exabrupto a aquella voz anónima, pero pensó que el temporal podía haber producido una avería en las líneas telefónicas. Como en cualquiera de los dos casos no era la operadora la culpable, respiró hondo nuevamente y le envió a él un mensaje, pidiéndole que acudiera urgentemente a su casa. Le repitió varias veces que era urgente y luego regresó a la sala de estar con el semblante impasible.

Desplomada en la butaca, Carmen dormía emitiendo de cuando en cuando un sonoro ronquido y Mario continuaba mirando el oscuro exterior, apoyado en la puerta de cristales de la terraza y de espaldas a ella. Volvió la cabeza al oírla entrar.

—No me has contestado cuando te he preguntado si te parecía bien que saliéramos los dos a contemplar el mar.

Laura examinó atentamente sus facciones. Aunque su cabello era liso y de color castaño, la humedad del ambiente se lo estaba rizando. Ya le caían sobre la frente unos ensortijados mechones, asemejándole al chico de la fotografía que estaba sobre la mesilla del dormitorio que había sido de Jaime. También advirtió en ese momento que la raíz de ese cabello era negra como el carbón. Sin duda se lo había aclarado con algún tinte y planchado para alisarlo Las gafas de concha coadyuvaban igualmente a disimular el parecido con el chico que había sido, con la intención de no ser identificado, probablemente para llevar a cabo sus propósitos fueran los que fueran.

Aproximándose a la butaca que ocupaba Carmen, se situó Laura detrás, apoyándose en el respaldo, ya que le pareció el mejor parapeto del que disponía en ese momento.

— ¿Cómo quieres salir a ver el mar con el tiempecito que hace?,— le preguntó con una voz sin inflexiones—. Es un disparate. Y, no quiero parecer una mala anfitriona, pero creo que deberías portarte como un buen amigo y llevar a Carmen a su casa para que duerma la mona. ¿Sabes donde vive?

Él se la quedó mirando con el semblante impasible.

—Sí, claro que lo sé, pero aún queda cava en la botella. ¿No quieres que antes nos la acabemos?

Sus ojos, negros como el carbón, le brillaban al proponérselo y Laura sintió un escalofrío.

—Ya hemos bebido mucho los tres y tú tienes que conducir,— logró articular con un esfuerzo.

—Yo sí, pero tú no,— repuso él con una frialdad que le provocó un estremecimiento—. Tú puedes acabarte lo que queda. No creo que haya en la botella cava para más de una copa.

Hizo un esfuerzo Laura por sonreír, pero sin separarse del respaldo de la butaca. Tan solo logró esbozar una mueca.

—Ya, pero tengo que cuidar mi hígado.

Volvió a mirarla él como si la estuviera analizando. ¿Le sorprendería comprobar que se mantenía sobria pese a las dos copas que creía él que había tomado?

— ¿Le pasa algo a tu hígado?

—No, porque no acostumbro a beber,— repuso ella con otro intento de sonrisa—. Gozo de una salud magnífica.

—Pues es una pena,— masculló él por lo bajo.

— ¿Una pena?, ¿por qué es una pena?, —articuló en un tono pretendidamente ligero—. ¿Te molesta que tenga buena salud?

Mario la observó con una fijeza que le provocó un nuevo estremecimiento.

—Me resultaría todo más sencillo si fueras vieja, fea o padecieras alguna enfermedad grave, ¿no lo entiendes?

— ¿Más sencillo para qué?, — balbuceó apenas con la garganta seca.

—Ya puedes imaginarte para qué,— replicó él apartándose de la frente los rizos que le habían resbalado hasta los ojos. No parecía el mismo que el primer día de colegio se le había acercado observándola admirativamente, pese a que su indumentaria dejaba mucho que desear y en su opinión estaba hecha una birria. Probablemente lo había fingido para entablar una amistad con ella y tener así ocasión de llevar a cabo sus propósitos. Pensó que debería disimular lo que sabía y conseguir que se marchara de una vez llevándose a Carmen, pero en su lugar se oyó decir a sí misma:

— ¿Te llamas José, verdad?

Sin modificar su expresión hermética, él asintió con la cabeza.

—Si, José Mario Sandoval. Mario para los compañeros del colegio y José para ti.

—Y… — empezó Laura con la garganta cada vez más seca—. Y has venido esta tarde con la intención de que hablemos sobre la herencia de mi abuelo, ¿no es eso?

Se echó a reír él por primera vez.

—Bueno, yo no lo llamaría así. Esa herencia me pertenece exclusivamente a mí, no a ti. Yo soy su hijo. He vivido como tal en esta casa durante un tiempo. Nos marchamos porque mi madre consideró que era lo mejor, pero cuando se reencontró con mi padre al cabo de los años, éste otorgó un testamento ológrafo en el que me reconocía como hijo suyo y me dejaba en herencia los bienes que como tal me correspondían. Durante el verano pasado se acercaba él a visitarla todas las tardes a una playa cercana donde veraneaba y le preguntaba a mi madre por mí. Pasaba las tardes mirando fotos en las que aparecía ella retratada conmigo. Estaba orgulloso de su hijo. A ti en cambio te tenía verdadera aversión.

Aquello era cierto. Evocó Laura su mirada fija en ella, expresando un cúmulo de reprobaciones, nunca expresadas de palabra pero que resultaban muy palpables.

—Yo… no hice nada para merecerlo,— musitó casi sin voz.

—Ser fea,— replicó él con absoluta frialdad—. Era ese un defecto que no toleraba en las mujeres.

—Yo no era una mujer,— objetó débilmente—. Era solo una niña y él era mi abuelo. No tenía derecho a odiarme porque me pareciese a él y consiguientemente no tuviera un físico agraciado.

—No, pero eso ahora da lo mismo,— contemporizó Mario avanzando un paso hacia ella—. He venido a buscar ese último testamento en las ocasiones en las que creía que tú no te encontrabas en la casa.

—¿Eras tú el que revolvías el dormitorio de mi abuelo por las noches?

—Sí, claro. Alumbrándome con una linterna. No me enteré de tu llegada, por lo que la primera noche que dormiste en esta casa estuviste a punto de descubrirme. Cuando oí que te acercabas a la alcoba en la que me encontraba, me escondí dentro del armario y luego me marché sin hacer ruido.

Buscó Laura en la garganta la voz que había perdido.

—¿Y fuiste también tú el que envenenó a Sócrates?

—Sócrates es ese perrazo enorme que tienes, ¿verdad? Pues sí. Estuvo a punto de hacerme pedazos una vez y parecía olerme en cuanto venía a escondidas a esta casa, por lo que pensé que era un estorbo.

—¿Y porque te molestaba lo envenenaste?,— repitió Laura en tono interrogante, sin acabar de creérselo por considerar una monstruosidad que un ser humano pudiera hacerle daño a su perro.

—Sí, ya te he dicho que sí. Además de ser enorme y un estorbo, es un tragón, por lo que se abalanzó sobre la comida que le traje, bien mezclada con raticida.

Le envolvió ella en una mirada de desprecio que no pareció hacerle mella. Ya no recordaba en nada al profesor de química que había conocido en el colegio. Con el cabello ensortijado coronándole la cabeza, aquellos ojos tan negros destacando en su rostro cetrino y un brazo en la cadera, más recordaba a un jactancioso tipejo de arrabal que a un hombre de ciencia.

— ¿Y después te fumaste un cigarrillo de la cajetilla que mi abuelo guardaba en el cajón de su mesa del despacho en esa habitación?

Mario hizo un gesto de asentimiento.

—Sí. No suelo fumar, pero sentí en ese momento que era una forma de reivindicar mis derechos sobre esta casa. Apoltronándome en su butaca y fumándome uno de sus cigarrillos, como habría hecho él si hubiera estado vivo.

— ¿Y el testamento?

—No lo he encontrado por más que lo he buscado, pero ahora ya me da igual. Hablé el otro día con un abogado de Murcia y pienso interponer una demanda de filiación para que se me reconozca como su hijo, reclamando al mismo tiempo la herencia que me pertenece.

—Eso me parece muy bien,— convino ella algo más tranquilizada—. Los tribunales determinarán qué parte de esos bienes nos corresponde a cada uno.

Dejó escapar él una risita sarcástica.

—Eso sería demasiado fácil para ti, pero no para mí. El abogado me dijo que ese es un procedimiento largo y costoso y mientras tanto tú podrías dilapidar todo el dinero que has heredado injustamente en cuanto consigas vender los terrenos de la playa contigua y esta casa. Hay otra forma más sencilla de resolverlo.

— ¿Cuál?, — inquirió ella notando como una bola de algodón se le atravesaba en la garganta.

— ¿Cuál?,— la remedó él—. Salta a la vista—. Contigo en el otro mundo lo heredaría todo yo, está muy claro. Lamento tener que tomar la decisión de obligarte a realizar el viaje al más allá, pero no voy a poder evitarlo, porque, como has reconocido tú misma, gozas de una magnífica salud.

Se quedó Laura inmóvil, como paralizada, experimentando un frío intenso. Hasta le pareció oír los latidos de su corazón, que le martilleaba dentro del pecho como si amenazara con detenerse de un momento a otro.

— ¿Y cómo tienes previsto hacerlo?, ¿envenenándome con la botella de cava que has traído?

Mario volvió a mirarla con fijeza, con algo de extrañeza en su cetrino semblante.

—No. Contiene únicamente un somnífero que no sé cómo no te ha afectado, porque a Carmen le ha producido un efecto fulminante.

Laura bajó la cabeza para clavar los ojos en la cabeza de la chica que en la butaca en la que se apoyaba emitía sonoros ronquidos. Desde el lugar en el que se hallaba ella no podía ver su rostro, pero no era difícil advertir que dormía profundamente. Lo que Mario no sabía era que Carmen se había bebido las copas de las dos.

—Y cuando me hubiera quedado dormida, ¿qué tenías previsto hacer?,— le preguntó tratando de aparentar una tranquilidad que estaba muy lejos de sentir.

Él esbozó una mueca sardónica.

—Sacarte en brazos a la terraza y arrojarte por el acantilado. El somnífero que he mezclado con el cava no deja huellas y no se detecta en la autopsia. Únicamente descubrirán que has ingerido alcohol y deducirán por ello que, borracha como una cuba, resbalaste sobre el poyete de la terraza y te caíste desde lo alto del acantilado. Carmen lo corroborará.

— ¿Estás compinchado con ella?

El rostro de Mario expresó sorpresa.

— ¿Con Carmen? Claro que no, ni se lo imagina. No sabe quién soy ni el parentesco que me une con el que fue dueño de esta casa. Cuando despierte, le referiré yo lo que ocurrirá dentro de unos instantes y me creerá. ¿Por qué no habría de creerme?

Inmóvil tras el sillón en el que dormía Carmen, continuó ella con el semblante sin expresión:

—Y a continuación presentarás tu demanda de filiación y te adjudicarán toda la herencia, ¿no es así?

—Efectivamente. ¿No crees que lo he planeado muy bien?

Avanzó Mario otro paso hacia ella, pero le detuvo levantando una mano.

—Espera. Antes necesito saber una cosa más. ¿Quién falsificó la firma de mi abuelo para ordenar la venta de sus valores mobiliarios y luego retiró los fondos de su cuenta bancaria el mismo día de su fallecimiento?

Él se echó a reír con ganas, mientras intentaba inútilmente alisarse el cabello que, con la humedad, se le encrespaba más y mas formando una aureola alrededor de la cabeza. Sin las gafas de concha, que había dejado caer sobre la mesa camilla, dejando al descubierto unos ojos negros como el carbón y el color aceitunado de su rostro, su aspecto era ahora el de un gitano.

— ¿Qué quien la falsificó? Yo naturalmente. Por fortuna, desde el día en que murió mi padre hasta que llegaste tú a esta casa, transcurrió un mes aproximadamente. Tuve oportunidad, por tanto, de venir y entrar en ella con la llave que mi padre le entregó a mi madre. Quería que regresara aquí para vivir con él y se la dio unos días antes de sufrir el ictus.

Con los ojos muy abiertos, Laura le había escuchado sin entenderle. Lo único inteligible para ella era que Jaime no había tenido nada que ver con la falsificación de los documentos mediante los cuales Mario se había adueñado del dinero depositado en la cuenta corriente de su abuelo. Hubiera saltado de alegría, de no haber estado a punto de sufrir un paro cardíaco por el miedo que experimentaba. Lo disimuló, no obstante, adoptando la expresión imperturbable que definía a doña Eulalia.

—Entonces te caracterizaste para aparentar que eras una persona de mucha edad.

Él hizo un además afirmativo.

—Sí, en el armario del cuarto de mi padre encontré ropa suya. Ahora ya no está esa ropa, pero cuando se lo llevaron urgentemente al hospital no tuvieron tiempo de meterla en una maleta. Él era alto y delgado como yo. Con una peluca, las gafas y una bufanda al cuello le hice creer al cajero que yo era el propio don Andrés Villamil en persona. Le grité además, porque sabía que mi padre tenía mal carácter. La verdad es que la escena me quedó muy bien. Probablemente he heredado las dotes artísticas de mi madre, que es actriz.

— ¿Y qué has hecho con ese dinero?

Mario se echó a reír.

—Me lo he gastado, claro No había tenido nunca tanto. Me compré el coche que conoces, un piso en Alicante, donde pienso instalarme en cuanto remate esta operación, y adquirí también unos cuantos caprichos más.

Dio otro paso hacia Laura y ella volvió a levantar una mano para detenerle.

—Espera. Me falta por saber otro detalle. ¿Por qué te vendaste la muñeca izquierda y te pusiste el reloj en la derecha cuando fuiste al Banco a retirar el dinero de la cuenta de mi abuelo?

Pese a que esta vez su carcajada fue estruendosa, Carmen siguió durmiendo pacíficamente emitiendo algún que otro ronquido.

— ¿Que por qué? Fue un magnífico golpe de efecto. El veterinario, ese hombre que te cuida el perro y que antes salía con Carmen, había ido a recogerla al colegio con la muñeca vendada y el reloj en la contraria a la que se lleva habitualmente. Me fijé en ese detalle y me dio una idea. Pensé se le quedaría grabado al cajero y ayudaría a despistar a la policía.

—Ya,— masculló Laura, reprimiendo el deseo de intentar atizarle un puñetazo en el estómago. Por ese detalle había interpretado ella que Jaime era el responsable de la falsificación de los documentos de su abuelo y de la posterior retirada de los fondos de la cuenta corriente de la que éste era titular, para apropiarse de los mismos. Y lo peor era que ella, como una estúpida, había obrado después en consonancia con esa interpretación.

— ¿Y el traje de caballero que apareció sobre la cama de mi abuelo?, ¿también lo dejaste tú?

Mario volvió a reír.

—Claro. Te habías ido a comer con ese abogado que le gusta tanto a Ana y aproveché el rato que ibas a ausentarte para venir a esta casa y colocarlo sobre su cama.

— ¿Y qué pretendías con ello?

— ¿Que qué pretendía? Precisamente lo que conseguí. Que tú te asustaras y que las personas de tu entorno pensaran que estabas chalada y que veías visiones. Así no se extrañarían tanto cuando se enteraran de que habías resbalado desde el poyete de la terraza en una tardecita tan horrible como la que hace hoy.

Se quedó mirándole desconcertada. Se lo estaba comentando con tanta frialdad... Pero lo importante en ese momento era librarse del peligro que representaba él. Sabía que no tenía la menor posibilidad de salir con bien si se le acercaba lo suficiente, porque no tenía a mano ningún objeto con el que pudiera defenderse. Tal vez si consiguiera llegar hasta el portón, lograra escapar de la casa y esconderse en algún lugar hasta que Jaime leyera su mensaje y viniera en su ayuda...

Como si le hubiera leído el pensamiento, Mario salió de la sala de estar y por el pasillo se dirigió apresuradamente hacia el vestíbulo, donde le oyó dar dos vueltas a la llave del portón que siempre dejaba ella puesta en la cerradura. Seguramente se la había guardado en el bolsillo, pero no esperó para averiguarlo a que regresara a la sala de estar. Abandonando el parapeto de la butaca en la que roncaba Carmen, salió corriendo silenciosamente detrás de él para encaminarse por el pasillo en dirección contraria. Ya había anochecido y ese corredor estaba a oscuras, por lo que no la vio Mario cuando éste regresó a la sala de estar. Pasó de largo ella por delante de la puerta de la cocina y al llegar a la escalera de servicio ascendió apresuradamente los peldaños de dos en dos sin encender previamente la luz. No podía perder el tiempo en buscar el conmutador y además la oscuridad le favorecía.

    Al alcanzar el corredor de la primera planta se detuvo aguzando el oído. Por el sonido de sus pasos dedujo que Mario se encontraba en el pasillo que llevaba a la cocina y que acababa de quedarse inmóvil también intentando localizarla. De puntillas y una planta sobre su cabeza, avanzó Laura, en dirección a la escalera principal, que terminaba en el vestíbulo. Estaba oscuro como boca de lobo y apretó silenciosamente el paso, oyéndole subir ahora por la escalera de servicio. Una tablilla del entarimado crujió bajo los pies de Laura. En el silencio de la casa resonó como un estallido y le alertó a él, que remató en un santiamén el tramo de escalones que le faltaba para alcanzar la primera planta y una vez allí, se lanzó en su persecución. También Laura echó a correr por la galería. Pasó de largo por delante de la puerta del dormitorio de su abuelo, luego por la del baño, después por la de la habitación que había pertenecido a Jaime y seguidamente por la de su dormitorio, para precipitarse luego escalones abajo, oyendo las pisadas de él cada vez más próximas. Le oía ya jadear. Mario se encontraba a su espalda a menos de dos metros de distancia por lo que, como acostumbraban a hacer Jaime y ella cuando eran niños, se encaramó a la barandilla y se dejó resbalar por el pasamanos a riesgo de romperse la crisma, hasta que al llegar al vestíbulo descendió de un salto y luego echó a correr hacia el ala contraria de la casa. Atravesó el salón con sus muebles enfundados, semejantes en la oscuridad a sombras espectrales, y pasó luego al comedor sorteando las sillas que rodeaban la mesa central.

    Oyó como Mario, se detenía al pie de la escalera principal, preguntándose sin duda hacia dónde se habría dirigido, lo que le supuso una ventaja por efímera que fuese.

    Acababa de llegar Laura al despacho, cuando le oyó tropezar con alguna de las butacas del salón y silenciosamente se deslizó dentro de la habitación, rodeó la mesa en la que solía sentarse su abuelo a trabajar y se escondió tras los cortinones granate que enmarcaban la ventana y que llegaban hasta el suelo. Luego aguzó el oído. La lluvia, que se desplomaba ruidosamente sobre el tejado repiqueteando con furia contra las tejas, acallaba los pasos de su perseguidor. También el vendaval aumentaba de intensidad gimiendo con un quejido sordo en torno del caserón, mientras Mario entraba en el comedor buscándola, momento que aprovechó Laura para salir al pasillo y echar a correr de nuevo por éste en dirección a la escalera de servicio.

Una ráfaga de viento envuelta en humedad se filtró por alguna parte y recorrió el oscuro corredor despeinándola y erizándole el vello de los brazos, para luego continuar su ruta hacia el vestíbulo con un silbido agudo. Allí zarandeó el portón y los cristales de la ventana, pese a que estaban cerrados los postigos. Después debió de ascender por la escalera de servicio y luego se expandió por el corredor buscando un hueco para huir.

Los pasos de Mario se oían próximos. Debía de estar ahora en el despacho de su abuelo, por lo que se detuvo durante una décima de segundo en el pasillo sin saber a dónde dirigirse. Después comenzó a subir nuevamente por la escalera que arrancaba junto a la cocina, diciéndose que quizás lo mejor fuese dar vueltas por la casa, de escalera en escalera, dando lugar así a que transcurriese el tiempo y llegara Jaime en su ayuda.

Estaba a punto ya de alcanzar la planta superior, cuando oyó los pasos de Mario al pie de la escalera por la que acababa de ascender, por lo que en cuanto alcanzó el rellano, echó a correr por el pasillo. No podía esconderse en el interior de alguno de los dormitorios porque no tenían otra salida que la puerta que daba al pasillo y, si la acorralaba dentro, no tendría escapatoria. Angustiada y como una exhalación, echó a correr hacia el final del corredor oyendo las pisadas de Mario a su espalda. Acortaba la distancia que les separaba. Se encontraba ya en el rellano y ahora la seguía pasillo adelante. Estaba ya a punto de alcanzarla, cuando llegó a la puerta de su cuarto y la abrió, abalanzándose dentro de la habitación con la intención de cerrar a su espalda la puerta con pestillo, pero Mario se lo impidió, empujando de golpe la hoja de madera con el hombro. Tropezó Laura con el soporte de la palangana y ésta cayó al suelo con estrépito partiéndose en varios trozos.

Sócrates dormía sobre la alfombrilla de pie de cama y levantó la cabeza al oírla entrar como un ciclón. A continuación incorporó su enorme corpachón, al tiempo que se ponía alerta levantando las orejas y se adelantaba hacia la puerta, a la par que ella, sin encender la luz, cogía la jarra de metal que se utilizaba para llenar de agua la palangana. Un segundo después, Mario con un nuevo empujón a la puerta, se precipitó dentro del dormitorio y Laura le sacudió con la jarra en la cabeza. Se tambaleó durante una décima de segundo profiriendo una imprecación malsonante, pero se recuperó inmediatamente y como un energúmeno encendió la luz, mientras Laura retrocedía de espaldas hacia el balcón. No obstante, no llegó a dar él más de dos pasos dentro del cuarto. Con un estentóreo gruñido el perro le detuvo en seco mostrándole los dientes.

Aterrado, se dio media vuelta y seguido por el mastín echó a correr por el pasillo huyendo del animal, para lanzarse luego escaleras abajo con Sócrates pisándole los talones.

Laura se llevó una mano al corazón para intentar acallar el ritmo descompuesto de sus latidos. ¿Qué podía hacer ahora? Tenía que escaparse de la casa. Tenía que encontrar la llave del portón y coger también la del coche para abandonar el edificio y bajar hasta la comisaría del pueblo para denunciar a Mario. ¿Pero la creería la policía cuando le dijese que él había intentado matarla? Objetaría que era un respetable profesor de química y ella una histérica que había bebido demasiado y veía visiones. Que Carmen, una amiga de los dos, podría corroborarlo cuando despertara de la juerga que se habían corrido los tres.

Pero no importaba que la policía no la creyera. Lo trascendente era escapar del peligro que corría dentro de la casa, pues en cuanto Mario lograra reducir a Sócrates encerrándolo en el patio o en cualquier otra parte volvería a por ella.

Aterrorizada, salió al pasillo tratando de localizar el lugar donde se encontraban los dos por los ladridos del mastín. Parecían provenir de la sala de estar por lo que, en cuanto cogió de su bolso la llave del coche y se la guardó, bajó silenciosa y apresuradamente la escalera. Al llegar al vestíbulo oyó distintamente los gritos de Mario en la sala de estar. ¿Dónde podría haber escondido éste la llave del portón? Quizás en su bolsillo. Sin la llave no podía escapar, por lo que se acercó a la puerta de esa estancia por si la hubiera dejado a la vista. Desde el umbral de la puerta vio que Sócrates había acorralado a Mario contra la puerta de cristales de la terraza y le había dado una dentellada en un tobillo que mantenía entre sus fauces. Mario gritaba despavorido, luchando por abrir la puerta de la terraza y en cuanto lo logró salió cojeando, arrastrando con él al perro que no estaba dispuesto a soltar su presa. Empapados por la lluvia que se abatía como una cascada sobre los dos y zarandeados por el vendaval que aullaba girando en círculos a su alrededor, luchaba Mario por conseguir que Sócrates soltara su tobillo. Lo logró al fin, pero el perro echó a correr tras él por la terraza e, indiferente por completo a la violencia de la lluvia y del viento que se desataban en derredor, le arrinconó contra el poyete que circundaba la terraza. Mario se encaramó sobre éste de un salto intentando librarse de los colmillos del animal, que, no obstante, volvió a clavárselos en el tobillo con verdadera saña.

En ese instante sonó el timbre de la puerta, pero Laura no lo oyó. Como paralizada en la puerta de la terraza y con los ojos desmesuradamente abiertos por el pánico, vio como Mario hacía un encarnizado intento de soltarse del animal echándose hacia atrás sobre el poyete, pero perdió el equilibrio. Agitó los brazos en el aire buscando desesperadamente algo a lo que asirse y finalmente cayó de espaldas al vacío desde lo alto del acantilado. Laura salió corriendo a la terraza y se abocó sobre ese poyete para intentar distinguir su cuerpo en el oscuro abismo que se abría a sus pies.

El agua del mar rugiendo contra los riscos la salpicó o quizás fuera la lluvia que la empapó de arriba abajo o las lágrimas del espanto que sentía que se le desbordaban por los ojos. Cogiendo a Sócrates por el collar volvió a entrar con él en la sala de estar, donde Carmen seguía roncando a pierna suelta y extrajo su móvil del bolsillo de su pantalón para llamar llorando a la policía.

—Vengan, vengan a la casa del acantilado de las gaviotas. Un... compañero... un compañero del colegio se ha resbalado y se ha caído desde la terraza sobre los riscos. Había bebido mucho y... por favor vengan ustedes.

El acantilado de las gaviotas

epílogo

Cabizbajas, Carmen, Ana y Laura salieron del cementerio después de asistir en Murcia al entierro de Mario. Era jueves y un sol pálido empezaba ya a ganarle terreno a las nubes blanquecinas que aún matizaban el color azul del firmamento. También el viento de levante había amainado ya. Había dejado paso a una brisa cálida que auguraba el retorno de los últimos calores del verano.

El director había cerrado ese día el colegio, declarándolo día de luto y él, los profesores y algunos de los alumnos habían acudido a acompañar a su última morada al que había sido su profesor .En cuanto se despidieron de ellos, Carmen, ojerosa y pálida, se dirigió a las otras dos.

— ¿Queréis que nos tomemos una copa antes de regresar al pueblo? Yo necesito algo que me entone.

La chica le pidió una ginebra con hielo al camarero en cuanto Laura aparcó cerca de la terraza de una cafetería en la plaza de San Juan. Una plaza pintoresca, hirviente de animación con sus bares y restaurantes atestados de gente tomando el aperitivo y de grupos que deambulaban por las calles adyacentes disfrutando de la cálida temperatura. Decaídas se sentaron alrededor de una mesa.

—Pobre chico,— murmuró ésta una vez más—. Le vamos a echar muchísimo de menos, porque era encantador. ¿Verdad que era encantador, Laura?

Ésta se apresuró a asentir.

—Sí, sí que lo era.

—Además le tenías en el bote,— continuó la chica—. Noté cómo te miraba desde el primer día en que llegaste al colegio. ¿No te diste cuenta tú?

Abstraída, rememoró Laura sus brillantes ojos negros fijos en ella, cuando le decía que tenía proyectado arrojarla contra los riscos desde lo alto del acantilado para heredar así la totalidad de la herencia de su padre. Probablemente lo planeó así el día en el que la conoció en el colegio, en el aula de profesores. Precisamente el día al que se estaba refiriendo Carmen. Hizo un esfuerzo por regresar al presente y responder a su pregunta.

—¿Qué si me di cuenta? No. Y creo que te equivocas. Era amable conmigo, pero nada más.

—No me enteré de nada esa tarde,— se lamentó la otra—. Debí quedarme dormida en tu casa. Ni siquiera me enteré de la llegada de Jaime ni después la de la policía y no lo entiendo porque tampoco bebí tanto. ¿A que no bebí tanto, Laura?

Ésta intentó sonreírle, pero tan solo consiguió esbozar una mueca tristona.

—No, no bebiste tanto. Solamente dos ginebras y dos copas de cava.

—Pues eso, tampoco es tanto como para no haber advertido que él cogía una moña. Recuerdo que, como una cuba, se empeñó en salir a la terraza y que no conseguiste convencerle para que se quedara con nosotras dentro de la sala de estar. ¿No fue así?

Laura vaciló. Temía que del resultado de la autopsia se constatara que Mario no había bebido alcohol, porque no había llegado a tomarse su copa de cava. Y también le preocupaba que el forense dictaminara que la lesión que él presentaba en el tobillo obedecía a la mordedura de un perro, lo que podría suponerle que se investigara el percance y que se le atribuyera a Sócrates y, consecuentemente a ella, responsabilidad por el accidente que había sufrido.

Aunque esa noche, mientras Mario peleaba en la terraza con el perro, Laura no llegó a oír el timbre del portón, Jaime había llegado a tiempo de verle desplomarse en el abismo. En el estado de ansiedad en el que se encontraba ella, no reparó en que éste último, haciendo uso de su llave, acababa de aparecer en la sala de estar después de llamar infructuosamente al timbre de la puerta, Tampoco se dio cuenta de que estaba a su lado en esa habitación cuando el otro resbaló. Solo se percató de su presencia cuando, después de llamar a la policía, salió Laura nuevamente a la terraza y Jaime se abocó junto a ella sobre el poyete intentando escudriñar la oscura sima contra la que el mar embravecido arremetía sin descanso para distinguir donde había caído el cuerpo de Mario.

La policía no tardó en encontrarlo, pero cuando lo hizo él había dejado de existir. Según les comunicaron a los dos, su muerte había sido instantánea.

Carmen seguía durmiendo como un tronco cuando se lo llevaron a Murcia, al Instituto Anatómico Forense, y Laura y Jaime se sentaron en el sofá, frente a la apagada chimenea de la sala de estar, con Sócrates a sus pies. Él intentó calmarla, pero Laura seguía hipando incontenibleme, por lo que terminó por pasarle un brazo sobre los hombros y dejarla llorar en silencio.

Cuando fue tranquilizándose, le refirió Laura lo sucedido horas antes. La intempestiva aparición de Mario esa tarde en la casa con la botella de cava conteniendo un somnífero que le estaba destinado y que se había bebido Carmen y la persecución de la que había sido objeto ella por toda la casa hasta que, al intentar refugiarse en su dormitorio, la había defendido Sócrates. Al llegar a ese punto se echó a llorar de nuevo y Jaime apoyó la cabeza de ella sobre su hombro sin insistir en que continuara su relato.

Fuera seguía soplando un vendaval. Se coló por el tiro de la chimenea y recorrió luego la sala de estar agitando los visillos de la puerta de la terraza y todo lo que encontró a su paso. Debió de escapar de la casa por algún sitio, porque oyeron como unía su fragoroso silbido al huracán que parecía conmover el promontorio sobre el que se encontraba enclavado el caserón. Laura fue serenándose poco a poco y se sonó la nariz con un pañuelo que extrajo de su bolsillo.

— ¿Y qué pasó después?, — le preguntó él en voz muy baja.

—Que Sócrates, persiguiendo a Mario, le obligó a descender a la planta baja y a retroceder hasta de la sala de estar, desde donde se vio forzado a salir a la terraza. Luchaba con el perro para que le soltara el tobillo donde le había clavado los dientes, pero éste le arrinconó contra el poyete y....

Se interrumpió para echarse a llorar de nuevo y él le acarició suavemente su oscura melena.

—Vale, vale, ya has gimoteado bastante, ¿no te parece? Tú no eres culpable de nada y Sócrates tampoco. Él se ha limitado a defender a su dueña que es la obligación de todo perro que se precie. Si ese tipo no se hubiera abalanzado contra ti en tu dormitorio, Sócrates no le hubiera perseguido y consecuentemente no le habría acorralado ni agredido. Ha tenido lo que se merecía.

Laura levantó hacia su rostro sus ojos cuajados de lagrimones.

— ¿Crees tú que se lo merecía? Era hijo de mi abuelo. Tenía más derecho que yo a heredar sus bienes y...

— Tenía el mismo, porque se te ha adjudicado a ti lo que le hubiera correspondido a tu padre— la corrigió él.

—Sí, pero...

— ¿Y piensas que también tenía derecho a mandarte al otro barrio para no tener que repartir los bienes de tu abuelo contigo? No seas tonta. Hay otras maneras más pacíficas de lograr heredar a un pariente que arrojar a su heredero desde lo alto de un acantilado, ¿no te parece? Deberías habérselo explicado.

Se lo decía con guasa, pero Laura ni siquiera sonrió. Con el pañuelo que había extraído del bolsillo de su pantalón vaquero se secó los ojos y permaneció inmóvil arrebujada contra él. El vendaval parecía arreciar y su sonido se entremezclaba ahora con el de la lluvia que repiqueteaba con fuerza contra los cristales de la puerta de la terraza. Era el único sonido que podía percibirse en aquel silencio tan denso, tan absoluto. Incluso Carmen había dejado de roncar y seguía durmiendo, desmadejada en su butaca, ignorante por completo de lo que sucedía a su alrededor.

— ¿Y dices que fue también él quien envenenó a Sócrates?,— le preguntó Jaime, en un tono que denotaba un resentimiento hondo.

—Sí. Y fue también él quien luego se fumó en el despacho un cigarrillo de la cajetilla que había pertenecido a mi abuelo y que éste había dejado olvidada en el cajón de su mesa.

—Pero me dijo la otra noche en la que cenamos en la terraza que él no fumaba,— recordó Jaime pensativo.

—No fumaba, pero, según me aclaró, le apeteció de pronto. Se sentía identificado con mi abuelo como si se hubiera reencarnado en él, mientras expelía el humo. Por lo que me dijo, había sido una forma de marcar el territorio, de dejar constancia de que él era ahora el dueño de esta casa, lo que no tardaría en demostrar. ¿Crees que por el ADN de ese cigarrillo podríamos averiguar si era o no hijo de mi abuelo?

—Supongo que sí, analizando una muestra tuya, ya que eres la única pariente que tenemos a mano. Para tomar esa muestra tendría que salir a recoger del coche mi maletín.

Se incorporó Laura en su sofá sin apartar de su hombro el brazo de él. Sócrates se restregaba contra su pierna y le acarició su enorme cabezota antes dirigirse nuevamente a Jaime.

— ¿No te importa? Me quedaría más tranquila sabiéndolo.

El nuevo golpe de viento que rugió en derredor del caserón le hubiera hecho comprender a cualquiera que no era el momento más adecuado para salir al exterior, pero Laura estaba demasiado absorta en las preocupaciones que ocupaban su mente como para percatarse de ello. Resignadamente se puso en pie Jaime y se dirigió hacia el vestíbulo. Ella se quedó inmóvil en el sofá. Un húmedo remolino de hojas y de lluvia penetró por el portón cuando él lo abrió para salir al porche, acompañado de una ráfaga de aire que llegó hasta la sala de estar y se llevó en volandas los tapetitos de crochet. Le refrescó al mismo tiempo a Laura las ideas y solo entonces cayó en la cuenta de lo desconsideradamente que se estaba comportando con él.

Jaime no dio señales de considerarlo así. No tardó en regresar con el cabello empapado y en cuanto le tomó la muestra volvió a ocupar su sitio en el sofá. Laura estaba hundida en el asiento con la mirada perdida, pese a que en ese momento Carmen empezó a rebullirse en su sillón. Abrió soñolientamente los ojos y luego bostezó para acabar fijando su mirada en el semblante de los otros dos. Debió de resultarle insólita su compañía, porque se sentó bruscamente.

—¿Qué… qué hacemos aquí?

Le dio Laura una versión de lo sucedido, en la que por accidente se había resbalado Mario del poyete de la terraza, al que se había subido cuando, borracho como una cuba, se había empeñado en divisar desde allí el faro de Cabo de Palos. Carmen la escuchó asombrada, repitiendo una y otra vez;

—Pobre, pobre chico. ¿Y tú no intentase impedirle que saliera a la terraza?

—Sí, pero…

—Sí, ahora lo recuerdo,— la interrumpió la otra—. Fue una manía que le entró de repente, eso sí lo recuerdo. Y también recuerdo que tú te opusiste a dejarle salir, aunque estaba empeñado. Debí de dormirme después.

Luego se echó a llorar como una Magdalena, balbuceando incoherencias, hasta que Jaime se ofreció a llevarla a su casa para que durmiera la mona.

Lo rememoraba Laura en esos momentos en los que veía sin ver a los que transitaban por la plaza de San Juan mientras Carmen y Ana comentaban algo en voz baja. Le llegó lejano el comentario de Ana:

—Creo que Mario tenía madre, pero la policía no ha conseguido localizarla para darle la mala noticia, por lo que no ha podido comunicarle la hora del entierro. Pobre mujer. No me gustaría tener que ser yo quien se viera obligada a informarla de la desgracia que le ha ocurrido a su hijo.

Carmen se percató de que Laura estaba como ausente y llamó su atención.

—No nos estás escuchando, ¿verdad?

Ella meneó negativamente la cabeza.

—No, estoy como aturdida. Si no os importa... aprovechando que hemos venido a Murcia, me gustaría acercarme a ver a una señora a la que aprecio mucho.

—No te preocupes por nosotras,— repuso comprensivamente Ana—. Carmen y yo regresaremos dentro de un rato al pueblo en mi coche y a ti ya te veremos mañana en la puerta de la comisaría, salvo que prefieras que subamos a tu casa esta tarde a hacerte compañía.

Las dos parecían pensar que había sentido por Mario algo más que una mera amistad y que ahora se encontraba abatida por su pérdida, pero no entraba en sus cálculos darles la auténtica versión de los hechos. En lo que de ella dependiera no se enterarían jamás de la verdad, se dijo Laura poniéndose en pie con la intención de despedirse.

—Recuerda que mañana estamos citadas en la comisaría para que declaremos lo que sepamos sobre la muerte de Mario,— le advirtió Carmen—. Será muy duro para nosotras. Sobre todo para ti.

—De todas formas, llámanos si nos necesitas esta tarde,— insistió Ana—. A cualquier hora.

Con un último ademán de su mano, Laura se despidió de ellas y caminó sin prisas hacia la amplia calle de Isidoro de la Cierva para tomar luego la de San Lorenzo y girar a la izquierda para desembocar finalmente en la de Platería, tan bulliciosa y concurrida como siempre. A esas horas de la mañana y a plena luz del día no tenía punto de contacto con la que recorrió noches antes perseguida por una sombra que no llegó a distinguir, pero de la que ahora sabía que no podría volver a acosarla ya. Sin embargo no se sentía aliviada por completo. Aún bullían en su cabeza un sinfín de preguntas y para obtener las respuestas se dirigía en ese momento a la casa de doña Eulalia, enclavada al final de la calle que recorría. Cruzó las "Cuatro Esquinas" y siguió adelante, sorteando a los transeúntes que venían en dirección contraria paseando calmosamente sin rumbo determinado.

Frente al portalón del edificio donde vivía doña Eulalia se detuvo para levantar la mirada hacia el balcón de la primera planta. ¿La encontraría en casa o cómo la última vez que se acercara a visitarla no respondería nadie al timbrazo de llamada a su piso?

En esa ocasión no tardó la señora en abrirle y al reconocerla en el umbral de la puerta le sonrió.

—Pasa, Laura. Me alegro mucho de verte.

La siguió ella hasta el cuarto de estar, donde la otra la precedió y como la vez anterior tomó asiento junto a la mesa camilla, cubriéndose las rodillas con sus faldas. Pese a que en la calle se disfrutaba de un día espléndido, la habitación estaba en penumbra y hacía frío. Las oscuras colgaduras que pendían sobre el balcón impedían el paso de la luz y de los cálidos rayos del sol y le conferían a la estancia el ambiente lúgubre y trasnochado de los salones de otras épocas. Incluso olía a antigüedad, a casa poco ventilada, con sus pesados muebles de madera oscura y su sofá tapizado en una ajada pana de color granate.

—He venido a un entierro,— le aclaró Laura en respuesta a la mirada interrogante de la otra—. Un compañero del colegio en el que trabajo ha muerto. Se llamaba Pepe, aunque de niño le conocía usted por Pepico. Sabe de quien le hablo, ¿verdad?

El semblante de doña Eulalia no experimentó la menor emoción. Continuó impasible, pero Laura la conocía ya lo suficientemente bien como para no advertir que la noticia le había afectado.

—¿Pepico? Hace muchos años que no he sabido nada de él, ¿qué le ha sucedido?

—Se resbaló en la terraza de la casa del acantilado la noche del temporal y cayó al abismo.

—Ya,— musitó la otra con un hilo de voz—. ¿Y daba clase en el mismo colegio que tú?

—Sí, era profesor de química. Pero yo quería que usted me explicase algunas cosas.

Doña Eulalia se la quedó mirando sin pestañear.

—Pues tú dirás.

—Quisiera que me aclarase lo que sepa sobre el testamento ológrafo que otorgó mi abuelo poco antes de morir. ¿Por qué no me habló de él en la otra ocasión en que vine a visitarla? Ramón López, el chofer, me dijo que él, al igual que usted, firmó como testigo al pie de ese testamento y que consiguió leer sus cláusulas en un descuido de mi abuelo. Al parecer, mi abuelo reconocía a Pepico como hijo suyo y le dejaba en herencia todos los bienes que le permitía la ley.

La otra hizo un gesto de asentimiento.

—Sí, yo también lo leí. A mí no me dejaba nada y a Jaime tampoco.

—Y a mí la legítima estricta, ¿no es así?

Doña Eulalia volvió a corroborarlo.

—Sí. Estaba convencido de que Pepico era hijo suyo, aunque ciertamente no se le parecía en nada. Por su aspecto se asemejaba a un gitano. Muy moreno y con el pelo rizadísimo. Su madre era una actriz de segunda o de tercera fila y el chico era su vivo retrato.

Vaciló Laura, buscando ahora las palabras adecuadas.

—Supongo que le parecerían absolutamente injustas las estipulaciones de ese testamento. Como consecuencia, al morir mi abuelo se quedaba usted en la calle, pese a haber malgastado toda su vida junto a él. Imagino que se lo haría ver así.

Un lagrimón apareció en los ojos de doña Eulalia, pese a que su semblante no esbozó el menor gesto.

—No, yo no le dije nada, no lo hubiera entendido. Y tampoco destruí ese documento cuando él murió, lo rompió él.

—¿Mi abuelo?

—Sí.

—¿Y por qué?

La otra sacó un pañuelo del bolsillo y se sonó la nariz antes de contestar. Luego recuperó su aire impasible de siempre. Con las manos cruzadas sobre su falda y el rostro sin expresión, le contestó:

—Fue la última tarde en la que se acercó a ver a Julia. Yo sabía que lo hacía todas las tardes desde que este verano pasado nos trasladamos a la casa de la playa. Ramón le llevaba a visitarla a una playa cercana a Cabo de Palos cuando empezaba a bajar el sol y no hacía ya tanto calor. Por él me enteré de que se habían peleado. Al parecer, tu abuelo la encontró con otro y ella, en un rapto de furor, le llamó de todo, le dijo que era un simple y que le había engañado haciéndole creer que Pepico era hizo suyo.

—¿Y no lo era?

Doña Eulalia se encogió de hombros.

—No lo sé. Eso fue lo que me contó tu abuelo, congestionado por la ira, cuando regresó.

—¿Le hablaba a usted de la otra?

Resignadamente asintió.

—Sí, en realidad en los últimos años me consideraba como una especie de hermana o de amiga a la que podía referirle sus más íntimos secretos.

Intrigada, Laura se inclinó hacia ella sobre la mesa camilla.

—¿Y qué pasó?

—Que bajamos los dos a su despacho y delante de mí abrió la caja fuerte y rompió ese testamento en mil pedazos. Después subió él a su dormitorio y yo me dirigí a la cocina a darle las órdenes oportunas a la cocinera para que preparase la cena. Cuando volví a su cuarto para avisarle de que podía bajar al comedor, le encontré en el suelo sin conocimiento. Lo demás ya lo sabes.

Se miraron las dos en silencio. Un silencio tan denso y tan pesado que pareció expandirse por la lóbrega habitación contaminando el aire. Ni tan siquiera la estridente algarabía de los transeúntes que deambulaban por la calle llegaba hasta allí y Laura tuvo que realizar un esfuerzo para romperlo.

— ¿Y por qué no me habló de ese testamento la otra vez en la que vine a visitarla? Ya se lo he preguntado antes. He tenido que enterarme por... por otras personas.

— ¿Y qué hubieras ganado averiguándolo?,— objetó ella.— Incluso te habrías forjado una opinión de tu abuelo peor aún de la que creo que tienes—. Se le humedecieron los ojos al añadir —: Y era un buen hombre, te lo aseguro.

—Buenísimo,— masculló Laura con sorna mal disimulada—. Un auténtico compendio de virtudes. Se olvidó cuando le convino de que usted le había cuidado durante toda su vida sin recibir otra cosa que reprimendas y también se olvidó cuando le pareció bien de que yo era su nieta por la sola circunstancia de que había heredado de él su poblado entrecejo y de que, como consecuencia, era una niña bastante feúcha.

— ¿Habías heredado su entrecejo?,— repitió doña Eulalia sin comprender.

—Sí y muchísimo pelo. Me sobraba por todas partes, incluso en la cabeza.

Sonrió doña Eulalia a su pesar.

—Nunca me pareciste fea, al contrario. Fuiste una niña tan dulce y al mismo tiempo tan valerosa. Ni siquiera te dio miedo dormir sola en ese dormitorio tan grande y tan oscuro que te preparé la noche en que llegaste para pasar con nosotros quince días. Te lo pregunté entonces porque cualquier otro niño en tu situación habría sentido pánico al encontrarse tan solo.

—Es que ya había cumplido diez años,— repuso muy seria rememorando las enseñanzas de sus padres—. Desde que los cumplí no me dejaron llorar ni sentir miedo ni sentir... ni sentir nada. Pensé entonces que hacerse mayor era una cosa horrible, que era como andar a tientas en la oscuridad sin poder pedir ayuda—. Se rió sin ganas—. Ya ve, doña Eulalia, que no era yo una niña tan valiente.

Intentó también secundarla la otra, pero solo consiguió que se dulcificara su rostro al esbozar con su gesto la ternura que le inspiraba la muchacha.

—Debiste de pasarlo muy mal aquellos días en los que permaneciste con nosotros.

Los rememoró nostálgicamente Laura y se vio a sí misma desgreñada por el viento, corriendo por la placeta perseguida por Jaime y buscándole más tarde entre las palmeras que crecían en la cima del acantilado. Y luego en la playa, construyendo con él un castillo de arena en la orilla, que las olas demolían antes de que hubieran podido terminarlo.

—No, que va,— la rebatió—. Aunque pueda parecerle incomprensible, fue aquella la mejor quincena de mi vida. Mis padres se pasaban de… de estrictos y disfruté de unos días de absoluta libertad. Ya era mayor, tenía ya diez años y por primera vez pude mancharme el vestido sin que nadie me riñera, dejar que mis zapatos nuevos se llenaran de arena y deslizarme por la barandilla de la escalera sin que ninguna persona de la casa me advirtiera que me iba a romper la crisma. No sabe cuántas veces he añorado después la temporada que pasé en el caserón del acantilado.

Pestañeó desorientada doña Eulalia.

—¿De veras? ¿No echaste de menos que alguien se ocupara de ti? Debería de haber sido yo, pero tu abuelo me acaparaba de tal forma que no me quedaba tiempo para ninguna otra cosa que no fuera atender a sus necesidades.

—Mas bien a sus caprichos,— masculló Laura por lo bajo.

—¿Decías algo?

—No, no decía nada, que tengo que marcharme ya. Mañana a primera hora debo presentarme en la comisaría del pueblo a informar sobre las circunstancias en las que se produjo el accidente por el que murió Mario, quiero decir Pepico. También están citados a la misma hora su hijo y una amiga. Ya pretendieron la otra noche que les comunicáramos lo que habíamos visto, pero esa amiga estaba dormida porque había bebido demasiado y yo no me encontraba en condiciones de contestar a sus preguntas de una forma coherente.

Doña Eulalia le propinó unas suaves palmaditas en la mano que tenía sobre la mesa.

—Muy desagradable, hijita, muy desagradable.

La acompañó hasta la puerta y se quedó en el umbral viéndola dirigirse hacia la escalera.

—Laura,— la llamó.

Volvió ella la cabeza con gesto interrogante.

Doña Eulalia buscó vacilante las palabras.

—Trata... trata de disculpar a tu abuelo. No era más que un viejo regañón. Si te hubiera conocido mejor se habría portado de otra manera contigo.

Con un ademán de asentimiento, inició ella el descenso y cuando puso el pie en el primer peldaño se preguntó qué habría hecho su abuelo para merecerse a una mujer como doña Eulalia, tan leal, tan resignada, tan auténtica. Había estado a punto de desheredarla, pese a saber que no tenía ella a donde ir, y aún se le ocurrían motivos para justificarle y para pedirle a su nieta que intentara disculparle también. Y en cuanto a Jaime, su comportamiento con él, de niño, no tenía excusa de ninguna clase.

Al salir del portal se detuvo durante una décima de segundo deslumbrada por un sol resplandeciente que momentáneamente la cegó. Regresó por ello dentro del portal, lóbrego y oscuro como la casa que acababa de abandonar, y llamó por el móvil a Roberto.

—Laura, ¿como estás?

—Bien. He venido a Murcia al entierro de Mario... de Pepico y me gustaría verte un ratito para hacerte unas preguntas. ¿Estás ocupado?

Se produjo un silencio al otro lado de la línea, pero duró solo un instante.

—Por supuesto que estoy a tu disposición. ¿Dónde estás?

—En la calle Platería y voy a dirigirme hacia la plaza de San Juan, ya que he dejado aparcado el coche cerca. ¿Dónde quieres que quedemos?

—En la misma plaza de San Juan. Si llegas antes que yo, espérame sentada en la terraza del bar o de la cafetería que más te guste. No tardaré.

Cortó Laura la llamada y echó a andar por la soleada calle sintiendo el agradable calor del sol en el rostro y agradeciendo el bullicio que se respiraba en el ambiente. En todas las ocasiones en las que había realizado el trayecto que recorría en ese momento había captado la misma sensación de alegría contagiosa en los transeúntes con los que se cruzaba, como si estuvieran celebrando alguna fiesta o conmemorando algún acontecimiento. Quizás les bastara conque hiciera sol y que éste caldease el ambiente, se dijo. Había tenido ocasión de comprobar ya que en Murcia la gente sabía disfrutar de la vida. ¿Le habría fastidiado a Roberto su trabajo en el despacho? Sin duda se habría visto obligado a atenderla después de lo que le había sucedido con Mario. Se lo había referido por teléfono el día anterior y se había mostrado muy comprensivo con ella, pero debía procurar entretenerle el menor tiempo posible.

Cuando llegó a la plaza, él estaba ya esperándola, sentado en una mesa próxima a la que había ocupado ella horas antes con Ana y con Carmen, y se le reunió dejándose caer a su lado en una silla cercana. Estaba tomando una cerveza y pidió para ella un refresco al camarero después de consultarla.

— ¿Cómo te encuentras?,— le preguntó de nuevo—. ¿Has conseguido tranquilizarte ya?

—Sí, sí, por supuesto,— le aseguró ella—. Pero estoy preocupada por Sócrates. Nos han citado mañana en la comisaría del pueblo a Jaime, a Carmen y a mí. Las dos estábamos en la sala de estar de mi casa cuando Mario salió a la terraza, acosado por mi perro que le había clavado los dientes en un tobillo. Huyendo de él se encaramó al poyete, se resbaló y se cayó. ¿Crees que pueden imputarme a mí alguna responsabilidad por ser su dueña o a Sócrates por haberle mordido?

Como buen abogado, Roberto hizo un gesto evasivo.

—Podrían sí, pero nada que deba preocuparte. A Sócrates no va a pasarle nada, porque no es un animal peligroso. Estaba en tu casa que es la suya, por lo que no tenías obligación de utilizar con él correa ni bozal. Y si agredió a Mario fue porque él le provocó primero.

— ¿Le provocó? No quiero que nadie se entere de lo que ocurrió realmente. Ni siquiera se lo he comentado a mis amigas. Solo lo sabemos Jaime, tu y yo.

— ¿Y Jaime quien es?

Dudó Laura en decirle la verdad, que era el hijo de doña Eulalia, pero finalmente decidió que él hubiera preferido que Roberto no supiera la relación que había tenido con su abuelo, por lo que dijo sencillamente:

— Es el veterinario. Cuidaba de Sócrates en vida de mi abuelo cuando al terminar el verano éste se trasladaba aquí, a Murcia. Llegó a mi casa a tiempo de ver desde la sala de estar como Mario se encaramaba al poyete para librarse de Sócrates y se caía.

—Ya. Bueno, pues no es necesario que informes a la policía de las intenciones con las que Pepico o Mario fue a tu casa anteayer ni de que creía ser el hijo de tu abuelo. Diles la verdad. Que fue a tu casa con una botella de cava y que se emborrachó.

—Pero es que no se emborrachó,— protestó Laura—. Ni siquiera llegó a beberse su copa, porque, como ya te he comentado, le había echado un somnífero a la botella con la intención de que me quedara dormida yo.

Roberto reprimió un gesto de impaciencia.

—Bueno, eso da lo mismo. No digas que se emborrachó. Di que fue a tu casa con una botella de cava para celebrar… ¿Qué es lo que quería celebrar?

—Nuestra amistad. El día anterior se había enfadado conmigo porque te llamé a ti para que me acompañaras a la agencia inmobiliaria a la reunión con los alemanes. Pensó que le hacía de menos. Eso fue lo que me dijo, pero ahora creo que lo que pretendía en realidad era impedir que llegásemos a un acuerdo. Temía que dilapidara el dinero que obtuviera por la venta de los terrenos de la playa de las Caracolas y no poder recuperar la parte que le correspondía cuando demostrara ser hijo de mi abuelo.

—Vale, pues di eso. Que fue a tu casa con una botella de cava para celebrar vuestra amistad. Que no le gustaban los animales y que por eso le dio una patada a Sócrates, por lo que el perro se enfureció y le mordió el tobillo.

Se calló ahora y Laura se inclinó hacia él sobre la mesa.

—¿Y qué más? Ahora viene lo más difícil.

—No es tan difícil, porque tú no colaboraste directa ni indirectamente en que Pepe se cayera. Salió a la terraza él solo, se subió al poyete él solo y se cayó sin tu ayuda. Lo más que podría reclamarte alguien sería la responsabilidad civil por el daño causado por tu perro a Pepe. ¿Qué familiares tenía ese hombre?

—Creo que solamente su madre, pero es actriz y se marchó con su compañía, por lo que nadie sabe donde está.

—Pues entonces no te preocupes, porque tendría que ser ella la que te reclamara esa responsabilidad. Y como se trata únicamente de una cuestión de dinero, si aparece y te reclama una indemnización, como vas a vender unos terrenos que valen mucho, en el caso de que el juez le diera la razón la satisfaces y en paz.

Se quedó Laura pensativa, con la mirada clavada en la iglesia que se erguía al fondo de la plaza y por cuyo portón penetraban tumultuosamente en ese momento los fieles a misa de doce.

— Y si Mario era hijo de mi abuelo, ¿no podría ahora su madre reclamar la parte de la herencia que le hubiera correspondido a aquél?

Roberto se echó a reír.

—Poder, podría, pero no es tan fácil. Sería necesario exhumar a los dos y que un juez lo autorizara. ¿Por qué no dejas de calentarte la cabeza? Tú no eres culpable de nada. Al contrario, has estado a punto de ser la víctima, así que trata de olvidar lo sucedido y ya iremos resolviendo los problemas conforme se vayan produciendo. Y no te preocupes. Puedes contar conmigo para todo lo que necesites. ¿Sigues pensando marcharte de aquí?

Se lo preguntaba con un interés que a ella le pareció excesivo, por lo que se encogió de hombros.

—Aún no lo sé, pero ya te tendré al corriente. Recuerda que la semana que viene hemos quedado en la agencia inmobiliaria con los alemanes. ¿Tienes redactado ya el contrato?

—Lo tengo casi ultimado

—Pues no te entretengo más. Y perdona que te haya molestado. Seguramente te he estropeado algún asunto que tuvieras pendiente.

—No me has estropeado nada, al contrario. Me gustaría decirte…

Había bajado la voz hasta convertirla en un susurro, pero Laura no tenía interés en escucharle, por lo que se despidió apresuradamente de él y se dirigió taconeando hacia la calle en la que había aparcado su coche. Al pasar frente a la iglesia, se volvió para decirle adiós con la mano y luego siguió caminando hasta que alcanzó el lugar donde estaba su vehículo.

Al día siguiente acudieron a la comisaría del pueblo los tres que habían sido citados y su declaración fue coincidente y satisfactoria. En primer lugar llamaron a Carmen, quien informó que, a requerimiento de Mario, Laura había encerrado al perro en su dormitorio, en la planta superior de la casa. Que los tres habían bebido cava y que a Mario se le metió en la cabeza la idea de salir a la terraza a contemplar el faro de Cabo de Palos, pese a que estaba lloviendo a mares. Les contó asimismo que Laura había tratado de disuadirle, pero que el otro se empeñó en contemplar el panorama y se subió al poyete para dominar una mayor extensión del mar que tenía a sus pies y entonces fue cuando se cayó. No recordaba la chica que en esos momentos estaba dormida y creyó haber vivido lo que los otros dos le habían referido.

Laura corroboró al pie de la letra lo que Carmen había declarado y Jaime hizo lo mismo después, aunque puntualizó que cuando él entró en la casa, ya estaba Mario en la terraza subido al poyete y que las dos muchachas se encontraban dentro, en la sala de estar.

Firmaron luego la declaración y se marcharon de la comisaría para encaminarse a sus respectivos trabajos, donde ellas habían solicitado permiso para ausentarse el tiempo necesario para cumplimentar la citación de la comisaría.

— ¿No nos darán la lata más, verdad?,— le preguntó Carmen a Laura cuando se despidieron de Jaime y se encaminaron hacia el colegio—. Estoy deseando olvidar esa espantosa desgracia que le ha ocurrido a Mario. ¿Cómo te encuentras tú?, ¿estás ya mejor?

—Sí, sí, mucho mejor.

Pero no lo estaba. Y no solo por la muerte de Mario, sino también y principalmente por la actitud de Jaime. Al salir de la comisaría parecía ausente y como abstraído. Se había despedido de ella con total indiferencia como si no pensara volver a verla en mucho tiempo y en los días que siguieron pudo comprobar que esa impresión había sido acertada. Él no apareció por su casa ni la llamó tampoco para interesarse por su estado de ánimo.

Unos días después, con la ayuda de Roberto vendió los terrenos de la playa de las Caracolas y formalizó la escritura de compraventa en la notaría del pueblo, pero ni tan siquiera la transmisión que había deseado tanto sirvió para proporcionarle nuevos bríos. Cuando regresaba a la casa al término de las clases, sacaba a Sócrates a dar un paseo por la cima del acantilado y luego se sentaba en la terraza a mirar el mar con una añoranza honda. Evocaba a Jaime, años atrás, cuando los dos corrían por la playa persiguiendo a las gaviotas. Y cuando se deslizaban por la barandilla de la escalera riendo como locos. Y cuando entraban a escondidas en la despensa para llevarse las magdalenas, especialidad de doña Eulalia, y escuchaban luego, agazapados tras la puerta entornada de la cocina, quejarse a la cocinera de que habían desaparecido.

Se hubiera reído al recordarlo de haber tenido ganas, pero no las tenía. Llegó incluso a plantearse si no sería mejor abandonar aquella casa, impregnada de nostálgicos recuerdos y tratar de comenzar en otro sitio, en la que no se sintiera tan vacía ni tan triste.

También el comportamiento de Ismael había cambiado por completo. Ya no metía bulla en su clase ni fanfarroneaba con sus compañeros como antes. Y tampoco necesitaba ya llamar al orden al resto de sus alumnos. Como si hubieran llegado a un acuerdo tácito, enmudecían en cuanto Laura tomaba asiento tras su mesa y levantaba la vista hacia ellos. Incluso permanecían en silencio cuando Juanita González se ofrecía voluntaria para recitar la lección.

El puesto de profesor que había dejado libre Mario había sido ocupado por otro muchacho que también era químico y Carmen, que estaba saliendo con él, no hablaba de otra cosa. También Ana mantenía ahora una relación con un chico de Murcia que preparaba notarías. Solo ella seguía sola por las tardes en la cima del acantilado reprimiendo las ganas de llorar cuando oía el graznido de las gaviotas que le recordaban otros tiempos.

Una tarde en la que también estaba sentada en la terraza mirando como se deshacían las olas en la playa, oyó el sonido del timbre de la puerta y se incorporó desorientada. Estaba anocheciendo ya y no esperaba ninguna visita. Desganadamente se puso en pie y se dirigió hacia el vestíbulo para mirar por la mirilla antes de abrir el portón. Era Jacobo.

Decepcionada estuvo a punto de cerrarle el portón en las narices, pero él se lo impidió con el hombro.

—Espere, espere. ¿Es que le molesta verme? Le traigo una carta.

— ¿Una carta?, —se extrañó. ¿Quién podría escribirle?

—Es una carta de Madrid. La ha recogido esta mañana en correos y he venido enseguida a entregársela sin perder un segundo, pero no estaba usted.

—Podías habérmela metido por debajo de la puerta, — insinuó ella tomándola de sus manos y tuteándole por primera vez—. No hacía falta que te molestaras.

Jacobo la envolvió en una descarada mirada.

— ¿Y dejar de verla a usted? Ni hablar.

A su pesar sonrió ella.

—Vaya, pues muchas gracias.

Él la observó con la cabeza ladeada.

— ¿No va a invitarme a una cerveza? Sería una forma de agradecérmelo.

—No, lo siento, hoy no, — replicó Laura haciendo intención de retroceder dentro del vestíbulo—. A lo mejor otro día. Ahora tengo que leer la carta que me has traído. Gracias y hasta luego.

Cerró el portón tras ella y se dirigió con la carta a la terraza donde rasgó el sobre para leerla a la luz de uno de los farolillos que soportaba la cerca. Era de Emilia. Le decía que se había enterado de su nueva dirección en la pensión en la que se había alojado últimamente y que la echaba mucho de menos. Que esperaba un niño para el próximo mes de mayo y que le gustaría que fuese la madrina del bautizo.

No pudo seguir leyendo porque en ese momento sonó nuevamente el timbre del portón y se levantó de la silla que ocupaba adoptando una actitud digna. Seguramente sería Jacobo que venía a reclamar de nuevo la cerveza que parecía tenerle obsesionado. Le abrió bruscamente y le increpó agriamente cuando asomó al porche.

—Eres un pelmazo. Ya te he dicho que no te voy a invitar a ninguna cerveza porque…

No llegó a terminar la frase al reconocer a Jaime. Sintió que el corazón le latía tumultuosamente dentro del pecho e intentó entender lo que él le decía.

— ¿Soy un pelmazo?, ¿por qué soy un pelmazo? ¿Y de qué cerveza me estás hablando?

Se quedó Laura plantada como un pasmarote en el umbral sin conseguir reaccionar. Vestía él un pantalón vaquero y una camisa azul, de un color más intenso que el de sus ojos, y desde el umbral la miró impasible.

—¿Puedo pasar?

—Cla...ro, claro,— tartamudeó lamentablemente—. ¿Vienes de la consulta?

—Sí, he recibido esta mañana algo que te va a gustar y he venido a traértelo.

—¿Algo que me va a gustar?,— repitió Laura en tono interrogante—. ¿Y qué es?

—Vamos a sentarnos primero en la terraza con una cerveza,— apuntó él sonriendo por primera vez—. ¿O me has dicho antes que no me merecía ninguna? Creo que estás equivocada y que no tardarás en reconocerlo.

—¿Y por qué?, ¿por qué te la has merecido?,— volvió a repetir desorientada sin conseguir comportarse con un mínimo de naturalidad.

Cerró Jaime el portón a su espalda y la empujó suavemente en dirección a la cocina, donde cogió dos cervezas de la nevera y dos vasos. Con ellas en la mano, precedió a Laura hasta la terraza y tomó asiento en la silla que había ocupado ella instantes antes, junto a la mesa redonda, animándola a sentarse a su lado. Cuando Laura le obedeció, extrajo del bolsillo un sobre que le entregó.

—¿Qué es?, —le preguntó ella haciéndolo girar entre sus dedos.

—Es un informe,— le explicó él pacientemente—. Un informe sobre el ADN del cigarrillo que encontraste en el cenicero del despacho de esta casa. ¿No te acuerdas?

—Sí, sí, ¿y qué?

—Este amigo, que es forense, lo ha confrontado con el tuyo, el que contenía la muestra que te tomé la noche en la que murió Mario.

—Sí, ¿y qué?, — repitió ella impaciente.

—Que no existe la menor coincidencia entre los dos. Mario no era hijo de tu abuelo.

Abrió Laura desmesuradamente sus ojos oscuros.

—¿Estás seguro?

Jaime se echó a reír.

—El que está seguro es mi amigo el forense. Como recordarás, yo soy veterinario y no estoy ducho en el tema.

Se le quedó mirando como alelada y de improviso se echó a reír también. Le vino a la memoria en ese momento la expresión de Mario aquella noche mientras la amenazaba con arrojarla por el acantilado para heredar todos los bienes del que creía que era su padre. Qué sorpresa se habría llevado cuando se hubiera enterado, después de liquidarla, que no era hijo de él y que por lo tanto no heredaba nada. Se hubiera convertido en un asesino para no obtener ningún beneficio. ¿Habría algo más cómico?

A duras penas consiguió controlar su ataque hilaridad y se quedó pensativa con la mirada fija en las ligeras ondulaciones del mar que había perdido ya la agresividad de los días en los que había soplado viento de levante y calmosamente reflejaba el color azul oscuro del firmamento al anochecer.

— ¿Sabes?,— le dijo ella como si hablara para sí misma—. Mario me dijo que había sido él quien se había apropiado del dinero que tenía mi abuelo en el Banco.

—Sí, ¿y qué?

—Que yo pensé que habías sido tú.

De la sorpresa, abrió desmesuradamente él sus claros ojos azules.

— ¿Yo?

—Sí. Tuviste miles de oportunidades cuando a mi abuelo le ingresaron en el hospital y tu madre se marchó con él para atenderle. Pensé que así querías resarcirte del daño que te hizo cuando eras un chiquillo.

Lo consideró Jaime en silencio y luego meneó negativamente la cabeza.

— ¿Apropiándome de un dinero que te pertenecía a ti? Me conoces entonces muy poco. No querría nada de tu abuelo en ninguna circunstancia, ¿comprendes?

Había levantando la voz al decirlo y luego clavó en ella unos ojos que traslucían una velada acusación.

—¿Fue por eso por lo que decidiste que deberíamos olvidar lo que sucedió aquella noche?

—Bueno... sí, pero no solo por ese motivo. Creí que Carmen y tú... creí que estabais saliendo.

La envolvió en una mirada de absoluta incomprensión.

— ¿Y qué?, estábamos saliendo, pero solo eso, saliendo. Saliendo al cine, a cenar y a pasear, sin compromiso de ninguna clase.

Intentó Laura justificarse.

—Pero yo interpreté que manteníais una relación más seria, ¿comprendes?

—No, —se enfadó él—. No entiendo nada.— Fuiste tú la que me dijiste que tú y que ese tal Roberto...

—Roberto era el abogado de mi abuelo y ahora lo es mío,— le interrumpió—. Nada más que mi abogado.

—Pues me hiciste creer que estabas con él.

— ¿Que estaba?, ¿que estaba dónde?

Se puso en pie enfadada y Jaime lo hizo al mismo tiempo. Laura levantó la cabeza hacia él y se vio reflejada en sus ojos con la misma adoración con la que la miraba cuando eran niños.

—Tú has dicho...— empezó ella con precaución — has dicho que por nada del mundo querrías algo que hubiera pertenecido a mi abuelo. ¿No has dicho eso antes?

—Sí, sí que lo he dicho, ¿por qué?

—Por esta casa. Era de mi abuelo y... ¿no querrías entonces vivir aquí?

Jaime la rodeó con sus brazos.

—Quiero vivir contigo, no me importa dónde. Me da lo mismo que sea en esta casa, que en la mía o que en otra cualquiera, ¿comprendes? Me da exactamente lo mismo.

Laura frunció el ceño reflexionando.

—Y... ¿y no nos molestará su fantasma? Aunque no existan los fantasmas, yo he creído notar su presencia a veces, sobre todo en la sala de estar y en ocasiones en su despacho. Aún recuerdo cómo nos miraba cuando nos encontraba por el pasillo, como si fuésemos... como si fuésemos dos insignificantes y desagradables insectos.

— ¡Bah!,— masculló él riéndose—. Tendremos que disculparle entonces. No era más que un pobre viejo aguafiestas que no pudo impedir que los quince días que pasaste aquí aquel verano fueran los mejores de mi vida.

—Y de la mía,— corroboró Laura.

—Y tampoco va a poder impedir que sean maravillosos los años que tenemos por delante, en el mismo escenario en el que él trató de amargarnos nuestra infancia, ¿verdad?

Ella se apresuró a darle la razón.

—No, no lo va a poder evitar. Verdaderamente no era más que un pobre viejo.

Una gaviota sobrevoló sobre sus cabezas perseguida por otra. Luego se alejaron las dos hacia el mar hasta que las perdieron de vista. Laura apoyó la cabeza en el pecho de él.

— ¿Sabes una cosa? Te dije una vez que nunca te había olvidado y era verdad. Siempre te he recordado, siempre.

www.ingramcontent.com/pod-product-compliance
Lightning Source LLC
Chambersburg PA
CBHW060456090426
42735CB00011B/2006